文化部民族民间文艺发展中心基本科研项目

# 魔　　方

## 当代中国的仪式、演剧与乡土

王学文　著

学苑出版社

图书在版编目（CIP）数据

魔方：当代中国的仪式、演剧与乡土／王学文等著．
—北京：学苑出版社，2015.9
ISBN 978-7-5077-4874-1

Ⅰ．①魔… Ⅱ．①王… Ⅲ．①村落—研究—中国—现代
Ⅳ．①K928.5

中国版本图书馆 CIP 数据核字（2015）第 223449 号

| | |
|---|---|
| 责任编辑 | 周　鼎 |
| 出版发行 | 学苑出版社 |
| 社　　址 | 北京市丰台区南方庄 2 号院 1 号楼 |
| 邮政编码 | 100079 |
| 网　　址 | www.book001.com |
| 电子信箱 | xueyuanpress@163.com |
| 联系电话 | 010 - 67601101（销售部）、010 - 67603091（总编室） |
| 印 刷 厂 | 河北三河灵山红旗印刷厂 |
| 开本尺寸 | 787×1092　1/16 |
| 印　　张 | 14.25 |
| 字　　数 | 224 千字 |
| 版　　次 | 2015 年 9 月第 1 版 |
| 印　　次 | 2015 年 9 月第 1 次印刷 |
| 定　　价 | 58.00 元 |

## 传统文化传承与发展丛书
## 丛书编委会

**主　编**
李　松
**副主编**
张　刚　王　静
**编　委**
王学文　王　彦　朱飞跃　许雪莲　闫东东　邱邑洪

# 目　录

总　序 …………………………………………………………………………李　松 1
序　言 …………………………………………………………………………岳永逸 1

导　言 ………………………………………………………………………………… 1
　　一、当代乡村观察 ………………………………………………………………… 1
　　二、"魔方时代" …………………………………………………………………… 5
　　三、六村调查 ……………………………………………………………………… 8

第一章　乡村的生成：北京房山石窝村生活方式与地方感 ……………………… 12
　　引　言 …………………………………………………………………………… 12
　　一、石窝村与石窝人 …………………………………………………………… 14
　　二、石业生产的知识体系 ……………………………………………………… 26
　　三、半农半工的生活方式 ……………………………………………………… 39
　　四、先有石窝，后有北京 ……………………………………………………… 48
　　结语：精美的石头会唱歌 ……………………………………………………… 58
　　附　录 …………………………………………………………………………… 63

第二章　乡村的认同与秩序：江西南丰石邮跳傩中的主仆与制衡 ……………… 65
　　引　言 …………………………………………………………………………… 65
　　一、石邮村：东西位、里外围 ………………………………………………… 66
　　二、傩神庙：村庙与家庙 ……………………………………………………… 70
　　三、头人组织与傩班：主与仆 ………………………………………………… 73

四、傩神弟子：戴上脸子是神，摘下脸子是人 ………………………… 76
　　五、跳傩：严格的程序 …………………………………………………… 80
　　六、傩神庙与傩班的收入 ………………………………………………… 83
　　结语：主仆与制衡 ………………………………………………………… 86

**第三章　乡村信仰的嬗变：河北赵县豆腐庄的皇醮会** ………………… 90
　　引　言 ……………………………………………………………………… 90
　　一、村落概况 ……………………………………………………………… 91
　　二、对子村 ………………………………………………………………… 94
　　三、豆腐庄醮会 …………………………………………………………… 95
　　结　语 ……………………………………………………………………… 106

**第四章　乡村仪式的共谋：河北武安康宿迎送城隍** ……………………… 112
　　引　言 ……………………………………………………………………… 112
　　一、村落概况 ……………………………………………………………… 113
　　二、武安县城隍 …………………………………………………………… 119
　　三、组织者与参与者 ……………………………………………………… 120
　　四、准备 …………………………………………………………………… 130
　　五、仪式过程 ……………………………………………………………… 135
　　结　语 ……………………………………………………………………… 158

**第五章　乡土艺术的"非遗"调适：河南灵宝东西常村"骂社火"** ……… 162
　　一、文化奇葩：骂社火 …………………………………………………… 163
　　二、"狂欢"背后 …………………………………………………………… 167
　　三、骂社火的命运 ………………………………………………………… 179

**第六章　乡村生命的累积圆满：贵州安顺屯堡妇女的"修佛"** ………… 183
　　引　言 ……………………………………………………………………… 183
　　一、"修佛"者与"佛头" …………………………………………………… 186
　　二、烧"千张"与求"会票" ………………………………………………… 188

三、朝山与走会口 ································· 191
四、"修佛"历程 ································· 194
　结　语 ······································· 198

**参考文献** ······································· 201
**后　记** ········································· 211

传统文化传承与发展丛书

# 总　序

李　松

　　中华优秀传统文化在中华民族5000多年文明史中生成、完善、扬弃、起落和绵延，已经深深嵌入到每一个国人的生命历程，深深嵌入到家庭、社区、城镇每一个场域，深深地嵌入到现代民族国家的治国理政思想和体系之中。今天，植根于农耕时代的中华优秀传统文化进入到农耕时代、工业时代和信息时代叠加并置的发展阶段，进入到现代化、全球化、信息化的全面推进时期，进入到实现民族复兴、文明崛起的中国时刻。如何让中华优秀传统文化继续其作为从未中断的文明的那份荣耀，在时代转换和种种冲击中实现创造性转化、创新性发展？如何让中华优秀传统文化继续作为中华民族鲜明标识，在人格养成、社会重建、国格塑造和世界交往中发挥重要作用？这是一个看似宏大，实则具体的命题。每一个国人、每一个组织都可以也都应该以各自的方式参与其中，投身实践。"传统文化传承与发展丛书"就是我们参与这一伟大实践的一份努力。

　　20世纪70年代末80年代初，在周巍峙、吕骥、孙慎、李凌、钟敬文、马学良等一批专家的推动下，我国开始了有史以来最大规模的全国性的收集、整理、抢救民族民间文艺的工作，历时三十余年出版了有"文化长城"之称的"中国民族民间文艺集成志书"。为推动这一恢弘巨著的组织、编纂和出版，文化部成立了专门的机构，也就是我们单位文化部民族民间文艺发展中心（以下简称"中心"）。几十年来，我们始终致力于中国传统文化的保护和传承工作，围绕着传统文化中最为鲜活、最为多样的民族民间文化，进行了大量的搜集抢救、保存保护、传播传承工作。

　　中心是一个科研管理单位，其优势是策划并组织执行大型科研项目。我们深刻把握现代社会变迁对传统文化传承保护提出的新要求，在"中国民族民间文艺集成志书"工作的基础上，逐渐形成了新的工作格局：一是继续推进传统文化资源的搜集抢救和整理工作，如正在进行的《中国节日志》、《史诗百部工程》等。二是以传统文化资源为核心，推动传统文化资源数字化整备和利用工作，如建设的"中国记忆——中国传统文化艺术基础资源数据库"。三是以创造性转化和创新性发展为指向，进行传统文化与科技融合项目，如国家科技支撑计划"基于位置服务的文化旅游综合服务研究与应用"、"中国传统乐器声学测量与频谱分析"。四是以中国传统文化社会传承传播为指向开展的一系列文化交流展示活动，如已经举办七届的"中国原生民歌节"、举办十余年的"澳门内地春节习俗展"。

在从事以上工作的过程中，中心的科研人员也形成了许多科研成果。这些科研成果与中心的核心工作紧密相关，多以民族民间文化的调研、资源的整理利用为指向，可大致分为三类：一类是田野考察报告，一类是文化资源数字化的研究与实践，还有一类是针对传统文化的研究专著或论文。这些科研成果是伴随着中心的工作逐渐形成的，虽然不及专门研究者精深，但也有突出的特点和价值。首先，这些成果有着鲜明的实践指向，是带着从事文化保护工作的种种困惑，深入边村远寨、田间地头后获得的感悟，不是高高在上、坐而论道。其次，这些成果还有着跨学科的特点，是将传统文化置放于现代化、全球化、信息化的情境之中，组织多学科的力量进行的文化与科技融合研究。还有就是这些成果对于当下进行的文化资源数字化工作、传统文化产业开发工作有较强的借鉴意义。正是基于以上的考虑，我们决定以"传统文化传承与发展丛书"的形式将这些研究成果逐步推出，供大家批评指正。

最后，要感谢学苑出版社对"传统文化传承与发展丛书"出版的支持。正是在学苑出版社领导和编辑的努力下，才使得中心科研人员在繁重工作中形成的成果得以面世。我们也希望通过这些成果的出版，能够吸引更多的人与我们并肩投身到传统文化传承与发展的工作之中！

# 序 言

岳永逸

## 一

无论是局内人还是局外人、主角还是配角、主家还是邻里,作为群体性参与的地方社会日常生活中的标志性事件,仪式都有着特别重要的意义。

人类学中的象征人类学派的研究对象主要就是仪式。在象征人类学之前,作为行为的仪式——实践和作为表述的仪式——神话/传说之间的关系则是研究者长期试图澄清的焦点。犹如鸡与蛋孰先孰后的千年谜题,公说公有理、婆说婆有理地对仪式实践与神话/传说之间关系的研究也即后人所谓的神话仪式学派。与人类学相似,仪式同样是民俗学的主要研究对象之一。在国内框架基本雷同的民俗学教科书中,人生仪礼、岁时节日等章节聚焦的都是大大小小的仪式,这些仪式是在特定地域享有相同文化习惯的人群,基于既定的时空观、生命观而阶段性、周期性举行的一种表演性、神圣性/宗教性、娱乐性/世俗性兼具的群体活动。当然,这些仪式的主旨究竟主要是针对个体、群体、自然还是社会则不一而足。

因应社会的变迁演进,技术的创新与普及,文化的碰撞、交流与融合,尤其是人们观念世界的变化,旧的仪式会消亡,新的仪式会产生。或者,旧仪式的外形面目全非,新仪式的内核依旧延续过往,近些年被学界津津乐道的"传统的发明"同样多指的是仪式或仪式化的行为。在今天的中国,现代民族国家观念早已深入人心,先声夺人的民族/国族主义大行其道,农业文明、工业文明、信息文明等多种文明形态交错并存,都市生活方式蔚为大观,这些都使得当今社会的仪式种类繁多、形态各异,此起彼伏,仪式与社会变迁的关系也成为学界研究的重点。就人的社会化生成而言,相对传统的仪礼和现代民族国家对公民的一系列铸造仪礼犬牙差互,前者如满月、抓周、开锁、拜师,后者如入队、入团、开学典礼、毕业典礼、升迁庆贺等等。

然而，无论哪种仪式，既因为经济的发展或者是为了经济的发展，也因为非物质文化遗产保护运动的推波助澜，仪式的表演性、娱乐性被大力彰显，及至名正言顺、有板有眼地成为文化景观、景观文化，反之，仪式的神圣性/宗教性，至少说仪式的庄严性则大为衰减。这不仅是远离乡土的公众的常识，也大体是智识界研究的既有前提和必然结论。当然，这相当一部分原因是将基督世界神圣性的衰减普世化。可是，就是对于基督世界，当一部分学者在说神圣性衰减——去圣化时，另一些学者则毫不怀疑人的宗教性和神圣性可能有的韧性。其实，关于当今世界宗教的这两种论调多少都与自上而下的意识形态的建构和在相当意义对作为行动主体的信众的漠视有关。

无论在何种意义上将今天的中国称之为都市中国还是乡土中国，蜕变中的中国的复杂性、参差性有目共睹，政治、金钱、市场、旅游、电子技术、文化遗产、功夫片，甚至二奶、李一、王林等等光怪陆离的玩意儿都铺天盖地地砸向乡野。此时，河北武安康宿村民是怎样在迎送他们的城隍？河北赵县豆腐庄的村民如何搭建他们的醮棚，迎送其佛鬼神仙？贵州安顺大山村那些长期被贴上"屯堡"标签的妇女又是怎样在"修佛"行好……这些宗教味厚重的仪式对于当地的操演者、旁观者的生活世界有着怎样的意义？它们究竟在多大程度上是"表演"，及至成为一种严谨的"演剧"？

## 二

梅兰芳的精湛艺术曾影响到梅耶荷德（Vsevolod Meyerhold）和布莱希特（Bertolt Brecht）的戏剧理念，不仅如此，翁托南·阿铎（Antonin Artaud）、彼得·布鲁克（Peter Brook）都曾贪婪地在诸如巴厘岛戏剧、伊朗塔其赫等类似中国的傩、赛社、社火这些东方的乡土演剧、艺术中获取养分，产生灵感。

对于阿铎而言，这些没有布景、赤裸裸的剧场是"没有间隔、没有任何障碍的完整场地"。对于布鲁克而言，这些剧场是没有门或者说永远敞开着门的"空的空间"，"从第一声鼓响开始，乐师、演员和观众就开始分享同一世界"。对于耶日·格洛托夫斯基（Jerzy Grotowski）而言，这些剧场是去除了所有伪装的"质朴剧场"（Poor Theatre），演、观双方是"感性的、直接的、活生生的交流关系"。总之，在这些当下中国戏剧界公认的西方大师看来，诸如傩这样依旧在东方乡野传衍的艺术因应自然、个体和小社会的变化，娱天、娱地、娱神、娱人并自娱。

它关注灵魂，拷问命运，驰骋想象，激活生命，赋予意义，天然有着阿铎强调的剧场的"复象"和本雅明所言的"光晕"，并从哲学意味上表现人所处的演化状态，神圣而残酷、质朴而粗野。

遗憾的是，极力引进这些西方先进戏剧理论的不少学界精英却在相当意义上忽视了这些先进理论的东方源头，这一唯西方马首是瞻的谦虚（当然也可以说是自卑或者自我否定）心态延续到21世纪初。20世纪后期，奥古斯都·波瓦（Augusto Boal）的"被压迫者剧场"（Theater of the Oppressed）理念席卷了菲律宾、印度、孟加拉国、韩国、日本、港台等多个亚洲国家和地区。而且在台湾，钟乔等人基于此明确地提出了"民众剧场"，即为民众而存在，属于民众并由民众创作的剧场。2005年前后，还是在外力的帮助下，民众剧场才在大陆犹抱琵琶半遮面地羞涩登场。

当然，戏剧界主流对本土乡野艺术的漠视（或者说唾弃）与清末以来长期以西方为标杆的发展理念有关，不仅仅是急迫地打倒"孔家店"，傩这样的乡野艺术也大体被贴上了迷信、愚昧、落后以及浪费、劳民伤财等负面的标签，这一主流认知差不多持续到改革开放。20世纪末，随着对传统文化的重新定位，尤其是21世纪以来政府自上而下轰轰烈烈掀起、推动的非物质文化遗产运动后，傩等乡野艺术才在主流意识形态中有了些脸面与意义。与此官方潮流相应，搜集、整理、研究傩的著述日渐增多。然而，民众自有民众的逻辑，民间自有民间的风土人情，乡野自有乡野的桀骜不驯与吞吐能力。

无论大环境是风是雨还是晴，江西南丰泥土味、家族性都很重的石邮傩；豫西东常村与西常村粗鄙不堪的骂社火……这些乡野演剧如变形虫般因时应景的传衍又具体是怎样的一番情形？它们在多大程度上是戏剧？在多大程度是仪式？这些乡民主动投入和参与的演剧难道仅仅是地方风"俗"？仅仅是茶余饭后的娱神、娱人、娱己的"表演"？仅仅是不同名目、级别的非物质文化遗产？对于今天都市并不是太叫座且基本以西方戏剧为准绳的霓虹灯闪烁、卡拉OK式大小剧场，这些二里吧唧的乡野演剧有着怎样的警示？对于政府尽力送下乡却同样观者寥寥的"文化""戏剧"，这些不绝如缕的乡野演剧又有着怎样的启迪？

## 三

作为学文近些年来研究成果的集中呈现，本书并非仅单单回答上述仪式和演剧两方面的问题。在坚实的田野调查基础上，学文尝试说明在当代中国的乡土社会,仪式与演剧的模糊性甚或一体性,试图说明二者之于乡民生活世界的意义、二者之于"乡愁"的不可分离性。可以说,仪式、演剧与乡土正是学文在本书中尝试要破解的三个关键词。该书的第一章就是以北京远郊区房山的石窝村为个案,专章从生活方式与地方感来历时性的考察乡土与乡村的生成。

对于乡土,学文有着他独到的理解。八九年前,为完成他的博士学位论文,他曾长期在贵州荔波蹲点调查。在其基于博士学位论文完成的专著《规束与共享:一个水族村寨的生活文化考察》中,他不仅描述出水族社会人、神、鬼同在的复杂的生活制度,还清楚地描绘了在此安家落户、心安理得的电视媒介的生存实态,即他所言的"变迁中的村寨"。换言之,对于学文而言,乡土并非是油盐不进的愚顽不化,并非是夜郎自大的井底之蛙,但也非文人士大夫想象中的不知魏晋的人间仙境、世外桃源。在学文眼里,乡土既是一位步履蹒跚的龙钟老者,也是一位活力四射的调皮顽童。所以,今天的石窝人还会用口头叙事来强化他们生活的那个山窝窝里的小村与帝都北京之间千丝万缕的关系,甚至有了"先有石窝,后有北京"这样让他者震惊的俗语。用学文自己的话来说,百余年来,主流精英眼里需要改造、提升的乡土实则是一块千变万化的"魔方"。

对于在城镇化、都市化旅程中快马加鞭的当代中国而言,学文长期凝视着这些与大城市多少有些距离的乡野的仪式、演剧以及生产生活方式显然别有深意。至少,他长期观察、叙写的这些同样有着时代色彩的传统仪式、演剧与日常生活说明:这两年被主流媒体以及学界大肆炒作、品读的"乡愁",绝非仅仅是在高楼大厦之间看得见的静态的山与水。

## 四

学文是我的同门师弟,更是挚友。2003年3月,他曾随同我前往河北赵县调查过龙牌会。当年7月,他协助我前往梨区进行我博士学位论文写作的后期调查,长达半月。在那半个月中,时常饿着肚子在烈日下光膀子行走是我们调查的常态,该书中关于豆腐庄皇醮会的文章就是此次调查的成果之一。当年7月28日的黄昏,在豆腐庄学校空旷的操场边,我们与唱庙戏的艺人们一同席地吃晚餐时,学文吃到了苍蝇。那天晚上,我们歇息在这所村小学一间简陋的教师办公室里。办公室里没有床,只有学生上课用的一桌一凳。桌子长一米多些,宽也就60厘米。条凳与桌子同长,宽则不足30厘米。初进民俗学大门不久的学文没有怨言,就着桌子睡下了。次日,除中午吃了一块西瓜,胃多少有些弱的他基本没有再进食,然而，他却依然一丝不苟地和我调查了整整一天。或者正是这吃苦的精神，成就了学文田野调查的能力，成就了他的这本处处闪烁着辛勤汗水和真知灼见的专著。

与常见学术著作的理论堆砌甚或言必称西方不同，学文的这本书稿近乎白描，他仅仅是将他观察到、体验到的乡土中国通过仪式、演剧等乡民的言与行，有条不紊地娓娓道来。但是，该书的质朴、平实也迥然有别于这几年文学界及其评论界建构的有些似是而非、不伦不类的"非虚构作品"。非虚构作品虽指向纪实、客观，但纪实、客观本身不是目的，它更在意的是煽情，是能否动情，以情感人，本色还是文学的。哪怕明显有着伤感和隐忧，学文却不想煽情，更不愿一味地替人诉苦。他有自己的思考，却不愿意自己的思考代替乡民的思考，更不愿自己的思考影响读者的思考。他直面的是都市化中国的乡土性本身。在大踏步都市化的中国，这种乡土性有可能是都市化中国的动力，也有可能是都市化中国的阻力，但却没有对错。被都市生活方式快速围攻和清剿的乡土有着无奈与纠结，有长吁短叹也有欢笑，但一切都自然而然，相生相克，荣辱与共。

从字里行间，我分明能感受到，学文不但不越俎代庖式地为乡野、为乡民、为乡村叫苦叫屈，而且也不虚妄地将乡野视为是都市文明的对立面和美好传统的自留地、保留地。他化作了乡民中的一员，将变迁中的乡土中国的阵痛、不适同时也有的轻快等复杂性、多样性不声不响、不卑不亢地呈现出来。

作为老友，在祝贺该书出版的同时，也祝愿学文在繁忙的工作与不断的行走中，一如既往地坚持观察、记录，写出更多更好的佳作来。

2015 年 8 月 27 日于山西长治

# 导　言

　　中国乡土社会的基石——村落，正在经历着深刻而剧烈的社会文化变革。

　　村落，是我们认知中国乡土社会的必要路径，也是我们认知当代社会、理解文化转型的核心要素之一。近一个世纪以来，村落及其传统，作为中国社会的重要力量，参与到了传统向现代的历史进程之中。近现代的国家建构，从不缺少对乡土社会与村落的关注、利用与扶助：新民主主义革命时期，中国乡村是人民力量的源泉和新政权的出发点，也构成了革命理想的重要内容之一；1949年以后的一段时间里，中国乡村以粮食支持城市，以集体化生产推动和参与国家工业化进程，以广阔天地接纳上山下乡的青年，以高昂的社会建设热情创下了多个领域的历史纪录；改革开放之初，中国乡村又成为解放和发展生产力的先行者，社会活力的迸发地；随着近40年的改革开放领域的不断扩大，伴随着不断深化的社会发展理念和复杂的社会改革实践，中国乡村虽然也扮演着重要的角色，源源不断地将劳动力输入城市工业之中，创造了"中国制造"的世界奇迹。但是，我们不得不说，中国乡土社会本身的发展总体呈现的是一种颓势，中国乡土社会文化生活也呈现出多样的、难以把握、问题丛生、光怪陆离的形貌。虽然中国乡村的重要意义一直被强调，虽然"三农"问题始终是每年国家1号文件的内容，虽然有工业反哺农业、城市反哺乡村等政策指向，但是，我们清醒地看到在城乡二元结构下乡村的卑微现状，看到城镇化道路上我们的乡村被裹挟其间，或主动或被动的发生着深刻变化。本书的出发点正是为了丰富和深化对当下乡土中国现状的认识，立足于一个世纪以来的中国现代化实践，调查记录了六个中国乡村的生计、演剧、仪式与信仰，以此来关照中国乡村的变化与问题。

## 一、当代乡村观察

　　当代乡村俨然成了一个特殊的概念，它既不同于我们通常理解的历史乡村，也有别于中国政府"城镇化"战略下的"新农村",为此,许多学者进入到现实语境中重新认识"当代乡村",深度观察可以称之为中国"母体文化"的当代乡村,体验其空前巨变的丰富性,力图清晰解释其内在原因,把握其发展方向。

群山里的乡村　王学文 摄 2012 年

每个中国人的心中,一定都有一个属于他自己的"乡村":也许是生活过的祖祖辈辈耕织而成的穷乡僻壤,也许是游历过的奇风异俗的民族村寨,也许就是一份记忆深处的情怀故园,仅仅作为一种象征而存心中……不管怎样,人们似乎都能说出些关于乡村的印象,有一个大家能产生情感共鸣的基础性认识。然而,当我们面对当代乡村时,忽然发现乡村的含义摇摆不定了,大家的理解虽深浅不一,却多支离破碎,所寓含的几分道理中,虽然都能找到记忆的支撑、案例的佐证,却让人变得有些伤感与陌生。乡村何为?"日暮乡关何处是,烟波江上使人愁",古代诗人凄美的诗学意象中,承载了多少文人士大夫建构起来的故土情怀呢?它们衍生而成中国人内在的价值取向。在这个意义上,我们可以将当代乡村理解为漂泊者的精神之乡,因为变得沧桑,所以更多关注与期许。但我们更应该意识到当代乡村还是众多你我曾经生活过的时空坐落,是众多乡民依然在期间"活着"的现实存在。

近十年来的观察中,人们对中国当代乡村的认识,有一个比较典型的观点是:

村已不村。乡村已经伴随着城镇化和急剧推进的发展实践变得面目全非,这种变化全面而深刻、矛盾重重而又无可抵挡。从社会形态学视角来看,乡土社会的物理部分,即由人口和土地所构成的,可以看见、可被描述,具有数量、空间的部分发生了巨大变化。如在计划生育政策的实施、大量农民的外出务工等因素影响下,乡村人口结构发生变化;在国家层面推进的乡村道路建设、环境整治,实行的政治、经济、文化、宗教等治理政策,以及民众自身的建造行为等因素影响下,乡村环境和景观发生变化,如村村通的推进,现代饮水、卫生设施替代了原来的系统,行政办公场所、服务中心、文化馆站等设施进入传统村落空间,传统民居建筑被水泥建筑替代等。乡土社会的心理部分,即由思想、观念、情感构成的,看不见但感受得到的部分,以人口与土地的关系为基础形成的社会连接纽带也发生了巨大的变化,如城乡、族群、民族、性别、阶层、年龄等社会群体的构成,乡民与乡民之间、乡民与土地之间、亲情与物质之间、返乡的城市务工者与仍然居于乡土的农民之间、位于城镇与乡村之间的村委们与曾经寄望村委们代言自己的乡民之间……曾经有序的人情伦常与自然格局,曾经的乡村城市二元的隔离与悬差,曾经的信任与关联,都在有形的自然与社会变局中,发生着更为深刻的变化,乡村社会心理部分的变化较之于物理部分的变化显得更加复杂、紧张、多样化,同时二者也是不可分割的整体。我们观察当代乡村,不能脱离开物理部分,只谈心理部分,也不能只谈心理部分,看不到物理部分。我们要超越当代乡村变化的现象本身,理性思考这种变化的前因后果。

应该说"村已不村"的认识,可以站在不同的情感立场来解读。可以是积极乐观的,包含着对当前乡村发展的认同;也可以是悲观无奈的,包含着乡愁和对现代化的反思。但就笔者而言,在对当代乡村的深入观察之后,心中充满了复杂的情感,爱恨交织,难以释怀。虽然中国乡土社会具有着很强的同质性,但就每一个乡村而言,都有着独特的生成史,有着在这一地方自然生态、人文地理、历史现实等多维作用下形成的独特的社会文化生活。中国乡土社会,是由一个个具体的乡村构成的,这些乡村有着它本身的历史性、实体性、自足性和地方感,是一个个充满了生命力的富于主动性的有机体,无法一言以蔽之,面对不同的乡村个案,有着绝然不同的心境与感受。本质上,我们讨论"村已不村"的当代乡村感,关键的问题在于,弄清究竟发生了怎样的变化,为什么会发生这样的变化?

这些乡村不是孤立的,我们正身处于联系无处不在的信息世界。深入西南少数民族地区的田野经验表明,我们已经很难找到一个没有政府进入、没有通连道

胶东半岛的渔村　王学文 摄 2011 年

路、没有市场体系、没有现代媒介的乡村。尽管某些乡村依然隐于深山幽谷,依然困守着清贫,但通过政治治理、现代媒介、市场交换、人员流动等方式早已被纳入到一个庞大的世界网络。这些脉络已经在乡村中生根,以其跨时空、跨地域的特质,深刻地影响着乡村的认知世界和生活体系。也可以说,信息世界突破时间、空间区隔的力量,既为乡村社会建构起通向当代社会的行进之路,又为乡村传统的变迁与断裂撕开了不可挽回的豁口。计算机技术与通讯技术发展到今天的必然结果,成为现代化运动最终推倒乡村篱笆的有效手段。不必过早地期待什么样的结论,因为这个过程才刚刚开始,依靠弥漫于乡村社会的信息网络,和现代化制度,我们正在乡土中国的复杂系统中探索出路。

在中国学术界的诸多研究中,如何认识当下的乡村,认识当下的中国乡土社会,算得上举世瞩目、关乎天下的重大选题了。面对如此复杂的当代乡村现状,要回答这些命题,非常困难,它不仅需要多个学科的参与,还需要长期的可持续的研究。值得欣慰的是,我们有多种可选择的路径,有可资研究的丰富的基础材料与良好的技术条件,还有全球化体系下可供参照的国际乡村社会经验。当前,多个学科的研究者正在集中研究这一课题:乡村民族志、民俗志等基础性资料的现象学记录,乡村社会史的挖掘,乡村政治的剖析,乡村经济的调查,乡村伦理的研究，乡村空心化、留守儿童、城镇化拆迁等专题攻关，已经形成一大批坚实、厚重的研究成果，本书得益于以上的研究和著述，选取乡村中的生计、演剧、仪式等角度，深度观察和描述了中国六个乡村个案，以乡村民族志的方法进行记录与分析，为认知中国乡土社会的当代样貌提供一幅生动的素描。

## 二、"魔方时代"

中国的众多乡村正在经历着规模空间的城镇化的进程。2014年颁布的《国家新型城镇化规划（2014—2020）》，提出了以"人的城镇化"为核心的指导思想：

紧紧围绕全面提高城镇化质量，加快转变城镇化发展方式，以人的城镇化为核心，有序推进农业转移人口市民化；以城市群为主体形态，推动大中小城市和小城镇协调发展；以综合承载能力为支撑，提升城市可持续发展水平；以体制机制创新为保障，通过改革释放城镇化发展潜力，走以人为本、四化同步、优化布局、生态文明、文化传承的中国特色新型城镇化道路，促进经济转型升级和社会和谐进步，为全面建成小康社会、加快推进社会主义现代化、实现中华民族伟大复兴的中国梦奠定坚实基础。

国家战略引导我们的乡村向城镇化迈进，这将对乡土中国产生怎样的影响？我们原有的管道、原有的方式是否能够承载起"人的城镇化"的重任？在已经将"城市生活更美好"的假象奉为鹄的，已经被简单粗暴的"现代化"梦想驯化的社会现状下，该如何去实现"看得见山，望得见水，记得住乡愁"的乡土社会，如何让乡村继续其"吾心安处"而不要成为"吾心伤处"？所有这些问题的解决，都离不开全面准确认识乡土社会现状这一基本前提。

在"村已不村"的认识中，有很多人认同当下中国乡村解体、乡土社会碎片化、乡村传统断裂的观点。依据笔者近年的乡村调查经验，以上的观点在某些乡村个案中是准确的，反映出当下许多乡村发展面临的巨大危机和传统乡村社会文化生活向现代转换过程中的重重矛盾。但是更多的乡村发展状态则没有如此简单，它们不是简单的解体、碎片、断裂能够概括的，它们所呈现的结构、仪式、艺术、信仰，恰好与乡土中国的历史传统保持着深刻而复杂的互动关系，除却这些传统，我们就不能深度进入当代乡村社会，也不能揭开当代乡村之所以呈现如此斑驳繁富形态的内在秘密。

我们所看到、感受到的中国乡土社会形貌，处于剪不断理还乱的状态，是历史记忆与当下生活、乡村与城市、地方与国家、传统与现代、东方与西方等在乡村空间的交叉并置，是个体、家庭、家族、村落、国家等多种组织力量在乡村社会的竞争与共谋，是政治、经济、社会、文化、信仰各层面的影响和渗入所形成的独特的文化表象，就如我们非常熟悉的智力玩具"魔方"。"魔方"包含三个层级的结构，关键点在于中心块与中心轴，二者连接在一起，可以顺着轴的方向自由转动，外围层级都以此为基石。

传统乡土社会有着很强的同质性、协同性，进入现代社会以来，乡土社会的简单结构被打破，原有的结构被类似六面多彩的立方体"魔方"所取代，而且这个魔方的色块已经被扭乱，曾经的单一颜色或简单的色彩结构不复存在。但是它并没有散，还有着内在的轴心，每一个小方块通过榫头与轴心相连。由此观之，将当下中国乡土社会比为一个多彩多面的魔方时代也就显得非常贴切了。这个时代的乡土社会结构是丰富多彩的杂乱并陈，多个力量既相互支撑，又彼此砥砺进退，形成了当代乡村社会的两个重要特征：引发乡村社会产生根本变化的因素复杂多样，丰富的表现形态之间有着深刻的内在关联。

比之魔方游戏的趣味性与挑战性，我们对乡土中国的认识也具有大致相近的感受。以"魔方"来命名当代乡村社会的感

大行山区的乡村　王学文　摄 2012 年

性形态，我们需要从理性的层面区分其与传统乡村社会的两大差异：一是多维多层性。传统乡村社会的维度与层次相对较少，基本面为历史、村落与民众三维和民间与官方—精英两个层次，结构清晰，秩序稳定。当代乡村社会则充满了复杂的维度与层次，时间被切分为历史、现实和未来等维度，村落被切分为乡、镇、城等维度，民众被切分为乡民、城市工、退休的体制人、时常回家却在外地工作的体制人、创业者、外来移民等维度，层次上也突破了二元性，包括底层人、平民、兼有权力话语的多身份层、官方代言层、其他层等，复杂的维度与层次，决

定了当代乡村社会变革的深度与广度。二是无序性与庞杂性。传统乡村社会的清晰结构与稳定秩序,在当代乡村社会中都受到严重影响,结构模糊,秩序混杂。这种过渡与变革过程中的无序性与庞杂性,成为当代乡村社会的主要症候,也是我们观察与思考当代乡村社会的基本前提。从多个维度观察"魔方时代"的当代乡土中国的形貌,充满了探险的惊奇与激情,也揭示了乡土中国近20年来探索的主要线路与学术进度。

一是空间层面。很多乡村已经不是传统意义上的乡村,但也不是完全意义上的城市、城镇,居住空间与生活空间呈现出传统与现代的冲突和选择。日常的衣食住行等行为习惯、婚丧嫁娶的人生传统、基于乡土的信仰与仪式都在这种空间的变迁中调整和重建。空间层面的"魔方"特征,既作用于自然环境的居住、农业的特征,也作用于人文环境的城镇工业、商业、娱乐业的特征,一个不可逆转的文化后果是缺乏对自然环境的尊重,因为城镇发展需要,世代相守的自然生态被改造与破坏,人为设计的与自然呈现出远离与对立的城镇图景,迅速生长出来,成为主导人们价值观念与生活方式的空间理想。在此,要特别讨论一下乡土社会曾经为之稳定传承的仪式空间。仪式空间通常是村落空间的神圣场所,有的被固定为与特定时间相衔接的意义场,有的则是与事件、需求所关联的非固定的仪式区域,这是我们认识乡土社会的标志性空间,村落传统在此得到强化与传承,人生价值与存在形态由此被模式化、概念化。城镇化过程中,由于它对空间的使用与规划,是基于现代功能主义的城镇理念完成的,因为,它们的出发点没有仪式的位置,更没有空间考量中的信仰场所。因此,空间被"标准化",所有空间都是指为了满足社会需求而确立的功能区。仪式空间的缺位,直接导致乡土社会人际友善与村落认同的严重危机。抽空了意义的乡土社会赖以延续的空间立场,逐渐演化为人们为之争夺土地权与开采权的自然资源,这种转化,消解了在悠久传统中建构起来的与人息息相关的空间质感,激活了长期隐藏在地狱中的众魔狂欢的"空间欲望",共谋、互陷的利益清算,堂而皇之的围剿了失去意义的仪式空间。人,只与地产立契,不再与土地产生情感。

如此,仪式的存在与变革,成为我们关注当代乡土社会的核心维度之一。

二是时间层面。由古而今的线性历程,在我们谈论的时间系统中,与乡土社会的内在时间意识有着巨大差异。乡土社会时间系统的丰富与神秘,早已为人们所熟知。这一时间系统至少有三个层次:一是依据日出日落、月缺月圆、四季轮回的认识经验所形成的循环时间,这也是我们今天认识时间的基本方式,二是以个体年龄的增长，公元纪年的变化为代表的线性时间，三是个体和社会的记忆时间。时间层面的"魔方"特征，表现的正是各种时间感的交错并行。在现代社会里，正是在强化时间的不可逆性与消磨万物的能力这一特性方面，呈现出当代乡土社会时间的多样性，包括岁时节日时间、人生时间，以及劳作时间，还有更为深刻的时间观念。

三是仪式层面。朴素的民俗宗教、制度性宗教在乡土社会依然传承，一定程度上被归为迷信、巫术领域的一些意识和行为依然广有受众，并未在医疗、科技的发达时代消失，但是，我们要看到其中的一些深刻变化。当代乡土社会里，曾经以信仰或称俗信支撑的仪式正在舞台化、"演剧"化，在它们的组织者中，虽仍有会首、庙头，但也会发现我们的基层政府、知识分子等也以某种方式参与其间，设立博物馆、进行非物质文化遗产保护的工作等成为影响这一仪式传承发展的重要因素而存在。仪式本身的庄严性发生着变化，仪式程式和内容的变化就更为明显，同时，西方社会的基督教也依然在向乡村社会涌入。

四是组织层面。虽然与以往相比，当前是政府进入基层社会最深也是最有效的阶段，有着强大的动员和组织能力。但传统乡村社会中的一些民间组织依然发挥着作用，如庙会的组织者，一些地方的家族。同时也产生一批新的组织，如行业协会、老人协会、兴趣群体、合作社等，虽然力量强弱不同，但这些组织共同存在于乡土社会。

五是生计层面。当代乡村社会的生计方式已经呈现多样化的态势，面朝黄土背朝天的农业耕作虽然还存在，但组织的方式、使用的工具、耕作的内容都在发生着变化。同时，越来越多的民众走上了半农半工的"部分时间农"的生计之路，"三亩地、一头牛、老婆、孩子、热炕头儿"的生活理想也在这种生计方式的改变中变得更加多样和激进。

需要说明的是，在每个具体的乡村里，不同层面的情况是不一样的，有着更加丰富的组合方式，发挥出不同的作用，也就有着不同的乡村样貌呈现。笔者用"魔方"喻指当代中国乡村的形貌，只是想说明当代中国乡村发展的复杂性，同时也想说明在这种复杂性中仍旧有着很强的韧性和适应性。

# 三、六村调查

本书辑录了六篇调查报告，它们是笔者近十年来的乡村调查成果和研究思考。

山村里的现代舞　王学文 摄 2012 年

每篇报告从不同的角度切入，总体上是从演剧、仪式与乡土的角度关注当代中国乡村的发展变迁问题，希望借此深化我们对当下乡土中国现状的认识。

第一章关注了乡村的生成问题。就乡村的民众而言，村落都是一种在其生活中、记忆里、情感上独一无二的存在。本章通过对一个北京郊区石业村落的考察，力图呈现出村落共同体的形成过程、村落自我个性的表达和村民地方感的塑造。石窝村，是位于北京西南、三县交界、京城边缘的历史悠久的石业村落。透过石窝村生产、生活的描写，我们发现：石窝村村民拥有石业知识与农业知识两套知识体系，他们扮演着石匠与农民的双重角色，呈现出"部分时间农"的生活方式。从生产时间分配、生产协作关系、信仰禁忌和村落历史记忆等不同层面，石窝人都表现出"部分农"与"部分工"的复合式特点。伴随着这一生活方式的选择和形成，村民的地方感也在农业与石业的双重作用下，通过庙宇建设的碑刻、"先有石窝，后有北京"的俗语、三青的故事和采石事件等历史记忆表现出对"中心地"北京的归属以及对村落标志性文化的认同。

第二章关注乡村的认同与秩序问题。本章以江西南丰石邮村跳傩为案例，透过对这一仪式活动的描述和分析，来呈现乡村认同的复杂和秩序建立的灵动。傩在我国南方乡土社会中有着非凡的意义，在江西省东部的南丰县，跳傩是这一带乡村春节期间的标志性事件。但是，伴随着现代化、城镇化在中国乡土社会的推进，南丰大部分的跳傩的外部呈现、内部结构与社会认知都在经历着或主动或被动的筛选、编排、重塑或抛弃，深层的社会意义逐渐淡薄，娱乐表演性不断增强。然而，石邮村，固执地坚持着跳傩的时空界限、组织程序，通过年复一年的跳傩，展演和确认着乡村的传统秩序。通过考察石邮傩所体现出的特点，本章探讨了石邮傩的传衍机制，指出在共同的傩神信仰下，迭合认同的主仆关系和充满制衡的生活秩序是石邮傩在当下社会里得以古朴、完整，而且内部充满严格规定性的展演和传承的原因。

第三章关注的是乡村信仰的嬗变问题。信仰问题是研究乡土社会不可缺少的面向，河北省赵县豆腐庄长期有着皇醮会，这一群体性的祭典在改革开放后得以公开恢复。在当地，豆腐庄与学界持续关注的龙牌会所在地范庄是"对子村"，在历史上，皇醮会与龙牌会之间有着紧密的关系，目前两个会仍然友好往来。根据村民的口述和参与观察，本章追述了皇醮会的历史，并详细描述了2003年皇醮会的盛况。

与第三章一样，第四章关注的也是仪式信仰，而且案例也是一个醮会，但本章更为突出这一醮会的组织力量。中国乡土社会的民间信仰虽然在近现代中国的经历堪称跌宕起伏，且时至今日依然在主流话语中模糊晦涩，但谁也无法回避这样一个事实：那些在中国乡土社会里我们称之为文化遗产、民俗活动、民间艺术的种种存在的背后都有着坚韧的信仰和民众心理的支撑。在中国乡土社会的过去、现在和未来图景中，依然能看到它们的高低起落，感受到它们的力量和智慧。本章是对河北武安康宿迎送城隍的观察记录，我们暂时搁置科学与迷信之争，来理解和把握在历史与现实、神圣与世俗、政府与民间缠绕依存的乡村社会里"共谋"达成的仪式活动图景。

第五章关注的是乡土文化的"非遗化"问题。近年文化遗产保护以种种的方式进入到中国乡土社会，这种带有现代性种种特征的观念和做法给乡土社会中文化的传承带来的很多影响。本章分析了来自豫西的一个案例，河南省灵宝市东西常村的骂社火以两村通过戏谑、互相辱骂祖宗的社火形式而闻名，这一非常态、反结构、狂欢化的社火在当下遇到传承发展的问题。现代国家政权的下沉，传统力量的边缘化，改变了骂社火背后的组织体系。"内生资金"来源渠道的缺乏，"外援资金"的不稳定和过于强势，威胁了骂社火的稳定举办。而这一地域社会在传统与现代、外来宗教与民间俗信碰撞、交流中被改变的社会文化心理，是影响骂社火传承发展的深层原因。笔者认为改变当下骂社火这类民俗活动的发展境遇，有赖于组织者、资金和社会文化心理等条件的最优组配。

第六章关注的是乡村女性群体。女性是中国乡土社会文化传承的主要承载者和实践者,在乡土社会的民俗活动中,总能看到她们的身影,她们的信仰、情感和行为实践成就了中国乡土社会的独特品质。本章是对贵州安顺屯堡乡村妇女"修佛"生活的调查,"修佛"是指贵州安顺屯堡妇女朝山走会、念佛修行的民间宗教生活,贯穿了屯堡妇女的后半程人生,与屯堡人的宇宙观念、道德情操和日常生活的关系十分密切,正是通过多个层面的累积,使得屯堡妇女最终达致多个层面的"圆满"。

本书仅是一本乡土中国个案的辑录,还没有进行较为系统、深入的概括和理论提升,这些工作还有赖于今后的持续研究,有赖于更多的、更为精彩的乡土中国个案的出现,希望这些个案能为当代中国乡土研究提供一份鲜活的记忆。

我试图传递一种冷静,一种不要非黑即白、非好即坏的武断。要看到混乱中的秩序,"荒唐"中的合理和危机中的生机,当然也要看到秩序中的混乱,合理中的"荒唐"和生机中的危机。

我们就处于这样一个魔方的时代。

# 第一章 乡村的生成：北京房山石窝村生活方式与地方感

## 引 言

元明清以来，北京逐渐成为全国政治、文化中心和华北地区的经济中心。帝国的政治体制、城市经济和皇室、官方的生活文化对其周边地区产生了巨大的辐射作用，在地理分布上，形成了京城、京郊、京畿三条相互关联的环状文化带。① 京郊农村就位于京城之外的文化带，它的发生、发展与北京的城市建设、城市供应、城市文化特别是宫廷文化有着千丝万缕的联系。但以往的研究者，多不注意这种联系，或者孤立地研究北京城区，或者将北京郊区农村纳入华北地区给予认识，忽视了北京郊区农村的区位特殊性。而有些研究虽包含了"中心地"② 对其周边影响的分析，却略显简单化。

众所周知，村落是我国农村的基本形式，即使当今，北京市辖的大部分地方仍属于农村，有大小 5775 个自然村散布京郊。③ 无论是在中华帝国漫长的兴衰沉浮史中，还是在当下现代化摧枯拉朽、席卷一切的过程中，京郊村落都扮演着重要的角色。这些村落的命运受到从帝都到现代民族国家政治中心历史变迁的深刻影响，它们在与京城同呼吸、共命运的同时，也以它们自己的方式诉说着历史，

---

① 参见赵世瑜《京畿文化："大北京"建设的历史文化基础》，《北京师范大学学报（社会科学版）》2004年第1期；北京师范大学民俗学与文化人类学研究所《北京民俗文化普查方案（试行）》，2003年，未刊稿。
② 参见施坚雅《中国封建社会晚期城市研究》，吉林：吉林教育出版社1991年版。
③ 参见尹钧科《北京郊区村落发展史》，北京：北京大学出版社2001年版。

演绎着变迁。区位的特殊性与村落自身的属性相结合,使这些村落的生产生活不同于华北一般传统村落,村落认同和村民位置感的塑造与表达也富有独特意味,耐人寻味。考察这类村落的生成过程,分析其生活方式、文化风貌和地方感的特点,将有助于深化对大传统和小传统关系的理解。这里所说的地方感(sense of place),是新人文地理学的一个核心概念。他们认为"'地方'(place)不只是一个客体(an object),虽然相对于主体来说,它常是一个客体,但它更被视为一个意义(meanings)、意向(intentions)或感觉价值(value)的中心,有感情所附着的焦点,一个令人感觉到充满意义的地方。"这一概念进一步发展为感觉结构(structure of feeling),即"指在特殊地点和时间之中,一种生活特质的感觉;一种特殊活动的感觉方法,混合了思考和生活的方法"。① 本文就是在这一意义上使用这一术语,用以指村落民众通过知识体系、生活方式和历史记忆所表现出的位置感,文中所出现的"村民位置感"、"村落自我感觉结构"在指涉上是相同的。

**采掘汉白玉的深坑　王学文 摄 2004 年**

本文所选择的石窝村,处于京郊之地,以盛产汉白玉等各种石料而闻名于世。北京从元明清时的宫殿陵寝到当下的城市建筑,所用的汉白玉石料多出自石窝。

---

① 参见艾伦·普瑞德著,许坤荣译,《结构化历程和地方——地方感和结构的形成过程》,见夏铸九编译《空间的文化形式与社会理论读本》,台北:昭文书局1988年版,第119—120页、第125页。

自古石窝以石匠多著称，现在石窝的大部分民众更是以石料的开采、雕刻、运输为收入的主要来源。长久以来，它都与北京城区发展结成紧密的关系，因此，选取这样一个村落，有利于探讨在"中心地"的影响下村落生产生活特点，理解其村落自我感觉结构的塑造与呈现方式。

## 一、石窝村与石窝人

从紫禁城出发，穿过丰台，进入房山，沿京张（北京—张坊）公路一路奔向西南，大约行至距京城50千米的地方，你就会看到一个道路两旁摆满狮子、仙女还有西洋天使石雕的村落，那就是石窝了。

### （一）地理空间、自然生态

石窝位于北京西南房山区大石窝镇镇境中部，远近闻名的石经山云居寺就在北边，距离仅有8000米。从大的地理空间来说，石窝所在的位置是华北平原与太行山脉的过渡地带，从石窝向南行就进入到了平坦辽阔的华北平原，而向北就是层峦叠嶂了。所以，这一带地形复杂，土壤为洪积物褐土，耕地不多，但较之不远的半山区还是要多一点。这里的气候为独特的山前暖区气候，年均气温11.2℃，年均降水量为655毫米。另外，此地距离时而泛滥的南泉水河和拒马河还有一段距离，所以对于靠天吃饭的传统农业来说，这里算是个可以过活的地方。这里的村民秋天收了玉米，再种上冬小麦，来年收了再种上玉米，同时还有很少的水田可以种点水稻。距石窝村不远的半山区，还产些苹果、核桃、枣。

为了进一步将石窝具象化，我们再看一下小的地理空间。按老辈说法，石窝往北是"一溜十八台"，往南是"一溜十八庄"，往东是"一溜十八岗"，往西是"一溜十八村"。① 这些说法都是民众对自身所在区位空间的一种简洁形象的概括。当你细问是什么庄、什么台、什么岗、什么村时，他们大多语焉不详，但我们不能否认这一概括的部分真实性。② 石窝村南是广润庄、惠南庄，也就是上文所说的"十八庄"中的两个，它们是传统的农业村落。石窝村北为下营村，原来两村之间

---

① 受访者：刘克泉，男，1918年生，访谈人：王学文。访谈时间：2003年8月13日，地点：石窝村。

② 笔者认为，这种类型化的概括模式本身是大可玩味的，它除了标明位置的作用外，也许还有着更深层次的意义。它是以自己所在位置为中心，对周边加以界定。在以下章节，笔者还将进一步探讨。

还有点空地,但近年来由于村落的扩大,两个村已经连在了一起,外人很难分辨这是一个村还是两个村。下营村往北,隔着一个水塘就是高庄,再往前是前石门和后石门。石窝、高庄、下营无论是在历史上,还是在当下都有些许关联。不仅仅是在地理上接壤,更重要的是人们的生计方式基本相同。高庄村曾名白玉塘,是石窝石匠开采汉白玉的一个石塘,后因姓改名高庄。下营曾名铁匠营,以前就是为石匠打制、修理工具的地方,现在三个村的人也大多以石业为生。前、后石门处于浅山区,是两个传统的农业村落。石窝村西为辛庄,村东为半壁店,这两个村现在也有一些石业。当然,表面看去,不管是石业村,还是传统的农业村,这一区域里的人们都遵从着一般华北村落的四时历法、耕作习惯,似乎没什么不同,有着很高的同质性。但石头的存在,却使他们的生计方式、时间分配、村落认同有些微妙。

**高庄村口的照壁　王学文 摄 2004 年**

几亿年前的地壳运动和后来的洪水冲积既提供了农业生产的空间,也鬼斧神工般地将丰富的石材资源赐给了这里的人们,石窝之名由此而来。据《水经注疏》载:"圣水(大石河)东圣玉石山,谓之玉石口。山多珉玉燕石,故以玉石名之。"《石谱》载:"燕山石出水中,名夺云,莹白而温润,工人琢为器,颇似真玉。"《畿辅通志》"舆地略"认为,"以方向形势审之,玉石山当即黄龙山白玉塘"。石窝村就在黄龙山下，可见，石窝石材资源早已为人所识。据勘测，大石窝镇域内大理石的总储量为2450万立方米，有汉白玉、艾叶青、螺丝转、青白、麻子石等十几个品种，是北京市石材的主产地。所谓汉白玉，是指一种珍贵的大理石品种，质地坚硬，石体中泛出淡淡的水印，俗称汗线，周恩来总理称汉白玉为"国宝"。大石窝镇汉白玉的储量达80万立方米，主要分布在石窝、高庄和下营。从一定程度上说，正是这石材，让石窝这个不起眼的小村子，与帝都发生了直接的关系，也让它具有了可以追溯的丰富的历史人文资源。但要注意，自然资源固然是生态环境中的重要元素，石窝人的生计模式和石窝村的存在发展与其息息相关，但是"生态环境对社会体制而言是一项限制性的，而非决定性的因素"①。它的重要性，无论在何时，都受外界的经济与政治因素所决定，石业更是如此。

## （二）建置沿革

一般而言，村落的地理空间位置是相对固定的，自然生态也不会有太大变化，这些都可归为布罗代尔所说的"长时段"② 历史。然而，王朝更替、区划建置、人口流徙这些"中时段"或"短时段"的历史却是频繁发生，而且也是造成人们生活方式变迁的重要因素，人们的时空经验也多与此有密切的关系。

石窝所在的房山区，有着悠久的历史。周初这里便开始行政建制，燕国时为燕中都之所在。秦时置县，隶属广阳郡。金析良乡、范阳、宛平三县边地置万宁县，属中都路涿州，后次续改"万宁"为"奉先"、"房山"。元时，今房山区地建置为良乡县和奉先县（1290年更名为房山）。而后，历明、清二代，今房山区境内一直分为良乡、房山两县，隶属顺天府涿州，石窝村这一期间一直属于房山县境。民国年间，房山境域基本沿袭上代，但和国民政府属县并峙的，还有由中共领导的位于两县边地以及和邻县交界处设置的各县行政设置，房山县此时属河北省。1949年后，这一地区行政建制变动频繁。1952年，建北京市京西矿区，房山县周口店及河北两地划归矿区管辖，但时间很短。1958年，房山、良乡两县合并，划归北京市，改名周口店区。1960年，周口店区更名房山县。1987年，建北京房山区，所辖与今天相同。由上可知，石窝很长时间隶属于涿州，归河北管辖，

---

① 利奇《上缅甸诸政治体制——克钦社会结构之研究》，张恭启、黄道林译，台湾：唐山出版社1999年版，第31页。

② 布罗代尔《15至18世纪的物质文明、经济和资本主义》，顾良等译，北京：生活·读书·新知三联书店1993年版。

到了20世纪50年代才归北京。另外，石窝一直地处房山区西南边缘，可以说是房山、涞水、涿州三县交界之地，与涞水、涿州都有公路相通。但在笔者调查过程中，遇到一个十分有趣的现象。当问及石窝属于河北管辖这段历史时，即使是村中的耄耋老者对此也不敢确定，甚至于流露出十分惊讶的神情。应该说，石窝归河北管辖的时间不可谓不长，距河北的涞水、涿州的距离较之距北京更近了不少。但为什么村民们只记得石窝属于北京呢？这种记忆的选择现象应该如何解释呢？在回答这一问题之前，我们先看一下石窝的村落史。

石窝成村应该在距其2000米的独树村之后。"独树"之名始见于1500多年前北魏郦道元所注《水经注》中，在云居寺唐代石经题记中也只见到"独树村"而未见"石窝"，"石窝"之名到金末元初的碑文中才开始出现，因此可以推断，石窝应该在元以前成村。根据对有关石窝碑刻①的梳理，石窝曾名"石窝厂"、"大石窝"、"石窝店"、"石窝屯"。民国时还曾分为石窝东店和石窝西店，后连为一村。当时房山全境分为九区，石窝是第七区，区公所就设在石窝村。新中国建国初，石窝建乡，包括了高庄和下营。1955年，石窝乡与下营乡、石门乡合并为石窝乡，乡政府所在地在石窝，此时，石窝尚属于河北省管辖。1958年房山划归北京市，1961年时石窝乡更名为南尚乐公社，1983年置南尚乐乡，乡政府在距石窝3600米的南尚乐村。在2000年撤乡建镇的过程中，南尚乐乡改称大石窝镇，乡政府所在地又迁回石窝村。

石窝的建置屡屡变化。它曾一分为二，后来又合二为一，可在人们心中却几乎不留痕迹。② 它是远近知名的村子，民国时逢三逢八有集市，附近十里八村的人都来赶集，可以说是施坚雅所说的集市之网上的一个小小的"中心"，但20世纪50年代后，这个"中心"至少在政治上已经不再是中心了，南尚乐村取而代之。对于50年代的并乡迁址，其官方文件中有如下意见：一是要适应农业合作化运动；二是要有利于生产改革，特别是水利、机耕、种植、绿化；三是一乡之内应无大山大河，平原不超过10华里，半山区不超过15华里；四是乡里人口要在5000~10000之内。③ 斗转星移，2000年南尚乐乡改名为大石窝镇，石窝村又成了

---

① 石窝碑刻资料主要从北京图书馆藏《中国历代石刻拓本汇编》整理出来的，有100通之多。
② 民国时，石窝曾分为东店、西店，那么石窝究竟是一个村子还是两个村子？调查中发现，石窝人似乎无意去辨别，在他们心中石窝就是石窝，没什么东西之分，行政意义上的东西之分在当下石窝村没有多少人记得。同时，在村落内部现在也不存在东店人、西店人的区分。
③ 房山区档案馆存《房山县人民委员会关于并乡的规划意见（1955年）》，档案：6—1—18。

中心。对这一次改名迁址的解释是，石窝比南尚乐更有知名度，而且经济情况比较好，改名后有利于石业的宣传，有利于弘扬石头文化，有利于招商引资，促进经济发展。

比较这两次改名并乡行动，第一次改名迁址所遵循的原则中有经济、政治、地理、人口等因素，没有特别提到历史和传统；第二次改名迁址则主要是经济原因，尽管也没有提历史和传统，但却是对历史和传统的一次自觉利用。调查中，石窝人都说，这次改名好，也列出了有利于发展的理由，还有人诙谐地解释说，"本来就应该叫石窝，你说南尚乐，南尚乐，'难上还加乐'，一听就不舒服"。① 也许正是因为对改名的认同，在石窝村的访谈中，

记载有石窝历史的古钟　王学文 摄 2004 年

几乎没有人会有意提起石窝曾属于南尚乐乡，有关南尚乐乡的记忆正在被人们有意地遗忘，一种实行了近半个世纪的区划在成为历史后，在人们的语汇中迅速消失了，只剩下关于石窝历史的话题。当然，其他村的村民对这一改名并乡的政府行为不置可否，并不在意。② 前石门村的一个大爷就说："叫啥对我们没什么意义，还不是一天天过活。"③

石窝人对隶属河北那段历史的遗忘，与石窝人对隶属南尚乐乡的健忘是一类现象。之所以遗忘或健忘，并非是由于年代的久远，因为改名大石窝镇只是2000年的事；也不是由于与哪个省市地理距离远近的缘故，因为北京城比河北的涿州

---

① 受访者：邢宗浩，男，访谈人：王学文。访谈时间：2004 年 7 月 19 日，地点：大石窝镇雕刻艺术协会。
② 但是，在我调查的村落中，高庄、下营人对改名石窝还是非常赞成的，这一方面是因为三个村几乎连为一村的缘故，另外还因为三个村现在都以石业为主，称石窝无疑对他们是有利的。
③ 受访者：邢祖忠，男，1930 年生，访谈人：王学文。访谈时间：2003 年 8 月 14 日上午，地点：前石门村。

府要远好多。因此，我们不能单纯从时间长短和空间远近来解释上面的问题。

石窝人的这种遗忘或健忘，有现实需求，也有历史支持。石窝人对北京的归属和重新以自己为区域中心（大石窝镇）的认同，有着追求潜在经济利益的动机。非常重要的一点，这也是一次政治地位的自我提升，而石窝自身的发展历史恰好为这种需求提供了可供挖掘和选择的名正言顺的历史资源。北京作为政治、经济和文化的中心，有着巨大的形塑和向心的力量，这种力量是在长期的时间流中形成的，并通过政治、经济和文化等手段得以发挥作用，无论是极边之地，还是天子脚下都会受到影响，石窝人的这种位置感就是这一影响的结果。

## （三）石窝村的内部空间

一般来说，自然生态条件和区划沿革所表现出的社会政治背景，可以视为一个村落外部环境的空间。与此相比，村落的内部生活和居住空间则更多的是村落民众创建的，并为他们所享有，与它们的生活息息相关。

2003 年夏天，笔者初次走进石窝村，映入眼帘的是一幅现代城镇的景象，与他那古老的名字形成巨大的反差。汽车在东西走向的平坦宽阔的府前大街（京张公路）上来回穿梭，漂亮的小洋楼鳞次栉比地排列在道路两旁。房前房后，摆满了形态各异的石雕作品，大的小的、胖的瘦的、高的矮的，琳琅满目，错落有致。石窝镇政府和村政府都在这条大街上，街两旁的小洋楼都是家、厂结合的石雕生产企业。镇政府的东侧是北京石雕艺术学校。2001 年以前，这片区域还是农田和荒野废地，但现在已经是大石窝石雕艺术商贸园区的中心。在"兴石文化，做石文章"的政策推动下，石窝村旧有的村落格局在短短几年间被打破了，东西南北各个方向都有了很大的延伸。

在府前大街的西南一侧是一个占地一万平方米的中华石雕艺术园，它的位置恰好在府前大街与通向村落内部公路的交叉点上。在白色大理石铺就的广场南侧矗立着一座石牌楼，整个牌楼是用 370 立方米的大青石和汉白玉建成，由六根汉白玉的盘龙玉柱擎着，正面是象、鹿、云朵等浮雕图案，华贵气派。广场东侧为"迈向新世纪"的雕塑，西侧为"智慧之泉"雕塑，坐落其中的高 5.5 米、重 60 吨的"天下第一鼎"雄浑沉重。原来挂在石窝村显圣寺的一口明代古钟也移到了园内，正在建设的"汉白玉石雕文化艺术宫"也颇具规模。园区的设计是由大石窝雕刻艺术学校完成的，大部分石料是本镇的石材厂低价供应或赠送的，施工的也是本村的石匠，每个雕塑上都刻着各自石材厂的名字。艺术园里的所有雕塑绝

**街道旁边摆放的各种石像　王学文 摄 2004 年**

大部分为汉白玉材质，价值不菲，令人叹为观止，古时只有皇室宗族和达官贵人才能用得起的汉白玉在今天成为村落景观建设的重要材料。

目前，艺术园对所有人免费开放，人们可以自由出入艺术园。这一石窝最亮丽的景观，是多方参与共建的一个全新的村落公共设施，但它能否成为村落的标志性景观还有待时日，[①] 当下村落民众的生活和想象还更多地囿于原来的村落空间。尽管村落的布局和景观变化巨大，但在人们心中依然还有着关于明清时期石窝村内部空间的清晰记忆。

明清时代，帝都建设对石料需要很大，作为石料的重要供应地的石窝日渐繁华，是附近几个村的中心所在。朝廷为了加强管理，保证石料的供应，在石窝设立监督衙门，衙门所在的地方就在官厅街上。官厅街的东西各有一条南北走向的街道，东道称为东店，西道称西店。东店当时店铺林立，是专门为从事开采石料

---

① 之所在说是正在形成中的村落标志性景观，是因为石窝村民对这一景观还并未完全接纳。笔者在调查中发现，在石窝村民的话语和生活中，这一景观并未被提及。有的村民甚至问笔者，艺术园建得怎么样了，可见他们并未特别地关注这一景观建设。在调查期间笔者也发现来艺术园的多是孩子，老人来此的很少。究其原因可能有四：（1）艺术园所在的区域是在近几年才拓展出的，距原来的石窝村落有一定的距离。（2）政府行为更多地主导了这一景观的建设，民众在决策和建设过程中都不是主角。（3）这一景观并非民众生活所必须的。（4）这一景观的建设思想和外在形态有很多并非是本土的元素，舶来成分很多。

汉白玉石雕文化艺术宫　王学文 摄 2004 年

的人服务的，西店则是石匠们居住的地方。官厅南北两侧各有一条东西走向的宽街，形成一个轿子形。在村落的四角均有城门，东南角和西南角建有戒楼。当时的石窝还是颇具规模的，石窝人谈及此都津津乐道，非常自豪，甚至说"老辈都说北京城是按石窝的布局建的"。①

石窝有关村中庙宇的民众记忆值得关注。它不仅存在于民众的口头叙述中，而且存在于地方文献中，这反映出明清时期华北农村"无庙不成村"的重要特征。② 在石窝村方圆不足三里的范围内，曾经分布着大大小小的许多庙宇。在《北京图书馆藏中国历代石刻拓本汇编》中，有关石窝庙宇建设的碑就有19通之多，目前，在村中还能见到关帝庙、二郎庙、娘娘庙、五道庙等残迹。因为石窝行业和区位的关系，石窝村的庙宇建设的参与者和表现方式就具有一定的特殊性，对村民位置感的塑造有着重要的意义，下文笔者将进一步加以分析。

---

① 受访者：魏文禄，男，1959年生，访谈人：王学文。访谈时间：2004年7月20日上午，地点：高庄。
② 王庆成《晚清华北村落》，《近代史研究》2002年第3期。

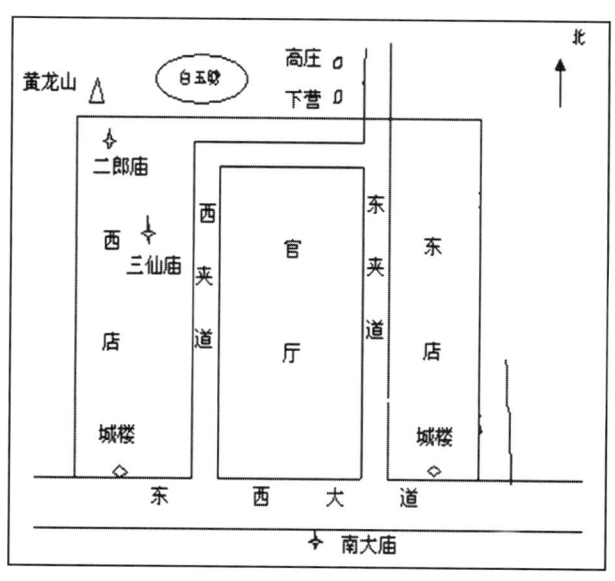

记忆中的石窝村内部空间　王学文制图

### （四）石窝人

地理空间、自然生态是外在于人的存在，只有当人们生活在其中，它们才被赋予丰富的文化意义。石窝的建置沿革也是如此，只有结合对石窝人的生活经验、生活方式和生活感受的分析，才能体会到他们对于外部世界的认知，至于村落内部空间更是人为的创建。因此，描述一个村落时，必须注重对村落中人的描述。

石窝村2003年笔者调查时有900多户，2800多人，是大石窝镇的一个大村，以汉族居多，有少数的满族和回族。村落姓氏非常复杂，村民有108个姓氏之说，刘、丁、续、梅、温是几个大姓。尽管同姓，但多不同宗，如温姓就分南温和北温，刘姓也不是一个祖先。石窝村民都称祖上来自山西洪洞大槐树，是燕王扫北时留下的。村民们对此深信不疑，并以小脚趾指甲分瓣为证。村落中至今还流传着关于被骗至大槐树开会，然后被赶到北京的传说。简言之，就是明成祖朱棣迁都北京，大兴土木，于是从山西招募大批工匠和差役，从事采石加工，后来这些工匠和差役就定居在了石窝。可见，不管是历史确实如此，还是只是人们的记忆，石窝与北京城的关联由来已久了，石窝人也自豪地认为北京城有他们的一份。

石窝村没什么名门望族，历史上比较有名的就算温氏家族了（北温）。温氏祖上开过石局，走过石活，曾经受过皇封。① 据温宝琛老人回忆，他记事时，家境还可以，还开了一个"衡王号"，卖油、盐、酱、醋等杂货，但后来就不行了。在上个世纪50年代划成分时，他也只是个富农。老人说，以前石窝各个家族联系并不多，各顾各的。② 调查中，笔者发现，近年来在石业发展的催动下，石窝涌现出很多家族式企业，它们大多是父子组合或是兄弟姐妹组合，企业里的雇工也多沾亲带故，较之以前家族组织内聚力不强、相对松散的情况不同，家族成员之间联系有加强的趋势。

石窝的家庭规模不大，一般3～5口，以二代居多，年轻人婚后多自立门户。现在的青壮年大多在村里的大理石厂工作，或是开山，或是雕刻，或是跑运输。从笔者看到的历史文献来看，石窝村没有什么读书人家，中第入仕的更是没有。石窝人说这是因为以前石匠穷，没什么钱读书，打石头有力气就行。但是，现在石窝人可不穷，2003年调查时人均年收入已经达到13362元，是大石窝镇最富的村子。③ 然而，石窝还是没有几个大学生，年轻人读完高中就跑到厂子里赚石头钱了，穷也不读书，富也不卖书。高庄、下营也是石业村，它们也有这种情况，但前、后石门这两个传统农业村落就有不同的情况。

"以前，石窝都是穷光蛋，也没多少地，没有新媳妇进来。"④ 过去，石窝人的婚姻圈一般就在半径一二十里的范围内。因为穷，石窝以前还流行一种"囤媳妇"的习俗。所谓"囤媳妇"就是"村里的人穷，男的家里找不到媳妇，女的家里也找不到，两家就一凑合。小姑娘十几岁时就囤媳妇，村里姑娘嫁出去的也不多"。⑤ "囤"也就是留着的意思，这与娃娃亲相类，但不同于童养媳。这种婚姻习俗是与村落生产生活联系在一起的，笔者下文还将具体分析。以前，石窝从涿县娶媳妇的很多，温宝琛的姥姥和三婶就是涿县人。现在，石窝村富了，但村里的女孩嫁出去的也不多，一些外地青年在石窝打工，慢慢就"倒门"了。以前

---

① 温氏祖先温玉衡是"皇清列赠"的"登仕郎"。参见清光绪二年（1876年）《温氏先茔碑》，见《北京图书馆藏中国历代石刻拓本汇编》，第84册138页。所谓"登仕郎"是一种地位较低的文散官名，没什么实际职务，只是一种称号，一般作为奖赏给予对朝廷有功的人。参见俞鹿年编著《中国官制大辞典》，黑龙江：黑龙江人民出版社1992年版，第1255页。
② 受访者：温宝琛，男，1925年生，访谈人：王学文。访谈时间：2004年7月21日上午，地点：石窝村。
③ 此数据为2003年石窝村人均收入，数据来源于石窝村委会生产报表。
④ 受访者：张桂生，男，1938年生，访谈人：王学文。访谈时间：2004年7月21日上午，地点：石窝村。
⑤ 受访者：刘克泉，男，1918年生，访谈人：王学文。访谈时间：2003年8月13日，地点：石窝村。

是因为穷不让嫁出去，现在是因为富所以不愿嫁出去。

　　石窝的教育情况和婚姻状况与岳永逸在研究河北梨区村落庙会时的发现相似，岳永逸认为婚姻圈的"内敛"是"'肥水不流外人田'的传统观念与保护其生存资源的一贯心态"共同作用的结果。① 在笔者看来，这种"内敛"的现象可能是行业村落的一个特点。与农业村落不同，行业村落有着排他的性质。为了自身的生存发展，所有的行业村落都面临着保护特有的生存资源，技术优势的问题。

村落中残存的庙宇　王学文 摄 2004 年

　　在村落内部空间一节中，对石窝人的庙宇情况已经有所涉及。与一般农业村落不同的是，石窝人以前还供奉鲁班，同时，开山的人对山神也格外敬重。但现在，人们家里大多供着财神，只有在过石匠节（农历三月十七日）、山神节（农历十月十五日）时才会给鲁班和山神放鞭炮，上点供。民国初年，天主教在华北发展很快，据《北京房山区志》记载，1922 年第七区石窝共有天主教徒 3720 人，教堂一座，就设在石窝村，另外还有两个公立传教所，两个私立传教所，但卢沟桥事变后，石窝教堂就被焚毁了。② 现在村里有几户信基督教的。村里人看病多到

---

　　① 岳永逸《庙会的生产——当代河北赵县梨区庙会的田野考察》，北京：北京师范大学博士论文，2004 年，第 37 页。
　　② 北京市房山区志编纂委员会《北京市房山区志》，北京出版社 1999 年版，第 658—659 页。

医院,但碰到医院治不好的,或是村民所称的"虚病"时,他们就会到别的村去找香头看。石窝村也有看虚病的香头,但本村人一般不去找。

人们提到石窝,总会说到石窝的石业,说石窝是一个石匠村。但随着调查的深入,笔者越来越意识到,石窝并非完全以石业为生,大部分时间里,石业都只是他们的副业,是石窝区别于其他村落的一个重要特征。这不难理解,对于传统中国农村来说,脱离农业几乎是不可能的事,因此传统中国的民众对土地有着持久的依恋,石窝人亦是如此,石料需要的不稳定性也是石窝不能脱离农业的原因。1958 年,石窝有耕地 3169 亩,当时的人口是 1695 人,人均 1.87 亩。① 到了 2004 年,石窝只有耕地 1437 亩,人口却有 2513 人,人均只有 0.57 亩。② 耕地锐减,村民,特别是老年人对此很不满。石窝有农业,但这并不妨碍我们以石业村来界定石窝,因为石业已经成为关于石窝的所有想象和石窝人生活的一部分,过去如此,现在也如此。

另外,因为下文论述中有时提及高庄、下营和前后石门,这里也顺便交代一下这几个村落的人文情况。

在石窝村穿行,不知不觉就会进入到下营村。石窝与下营现在已经连为一村,以前下营称为铁匠营,明代成村,是专门打制采石雕刻工具的地方,目前有 222 户,657 人,以雷姓居多。

高庄成村稍晚于石窝,曾名白玉塘,因此地有开采汉白玉的石塘得名,后因姓改名高家庄。高庄村起初是在黄龙山后大白玉塘一带干活的石匠们临时居住地,距石窝村较远,年长日久,形成村落,村落以周姓、魏姓居多。民间传魏姓是最早的定居者,"以前,到处都有老魏家坟"。③ 周姓是满族,据周德林讲,周姓是随龙入关的,先到的是天津永清县蔡家营,后来因为高庄产玉塘米,于是皇上就派周三省到高庄当庄头,现在高庄有满族 400 多人。在高庄调查中,总会听到高庄人略带抱怨地说:"高庄才是'汉白玉的故乡'。现在说什么都是石窝,其实汉白玉只有高庄有。就是因为高庄是个比石窝晚发展的村,石窝是个大镇,因此现在总说石窝。"④

前石门村和后石门村是两个传统的农业村落,以邢姓居多。近几年,这两个

---

① 房山区档案馆存南尚乐乡档案,档案号:78—1—16。
② 数据来源于石窝村委会统计报表。
③ 受访者:周德林,1934 年生,访谈人:王学文。访谈时间:2003 年 8 月 14 日上午,地点:高庄。
④ 受访者:周德林,1934 年生,访谈人:王学文。访谈时间:2003 年 8 月 14 日上午,地点:高庄。

村子也出现了一些石业，但多是沙石厂，村里年轻人大多去石窝、高庄的石材厂里干活。与石窝、高庄、下营不同，自古前后石门的读书人就很多，邢氏家族曾经出过进士，笔者见到的一些碑铭，多出自邢氏族人之手，这也是传统农业村落"耕读传家"的一个特点。

我们发现，石窝村有农业，但它的生产生活和精神信仰与传统农业村落仍存在诸多不同，这正是我们要进一步讨论的若干问题。

## 二、石业生产的知识体系

了解石窝必须要了解石窝的石业，因为，无论是在漫长的历史长河中，还是在当下实践现代化梦想的过程中，石业在石窝人的生产生活体系中都占有着重要地位，它是塑造石窝人心性和地方感觉结构的至关重要的元素，当然也是表达这种心性和地方感的重要媒介。任何一个进入石窝的人，都不会对石窝的石业视而不见。石业长期地影响着村落的社会结构，围绕着石业的开采、运输、雕刻和管理所形成的知识体系是石窝村特有的，它生成于国家与社会、官方与民间、农业传统与行业特质等各种关系的互动共谋之中；同时，随着管理和技术的变迁，石窝人不断传承并更新着这一知识体系。透过对有关石业生产知识的考古和石业发展脉络的梳理，可以勾勒出这一知识体系的变化和对村落社会的影响。因此，这种描写的目的不仅在于呈现石业知识体系本身，更为重要是在时空相涵的世界中，揭示一个行业村落社会的生活特征和地方感的形成过程。

### （一）千年石业

石窝开采利用石料的历史非常悠久，在石窝村中游走，笔者经常见到深达数丈的采石坑塘。这些坑塘的边缘杂草丛生，甚至生长出许多低矮的灌木，坑塘底部则是一汪碧绿的积水，散发出年深日久的湿腐之气。据老人讲，这些坑塘的积水有几丈深，都是老辈采石留下的，至于老到哪一辈就不得而知了。

早在560年的北齐时代，石窝村北云居寺的静琬大师就开始用这里的汉白玉雕刻石经，历经隋、唐、辽、金、元、明六个朝代，1400多年，最终形成了蜚声海内外的房山云居寺石经，这也是石窝开发利用石料资源的最早记录。因为资料的缺乏，我们还不能判断隋唐时代的开发利用是否有组织、成规模。但是到了11世纪，北京成了都城以后，伴随着这一中华帝国政治中心的形成和巩固，特别是

经年采石留下的遗迹　王学文 摄 2004 年

都城的营建，文献中关于开采和利用石窝汉白玉的记载也逐渐多起来，石窝进入到"大历史"的舞台。

石料是建筑之基，元时，为建设大都，专门设立了采石局。据《元史》载："采石局，秩从七品，大使、副使各一员，掌夫匠营造内府殿宇寺观桥牌石材之役。至元四年，置石局总管。十一年，拨采石之夫二千余户，常任工役，置大都等处采石提举司。二十六年罢，立采石局。"① 此时，石窝的石料自然是石局开采利用的重点，这里也是金玉府石局②（也称"金玉府山场"）的管辖范围。

到了明清，石窝石料开采达到一个高潮。明正德年间，石窝村已经成为"京畿之西涿州房山县大石窝官厅"③ 所在。伴随着修建北京城的浩繁工程，石料开采速度惊人，石窝村中大小不一、深浅不同、形状各异的坑塘很可能是此时留下的。根据材料，明时曾先后有太监赵宝、闫清、杜泰、辛通、赵升在石窝督理采

---

① ［明］宁濂等撰《元史》，北京：中华书局，第 2280 页。
② 元泰定元年（1324 年）《康氏先茔碑》，见《北京图书馆藏中国历代石刻拓本汇编》第 49 册，第 98 页。
③ 明正德十五年（1520 年）立《三官庙碑》，存《北京图书馆藏中国历代石刻拓本汇编》第 57 册，第 74 页。

石。① 民国《房山县志》也载"冬官纪事嘉靖卅六年修复殿工命侍郎张舜臣主事李键于大石窝采石"。清时石窝"为钦差工部营缮司采石料之署",② 营缮司分司"三山大石窝"③ 所在,曾有三山部使者李廷广等在此督理工程或来此采办石料。从这些资料来看,此时采石的管理机构是朝廷直接派驻到石窝村的。正是在这一过程的影响下,石窝的内部空间中有了官厅、城墙和城门楼。下文将要提到的丰富的碑刻资料,某种程度上也是这种宫廷文化影响的表现。帝国的官僚体系直接地嵌入到了一个村落社会中,这种情况在周边村落是没有的。石窝的石料被运到权力的中心紫禁城,被运到东陵西陵,被运到儒家文化的圣地曲阜,并被制作成宫殿基座、石栏杆、石踏跺、华表、石狮、日晷、石螭首,成为建筑的一部分。故宫保合殿丹墀上的"云龙阶石"即采自房山石窝,此石长 16.75 米,宽 3.07 米,厚 1.7 米,重 200 余吨。石窝以石料直接参与到了中华帝国象征权力和身份的建筑物的建设之中,这是一般村落所无法企及的,也是一般村落所没有的特殊经历。

明代和清朝前期,实行的是官营手工业,有专门的工匠从事采石之役。那么,这一时期开采石料的工匠和石窝村民是一群人还是两群人呢?对此,笔者还没有足够的材料来回答,但石窝人关于祖上来历的叙述、"近水楼台先得月"的位置优势以及石业知识体系的占有和持续传承,都在一定程度上说明:石窝人不会完全被排除在这一时期的石料开采之外。

清朝中后期,随着社会生产力的发展和社会分工的扩大,商品经济进一步发展,官营手工业逐渐衰落,地主士大夫从事工商业经营的日益增多,大商人资本开始活跃。④ 最初的工部到石窝采石逐渐由来自山西的商人所代办,同治年间,石窝村有了自己本土的石商,即创办"泰衡石局"的温氏家族。⑤ 此时,采石的石匠与拥有石业生产知识的石窝村民应该是同一群人。

---

① 以上人名除赵宝外,均见《北京图书馆藏中国历代石刻拓本汇编》中有关石窝的碑刻之中,太监赵宝的名字则见于大石窝雕刻艺术园中的明正德年间的铜钟之上。
② 清康熙元年(1662年)石窝《关王帝庙碑》,《北京图书馆藏中国历代石刻拓本汇编》第62册,第8页。
③ [清] 孙承泽纂《天府广记》,北京:北京古籍出版社,第273页。
④ 魏千志《明清史概论》,中国社会科学出版社1998年版,第193—212页。
⑤ 清乾隆十一年(1746年)《关帝庙碑》,见《北京图书馆藏中国历代石刻拓本汇编》第69册,第197页。清道光十二年(1832年)石窝《五圣庙碑记》,《北京图书馆藏中国历代石刻拓本汇编》第80册第20页。清光绪二年(1876年)《温氏先茔碑》,见《北京图书馆藏中国历代石刻拓本汇编》第84册,第138页。

可以说，是石料让石窝更直接地接触到高高在上的皇权，并受到来自宫廷文化和城市文化的影响，这种联系强化了石窝人的认同，塑造了石窝人的位置感。一方面，时断时续的石业使石窝村与京城建立了政治、经济上的切实联系。政治上和经济上的期望使得石窝人一直刻意地传承着石业生产的知识体系，等待着提升地位和改善生活的机会。另一方面，石业的存续也最终使石窝成为周边村落的一个中心，形成独特的生活方式、历史记忆和位置感。

国兴则石业兴，只有在国家大兴土木时，才会需要大量的石料。清末民国时，社会动荡，战乱频仍，另外由于"铁路通行周口店运出花岗石甚多"等原因，石窝的石业也衰落下来，但是并未停止，"立碑及必须雕刻者犹取给焉"。①

新中国建国初，人民公社时期，政府制定"以农为主，以副养农，综合经营，全面发展"的政策，村里曾成立"副业队"、"手工业社"专门从事石料开采。即使是在"大跃进"和"文革"时石窝村的石料开采利用也从未停止，石窝村中的很多老人都参加了人民英雄纪念碑、人民大会堂、毛主席纪念堂等著名建筑的建设。

20世纪80年代以来，石窝石业又进入到了一个飞速发展期。在"无农不稳，无工不富，无商不活"的方针指引下，石窝村村级经济体制开始改革，实行公司经理负责制，并鼓励"两户"经营。② 紧接着，石业进一步放开，石窝人开始自办采石厂、雕刻厂，涌现出一批创业者，宋氏兄弟、王富等就是在此时开始经营石业的。③ 这一时期，石窝村的石材和石雕的销售区域扩大到了全国各地，而且远销到欧洲、美洲和东南亚等二三十个国家和地区，石窝村也成为远近闻名的"京郊走出国门施工第一村"。中华世纪坛的江泽民题字碑、北京大观园的大青石牌楼、人民大会堂的香港厅、北海公园的白石曲桥、深圳锦绣中华园石雕等国内工程和日本北海道的中国公园、加拿大的枫华园、新加坡国家森林公园、美国纽约唐人街等国外石材工程都是石窝人的杰作。

近几年，大石窝镇开始全力打造"石雕艺术之乡"。在他们看来，"申奥"和"入世"的成功必然会给石业带来前所未有的机遇，于是一系列的举措开始实施。2000年南尚乐改名大石窝，镇址迁到石窝村；同年，创办了石窝雕塑艺术学校，

---

① 民国十六年（1927年）廖飞鹏等修《房山县志》。
② 参见房山区档案馆149—6—45。
③ 宋氏兄弟和王富都是石窝村人。目前，宋永山、宋永田经营着北京大石窝精艺雕刻有限公司，王富经营着北京大石窝德生大理石雕刻厂。

培养雕塑人才；2001年，大石窝镇专门成立了石雕产业协会，负责石业的生产管理、技术服务、销售服务、开发研究工作，每年大石窝镇还举办石雕文化节。在村落内部景观中提到的大石窝石雕艺术商贸园区，也是这一系列举措之一。根据大石窝石雕产业协会提供的数字，石窝镇现有石材雕刻厂66家，这些雕刻厂主要集中于石窝村中，从业人员8000多人，年生产石雕产品10万件。1988年，仅石窝一村从事雕刻的石匠仍有80多人，采石工700余人，年采石2000余立方米。2004年，石窝村有30多家石料厂和雕刻厂，全村三分之二以上的人在从事石业或与石业相关的工作，如运输和设备维修等。随着石业的勃兴，石窝村的服务业也迅速发展起来。据不完全统计，石窝村现有旅馆4家，饭店7家，商店多家，一般农村少见的复印社、打印社在石窝也有2家，石业的兴衰越发地与村落兴衰联系在了一起。

  这20多年，石窝村经历的变化是巨大的，焕发生机的石业使石窝村成为富村。同时，石业也不再是副业，不再是农闲时的活计，人们的生活围绕着石业延展开来。随着石业的发展，石窝村有少部分人成了身价上百万的富翁，绝大部分的人则完全抛弃了农业，进入到石业的开采、加工和运输的行列，成为以此为业的工人。国际国内石业市场的供需直接影响着这个村落的生产生活，但石窝还是一个村落，石业发展虽然改变着村落的生活，但村落本身的传统并没有因此而改变。笔者注意到，尽管由于经济体制的改变，石材工程更多地成了某一石材厂的行为，而不再是村落的一个集体行动，但在石窝人的话语中，这些仍旧是属于整个村落的荣誉。当面对一个陌生的进入者时，村落里的民众都会下意识地向你提起从这里开采和运出的石头。石窝人谈起石头，就像谈起离家远游的"亲人"一样，时刻关注着它们的行踪，并从它们或庄严神圣或显赫辉煌的归宿地获得一种村落的自豪感。

  石料和石业的生产知识是石窝人从事石业的资本，然而，如果只有资本，而没有帝都宫廷的需求，这种资本只能默默等待，只能在有限的村落空间中延传。但是不管石业兴衰与否，这种资本的存在使石窝人的生活较之一般村落要多一种选择。这种选择有时处于消极的等待中，有时则是积极地去开掘。它所呈现出的多维影响下的一个复杂过程，其结果就是本文所描述的石窝村的生活方式和村民的位置感。

## （二）挑盖开山

  石窝采石是露天开采，自上而下进深取石，因此在石窝村中和周边分布着的大大小小的坑塘，都是采石留下。石窝村中对专门开采石头的工匠称为"打粗的"或"开山的"。

汉白玉藏于地下岩石的第十二层，石窝村资历较深的打粗匠都能清楚地说出每一层的石料名称。它们的层次一般为：一层为土，二层为青白玉，三层为混柳子，四层为小六漫，五层为大六漫，六层为石新盖，七层为麻沙，八层为花铁子（含铁量大的石层，厚约20厘米，有时分上下两层，中间花铁子，上边或下边是一层薄薄的约有20厘米到30厘米左右较次的汉白玉），九层为麻沙，十层为三胖（一般一米厚，分为三层，腰子铁、青石、原礁），十一层还是麻沙，十二层才是真正的汉白玉。汉白玉层一般都被水浸泡着，薄厚在90厘米至150厘米，开采起来颇不容易。

从历史上石窝村开采汉白玉多是出荒料，较少细加工，开采技术原始，光靠人力和手工劳动。① 据老人们的记忆，老辈打粗的较多，没什么工程，也很难开出大块石料。采石头用的工具有大喇叭、錾子、锤等，大喇叭有十多斤重，前头是錾子，后接一圆桶，状似喇叭。"打石头时一只手拿十多斤的大喇叭，另一只手拿四五斤的锤，需要很大的劲才行。一般先从两侧挖沟，再从下面抬起来。现在都机械化了，比以前技术先进多了"。② 曾经有过一个时期采用炸药爆破的方法开采，但出大块率很低，浪费很严重，现在普遍采用无声裂石剂的方法进行破石。

过去采石，无论是挖石还是在坎垛山上打，都要先起山皮，俗称挑盖。建筑所需的石料大小不一，因此采石时要根据要求测算好。然后，用大锤砸大喇叭，从两侧挖沟，深的沟要一米深才行，然后再用撬棍从下面抬起来，有时也用炸药爆破。如果石料浸泡在水下，还要先清水才能进行开采。采石是一项非常艰苦和危险的工作，因此以前开山采石有严格的程序和一系列的禁忌。

现在采石，工艺程序和过去一样的，也要先去山皮，清坑后才能开采。不同的是，现在全部是机械作业，去皮用挖掘机，清沟用水泵，打孔用风钻。出一块好的石料是非常不容易的，以中华世纪坛题字碑石的开采为例，中华世纪坛碑9米长，2米宽，1.65米厚，这块石料采自长约百米、宽约60米、深30米的坑塘内。1999年6月石窝土义开采厂的续士义接受了在自己的坑塘内开采碑石的任务，

---

① 邵文古《北方的石都——房山》，房山区政协文史工作委员会编《房山文史选辑》第1辑，1990年，第130页。
② 受访者：刘克泉，男，1913年生，访谈人：王学文。访谈时间：2003年8月13日，地点：石窝村。

30多人前后用了3个月的时间才采出这块石料。首先清坑，抽净坑底水，清除废渣土和汉白玉石层上的次品石料；然后再靠根部留出2米多宽、9米多长的部位划上线，沿线用风钻每隔10厘米的距离打一个眼，眼儿深1.2米，一共打了120个眼儿；最后往眼儿内灌上膨胀水泥，经过一夜，沿石根裂出一道缝儿，往缝儿上插七八个锲块子，用重锤往下打，这块巨石才算分离出来了。① 机械作业采石尚且如此，可以想见以前打粗石匠采石是何等艰难。

开一个新坑塘是村落中的一件大事，在关于石窝的碑刻资料中有4通是关于开新坑塘的，其中记述了开塘原由，并请求神灵保佑。开塘前，有经验的老石匠先选好开塘的位置，然后石匠们会找看风水的择个吉时。开塘那天，要烧香放炮，举行隆重的祭山神的仪式，期盼能采出好石头，一个坑塘会延续开采几代。在石窝村西有一个已经废弃的深达数丈的采石坑，据说就有上百年的开采历史。

以前，为了保证安全，采出好石料，石匠们要遵守很多的禁忌。上山打石头忌吃合子②，据说吃合子，就会使石头长坚硬的核，或里面变黑，影响石质。打粗石匠还不准吃虾米，虾与"瞎"同音，怕把山吃瞎了，没有了好石头。开白石山的，不许吃血豆腐，怕把山吃出红点红线。"扶（音：周）个棍，要叫扶个跤。"③ 开山过程中见红④，是非常不吉利的事情，采石碰上的蛇或兔子是不准杀的。石匠们大小便要到远离坑塘的固定地方，以防污染了石料，得罪了山神爷。中间休息时，石匠们可以说说笑笑，但下到坑塘里后，石匠们就不许随便说话，更不许抽烟和乱动手动脚。打粗石匠忌打空钻，大锤落空会受石匠师傅一顿训斥。妇女是不允许去采石坑塘的，石匠们认为妇女不洁，下坑不吉利，这样的规矩还有很多。在石匠的思维观念中，他们的言行举止都会对石料的质量产生直接的影响。从这个角度来说，在能力和技术还无法预知和控制时，物质性的生产某种程度上依赖于精神性的生产。人们通过对神灵的祭祀和种种行为禁忌，来组织生产和寄予期望。当异常事件发生或不符合他们原来的预期时，他们也会从人们的观念和行为中寻找解释。

---

① 受访者：续士义，男，1936年生，访谈人：王学文。访谈时间：2004年7月19日，地点：石窝村。又参考张玉泉编著《精美的石头会唱歌》，中国人事出版社2002年版，第22页。
② 一种用玉米面或白面做的中间带馅的饼状食品。
③ 受访者：续士义，男，1936年生，访谈人：王学文。访谈时间：2004年7月19日，地点：石窝村。
④ 指不小心发生流血事故。

## （三）划活出料

石料采下后，从坑塘中将石料运出来的过程俗称"出料"。起初是用棍棒、铁撬一点点沿着斜边往上撬，撬上一段后，往石头底下垫石渣和废土，然后再接着撬，这叫划活，后来就发展到抬活了。所谓抬活，就是许多人一起用绳子扁担一点点向上抬。划活和抬活都会叫号，叫号的是从打粗石匠中选出的，俗称"号头"，他叫号，大伙就搭号，一号也就划一寸多。①再后来，出料的技术有了很大的进步，开始用绞磨绞。石料底下插上滚木，前边几个人像推碾子似的扯，后边人用撬棍一点一点往前支着走。老续说绞磨就是石窝人发明的，1956年为人民英雄纪念碑采石料时就用的此法。现在，出料都用卷扬机拉或拖拉机拖，大的石料就用吊车。

开山采石、划活出料并非是一个人能完成的，所以打粗石匠都是几个人搭伙挖坑采石。打粗对技术要求不高，只要有力气都能干。所以，石匠们都愿找力气大、不偷懒的人搭伙。过去，打粗石匠挖出的石料售出后才会拿到钱。打粗石匠一般都在农闲时上山采石，或是根据顾客预订的尺寸来采，或是先采下再找买主。所得报酬，除去学徒没有工钱，领头人通常会根据工作量来分发。现在，石窝的采石场实行的按天或按月计酬，也有按量计酬的，有的打粗石匠每月能拿到1500元。

## （四）连车与旱冰船

石窝距北京70多千米，距明十三陵约100多千米，所以，从坑塘中拉出的石料还面临着一个问题就是运输。小石料自不必说，人背肩扛或骡马车拉，但几十吨以至数百吨的大石料运输起来就没那么容易了。据《北京市房山区志》载："万历年间，重修故宫三大殿中道石阶，用民夫2万余名，造旱船拽运，28天才将石料运到城里。运送两宫用石，专造十六轮大车，用骡马1800匹拽运。"②可见，运输一块大石料所需人力与物力都是十分巨大的。石窝老人清晰记得运输大

---

① 受访者：续士义，男，1936年生，访谈人：王学文。访谈时间：2004年7月19日，地点：石窝村。据老续讲，叫号的内容不固定，号头想什么就念什么，如"一二、一二"，"加把劲呀、嘿吆"等。
② 北京市房山区志编纂委员会《北京市房山区志》，北京出版社1999年版，第187—188页。

石料的热闹场面,"当年修故宫、建皇陵、刻石碑、走连车旱船,人来人往非常热闹",① 这里的"连车"和"旱船"就是运输大石料工具。

"连车"是用几根粗而长的圆木与多个两轮的下车相连接,组合成有多个车轮的长长的车身。在车面下拴两根特制的粗而长的"连绳",在两根连绳的外侧拴上若干的马套,把骡马分别套在马套上,若干车把式(车夫)旁边指挥着,拉着石料前进。连车由总把式掌管一切,它的行止,以铜锣声为信号。根据轮子的多少,有四轮连车、八轮连车。连车轴轮的多少、连绳的长短粗细,以及需要骡马的数量都由运输石料的大小而定。听老人讲,有的连绳有水桶粗细,车把式步行累时,可以站在连绳上吆喝牲口。大型连车甚至需要几百头骡子和上百个车把式,从车身到最前端,长约一二华里。另外再加上拉运粮草、工具以及其他物资的服务车辆,场面甚是壮观。走连车的路面必须平坦宽阔,以前从石窝到北京都是土路,崎岖不平,因此连车行进前要先修路。遇到坑洼,要用麻辫垫平;连车过后,收起麻辫,以备再用。

"旱冰船"是在运送更大的石料时使用的。在要运送的石料下垫上圆滚木,由人力或畜力拉着向前运行,俨然旱地行船。为了减小圆木与路面的摩擦力,冬季要在沿途打井,汲水泼成冰道。夏季时,要在路面铺上麦秸,故宫太和殿的云龙石雕所采用的石料就是如此运输的。据故宫太和殿《云龙石雕》记:"石料采自房山大石窝,运输沿途每隔一里挖井一口汲水泼成冰道,用旱船拉运,一块石运及即需万人之多。"

无论是走连车,还是旱冰船运石,对道路交通都有很高的要求。因此随着石料的大量的外运,石窝村的对外交通有新的拓展,也使偏远一隅的石窝村成为交通网络上的重要一点。石窝石料的运输路线主要有四条:一是经长沟、房山、良乡、卢沟桥到北京,二是经半壁店、长沟到琉璃河,三是从南尚乐进入涞水县,四是经长沟进入涿县。这些运石路线的开通,客观上促进了石窝道路交通的发展,提高了石窝的知名度,同时也为石窝人位置观的建立提供了更多的可以依据的素材。

走连车和走旱冰船都是村里的大事,每当有大的石料运出,村里的男女老少都会兴奋地涌到运石经过的道路两侧,翘首期盼,争相目睹,"就像是村里过节唱

---

① 受访者:刘克泉,男,1918 年生,访谈人:王学文。访谈时间:2003 年 8 月 13 日,地点:石窝村。

大戏一样热闹"。①

现在，运石已经不再采用走连车和走旱冰船的方法，那热闹的激动人心的运石场面已然成为过去，但它并未被遗忘。石料还在源源不断地从石窝运出，运到北京，运到深圳，运到日本，运到美国，运到大部分石窝人甚至一辈子都不可及的地方。但这并不妨碍石窝人的记忆，那运出的石料无异承载了他们的想象，石料所至的地方，他们的心灵都可到达。看着那装在卡车上飞速远去的石头，石窝人会津津有味地谈起那留存在他们记忆中的缓慢行进的连车和旱冰船。在他们的记忆中，重温历史的同时，也就又增加了一个地名或建筑的名字，那是他们石料所至的地方。这不断累加又不断重温的记忆，融筑进了村落认同之中，不断被表达强化，甚至加以实践。

## （五）打细

石业，除了开采出料、运输以外，还有一个重要的环节就是石料的制作和雕刻，石窝称之为"打细"。"房山实业除矿外，多务农林畜牧，工之一道向来不甚讲求，且俭朴成风，一切器用多安质朴……然美产不一而足，加以制作亦尝驰名中外行销远乡，如学堂所用之画板，汉白玉之石器皆其最著名者也……各种器物，其中以牌坊、表、墩、磴、栏杆、桌凳、盆炉、盘盒及石人石兽加工为之最细，其雕刻有甚精致者，其工人多出自石窝。"②

"打细的"匠人专事制作和雕刻。过去制作雕刻的工具主要是大锤、手锤、斧刃锤、钻子、剁子、錾子等，制作和雕刻一件器物需要两三个月的时间。现在从事制作雕刻的打细石匠都使用电动的打磨和切割工具，速度已经大大地提高。

与打粗石匠相比，打细石匠对技艺有了更高的要求，具体说来主要有开、砍、剁、磨、凿、削。开，即是开石头。刚采出的未经加工的石料称为荒料，石匠必须用大锤和錾子将石料切成自己所需要的规格。砍，即是将石头的棱角和不合规格的地方削去，从而使石料更合规格，并初具雏形。剁，即斩去不平整的地方。磨，就是将初具雏形的次成品磨光。凿，即打孔挖沟，雕凿纹饰。削，就是指在做圆柱形、圆锥形器具时，要一层一层削石头。以上都是打细石匠的基本功，一个初入石业的人，只有在石匠师傅的带领下，经过很长一段时间，才能掌握各种

---

① 受访者：刘克泉，男，1918年生，访谈人：王学文。访谈时间：2003年8月13日，地点：石窝村。

② 民国十六年（1927年）廖飞鹏等修《房山县志》。

技艺，摸索出制作和雕刻的门道。

过去，石匠们制作和雕刻石器时根本没有图纸，全凭经验和感觉。有经验的石匠一看石头，就知道能制作和雕刻成什么器物，至于从哪下手，雕刻成什么样子也就了然于胸了。现在石窝村的石匠开始使用翻胎铸模的技术，据说，这一技术是80年代李士玉等人从北京雕刻厂学来的。石匠们根据要求，用红土泥做胎，反复修改后铸成石膏模型，然后根据模型进行加工制作。现在市场上需要的雕塑大多很大，因此，通常会切割成几部分，由众多石匠们分别完成，然后再粘连在一起。

正在"打细"的石匠　王学文 摄 2004 年

"石窝做人字活（刻人像）的不多，打狮子的多。"① 现在，石窝的各石料厂和雕刻厂还在打狮子，只是在机械化作业的影响下，狮子的形体越来越大，威武灵动之气却越来越少了。石窝村所打的狮子多是蹲式的，打狮子有很多学问，"唐代的狮子身上没有什么东西，两爪也不抓什么，头都是向前的；明代的狮子威武有劲，有一种恶劲，现在只有赵连成和他儿子能打；清代狮子长得丑，不恶，也不精确。狮子可以分出公母，踩球的为公狮子，踩着小狮子的是母狮子"② 打狮子的料很讲究，如1米高，就要60厘米厚，80厘米宽，否则打出的狮子就不好

---

① 受访者：刘克泉，男，1918年生，访谈人：王学文。访谈时间：2003年8月13日上午，地点：石窝村。

② 受访者：刘凤岗，男，1932年生，访谈人：王学文。访谈时间：2003年8月14日下午，地点：石窝。

看，也站不稳。狮子的形体也讲究比例，即"四六分"，头身、前后都是四六。①狮子头占据了狮子形体的大部分，民间有口诀"九斤狮子十斤头，一条尾巴拖后头"。"狮子的眼睛是倒八字，就显得雄壮英俊；正八字就显得有点愁，不喜庆活泼；如果是平的一字，狮子就显得温顺厚道"。② 雕狮有三大工序，首先要打坯，即打出狮子的大体轮廓；然后是出细，就是刻画狮子形体的细部，如头、脸、身、腿、胯、绣带、铃铛、旋罗纹等；最后是修光，即修整狮子的形体。

过去，石窝石雕的种类相对单一，除了狮子外，再就是雕些门墩、栏板等建筑构件。现在，你在石窝中行走，看到的则是另一番景象，八仙过海、嫦娥奔月、黛玉葬花等传统文化主题的雕像比比皆是，飞禽走兽的雕像更是惟妙惟肖，维纳斯、自由女神像的"西洋人"也夹杂其中。用现在打细石匠话来说"只要你能拿出图纸，石窝石匠就能刻"。③

各类石雕　王学文　摄 2004 年

---

① 受访者：刘克泉，男，1918 年生，访谈人：王学文。访谈时间：2003 年 8 月 13 日上午，地点：石窝村。
② 受访者：刘克泉，男，1918 年生，访谈人：王学文。访谈时间：2003 年 8 月 13 日上午，地点：石窝村。
③ 受访者：宋永山，男，1961 年生，访谈人：王学文。访谈时间：2003 年 8 月 13 日上午，地点：石窝村。

打细石匠们一般也会根据石活的大小互相搭伙，搭伙时以亲戚居多，当然也有一些搭伙的就是本村人，而没有亲缘关系。搭伙的通常为三到四人，其中可能会有学徒，学徒的主要工作就是将石头用钝的工具重新锻打后，供给师傅使用。从人员和时间来看，这种搭伙组织并不稳定，主要取决于石活的大小、难易和完成时间的要求。不过，"都愿意找知根知底，老实不滑头的人搭伙，平日里搭伙的人走得也比较近"。①

技术好坏与石匠的收入有直接关系，"石匠分好多种，得的钱也不一样。建御王府时，打栏杆3毛，雕刻4毛，最差的是开山的，最好的是能画能拉的石匠，就是'吃弯石匠'"。② 生产队时，打细石匠记酬有四种办法：（1）由队里派活，每天工资抽2~3角作为技术和家具折旧补助，其工分可稍高于同等劳动，最高不超过20%。（2）做工交款记分，每1~1.5元记10分工。（3）实行所得工资"一九"、"一五、八五"、或"二八"开，其社员所得工分，可按（1）（2）方法记。（4）按件记酬，先本队后外队，先集体后个人。③ 现在，石窝各雕刻厂实行的都是计件工资制，厂长按石活的大小、难易将其包给打细石匠，在一起搭伙的打细石匠则根据所承担工作的技术含量和多少来分配报酬。

前面说到打粗石匠祭祀山神，打细石匠也参与其中。另外，打细打粗石匠都供奉鲁班，每年农历三月十七还要过石匠节，因为这一天是鲁班的生日。这一天，石匠们无论是给公家还是给私人干活，也不管有没有要紧的活儿，农历三月十六下午，就收工放假。三月十七这天，石匠们要祭祀鲁班，焚香放鞭炮，主家要管一顿美餐。现在，石窝人不再祭祀鲁班了，但放炮聚餐的习俗还在。

从埋于地下的石料到雕成精美的石雕，石窝人已经拥有了关于这一过程的一套成熟、完整的知识体系，而且在固有的自然资源和变动的社会发展过程中，这一知识体系展现出很强的更新和传承能力。它已然成为石窝人生活知识的一部分，既进入到村落有形的物质生产过程之中，也进入到了村落无形的信仰禁忌，这在传统农业村落里是没有的。

---

① 受访者：续士义，男，1936年生，访谈人：王学文。访谈时间：2004年7月19日下午，地点：石窝村。
② 受访者：刘凤岗，男，1932年生，访谈人：王学文。访谈时间：2003年8月14日下午，地点：石窝。
③ 房山区档案馆南尚乐档案：149—1—47。

## 三、半农半工的生活方式

石业成就了石窝。石业在石窝村的经济和生产生活中占有重要地位，它给予了石窝人独有的知识和记忆。就像努尔人的"牛"①、赵县梨区人的"梨"②一样，石窝人的生活离不开石头。石业深嵌入村落的生活之中，与传统的农耕文明一起，共同塑造了一个群体的生活方式和位置感。

### （一）石业与农业

石窝石业历史悠久，经年累月的采石、运石、雕石，既是石窝人记忆中的情形，也是现在石窝人不断重复的实践。石窝人以此区别于其他村落，认同自己的村落，石窝以外的人也以此想象和界定石窝。正是基于以上的理由，笔者称石窝是一个石业村落，但是石业并非石窝的全部。

梁思成先生认为："艺术之始，雕塑为先。盖在先民穴居野处之时，必先凿石为器，以谋生存，其后既有居室，乃作绘事，故雕塑之术，实始于石器时代，艺术之最古者也。"③人们凿石为器、为屋、为饰的历史十分久远，然而，一种乡土工艺的持续发展是以自然资源和风土气候为基础，以满足生产生活需要，特别是上层社会需要为目的的，有学者更是指出："从技术史上看，是贵族工艺导致了工艺的异常之发达，即就是说，工艺的技术史是贵族工艺技术史也不算过分。"④石窝石业即是如此。丰富的石料资源使石窝有了发展石业的先天基础，它所处的区位交通也相对便捷，而元、明、清直至现在，一轮又一轮的大兴土木又是其发展石业不可或缺的机遇。正是在多种因素的作用之下，石窝石业在漫长的历史中得以延存和发展。

需要特别指出的是，石业成为石窝的主业还只是近十几年的事，在很长一段时间里，石窝石业相对于农业而言都只是作为副业而存在。

石窝石料主要被用作建筑材料，作为器物之用的石料量并不多，而且石料开

---

① 埃文思·普里查德《努尔人——对尼罗河畔一个人群的生活方式和政治制度的描述》，褚建芳、阎书昌、赵旭东译，北京：华夏出版社 2002 年版。
② 岳永逸《庙会的生产——当代河北赵县梨区庙会的田野考察》，北京：北京师范大学博士论文，2004 年。
③ 梁思成《中国雕塑史》，天津：百花文艺出版社 1997 年版，第 1 页。
④ 柳宗悦《工艺文化论》，徐艺乙译，北京：中国轻工业出版社 199 年版，第 43 页。

采的艰难与汉白玉石料的珍贵,普通百姓用之甚少,只有国家大兴土木时才会大量地开采利用。另外,我们虽不能具体得知元、明、清时期石业在村落经济体系中的地位如何,但从元、明时期官手工业所采用的轮班住坐制,以及清初官手工业逐渐解体后兴起的大商人垄断的历史来看,石窝的普通民众肯定无法最大程度地享受石料所带来的经济收益。

从民国到1949年这段时间,社会动荡,战乱频仍,石料的外在需求减少。老人讲:"那阵没怎么打石头,没人要呀。打石头又累又苦,石窝比不上前、后石门,都是穷人。"① 所以,此时石窝人是以务农为主的,只在农闲时偶尔会打点石头,用于修房补屋,或制作成墓碑出售。1949年以后,国家的政策是"以农为主,以副养农"。石窝村里组织了石料社,也就是副业社,利用农闲采石,以增加村里收入。根据1961年的统计材料,整个房山县1936年只有石匠70人,从事石料的手工业者只有40人,1957年有石匠50人,从事石料的手工业者有270人,石窝此时从业人数为30人。② 可见此时,石窝人绝大多数都在从事农业生产。

这种状况一直延续到80年代中期。从这一时期石窝村与其他农业村落人均水浇地面积的对比也可以发现,石窝村人均耕地数与周边传统农业村落的人均耕地数并没有大的差别。

**石窝村与其他农业村水浇地情况(1988年)③**

| 石窝村 | 前石门村 | 北尚乐村 | 南尚乐村 |
|---|---|---|---|
| 2251亩 | 530亩 | 1625亩 | 1866亩 |
| 0.78亩/人 | 0.53亩 | 0.83亩 | 0.71亩/人 |

80年代后期,在"无农不稳,无工不富,无商不活"的方针下,石窝建了雕刻厂。而后十几年间,石业兴盛。目前,石业成为整个石窝镇财政收入的支柱,全镇有近万人从事石业,石窝村也成为石雕艺术商贸园区的中心,石业至此才成为石窝的主业,石窝村在新中国建国后耕地情况的变化也揭示了这一过程。

---

① 受访者:温宝琛,男,1925年生,访谈人:王学文。访谈时间:2004年7月21日上午,地点:石窝村。
② 参见房山区档案馆档案:78—2—31,78—2—39。根据档案中的说明,这里的统计数字未包括亦工亦农,以农为主,技术性不强的。
③ 表1中的数据来源于《北京房山区地名志》(1999年),前石门为半山区村落,水浇地面积少。

**石窝村耕地情况变化**①

| 年　代 | 1958 年 | 1977 年 | 1988 年 | 2002 年 | 2004 年 |
|---|---|---|---|---|---|
| 耕地数 | 3169 亩 | 2841 亩 | 2721 亩 | 1685 亩 | 1437 亩 |
| 人　口 | 1695 人 | 2580 人 | 2869 人 | 2771 人 | 2513 人 |
| 人均耕地数 | 1.86 亩 | 1.10 亩 | 0.95 亩 | 0.61 亩 | 0.57 亩 |
| 资料来源 | 78—1—16 | 149—1—147 | 149—5—85 | 石窝村委 | 石窝村委 |

2002 年前后土地锐减，石窝村人均耕地占有量只有 0.57 亩，所以仅凭农业已经无法养家糊口。这期间，一直作为副业的石业开始勃兴，并逐渐成为石窝村的主业。据笔者调查，目前，石窝人消耗的粮食大多是购买来的，在石窝村纯粹从事农业的人也越来越少，而且多是老人，青壮劳力多从事着与石业相关的工作。

石业长期作为副业的情况表明，在长期的历史中，石窝村的石业并没有纳入一个广泛和稳定的市场，或者说，京城对石窝石头的需求总是临时性的，其收益不足以支撑村民长年的生活，这也直接导致石窝人的生活方式必然不能离开农业。

石业与农业的转换是主业与副业的转换，它们的转换原因非常复杂，其中既有政治方面的原因，也有经济方面的原因，还有自然生态、区位空间的原因，二者在任何一个时期的状况都与石窝村以外的世界紧密相关。而这一过程中，石窝村民则或是消极等待，或是主动选择，不断寻找，并走出了属于他们自己的生产、生活的路径。主业与副业之间不是对立的关系，也不能完全地相互替代。在石窝村由传统向现代转型的缓慢过程中，农业与石业始终是此消彼长，长期存在。石业与农业的组织管理、生产周期相互渗透、契合。石窝人的生产生活方式，乃至精神世界都长期浸淫其中。

农业与石业的这种状况是石窝周边村落所没有的，例如，在南尚乐等农业村落中，农业从始至终处于主导人们生产、生活的地位，是"基本职业"。② 当然，这里不排除村民在农闲时可能进行的一些辅助性职业，如打短工、种植果树和养羊等。但是，石窝村石业的持久性、石业生产知识的完善和从业人员数量与马若孟研究中所提到的农业之外的辅助性职业是不同的，也与费孝通将江村人的职业

---

① 表 2 中 1958 年、1977 年、1988 年的数据来源于房山区档案馆的档案，2002 年和 2004 年的数据来源自石窝村委会年度数据报表。
② 费孝通《江村经济：中国农民生活》，南京：江苏人民出版社，1986［1939］，第 126 页。

分为"（1）农业；（2）专门职业；（3）渔业；（4）无业"的情况不同。① 在石窝村，石业无论是对打粗石匠还是打细石匠来说，都不是专门的职业，它是与农业结合在一起的，从某种程度上来说，石业与农业都是石窝人的"基本职业"。

另外，农业与石业的共存也只有在村落中才有可能。在城市里基本没有农业，人们多依附在城市的机体之上，从事着维持城市运转的各行各业，因此城市里没有农业与石业这种此消彼长的状况。但是，村落不同，村落为农业与石业的共生提供了空间。石窝土地资源有限，石料资源丰富。为了生活，石窝人将田中耕作和坑塘采石巧妙地结合了起来。"石窝以前还是以种地为主，主要是玉米、麦子。春冬两闲时打石头。以前用石头少。两不误，这村没有待着那么一说"。② "早先村民都是'半工半农'，忙时种地，农闲时开山"。③

## （二）农民与石匠

石业与农业长期以来一直共存于村落之中，村落中的石业并未从农业中分离出来，大部分的石窝人既是农民又是石匠。④

作为农民，石窝人在一年的大部分时间里都在田地里忙碌，好的收成是他们朴实的期盼。他们与周边农业村落一样，通过节气来把握耕作的时机，循着老辈传下的习惯安排农业生产，要按时祭青苗，上虫王供，天旱要去高庄白玉塘求雨，丰收了不能忘了村落里的各路神仙，农历九月九过庙会时，要请几出大戏酬谢一下。日常生活中，人们对口粮要精打细算，全吃白面太奢侈，要掺上玉米面才行，荒年时还要加些野菜。各家各户的院落中要种些蔬菜，殷实的家户还会养一头猪。村落中有杂货行、粮行、布行和药行，基本的生活用品在村子里就能买到。无庙不成村，石窝大大小小的庙有十几个，生了虚病就去村里药王庙求药，人死了要到五道庙里报到，他们的耕作制度、生活方式、节庆信仰深受着华北农耕文化的影响。土地和生发于土地上的血缘、地缘是石窝村绵延的根基，即使现在土地锐

---

① 参见马若孟《中国农民经济》，南京：江苏人民出版社1999年版；杨懋春《一个中国村庄——山东台头》，张雄、沈炜、秦美珠译，南京：江苏人民出版社2001年版。
② 受访者：续士义，男，1936年生，访谈人：王学文。访谈时间：2004年7月19日，地点：石窝村。
③ 受访者：温宝琛，男，1925年生，访谈人：王学文。访谈时间：2004年7月21日上午，地点：石窝村。
④ 元、明、清时的情况尚不十分清楚，但从访谈中可以确定，至少清末以来，绝大部分石窝村民就既是农民，又是石匠，扮演着两种职业角色。

减，石业成为主业，石窝人对土地的依恋和关注依然非常强烈。

正在工作的石匠　王学文　摄 2004 年

然而，石窝人又是石匠。石业嵌入到石窝农业的耕作周期之中，在复杂的血缘、地缘和农业协作关系上，又加入了石业这一维。"以前，石窝人不愿做石匠，又累又被人瞧不起，但没办法呀，粮食不够吃"。① 在生存理性的作用下，石窝人利用得天独厚的优势，农闲时打石雕石。久而久之，石窝出石匠，有好石料的名声伴随着石头的外运而传播开来，石窝人也创造了享有着石业文化。石头成为石窝的标志，石窝也因此从传统农业村落中脱颖而出。

在村落中，农业与石业在生产时间上相互衔接，没有不可协调的矛盾。作为石匠的石窝人与作为农民的石窝人的身份转换也十分自然，没有冲突。石窝人不会刻意地区分谁是石匠，谁是农民，好的庄稼把式（种田好手）与手艺好的石匠都为人称道，血缘、地缘与业缘都在以各自的方式强化着石窝村的认同。

需要说明的是，绝大部分石窝人既是石匠又是农民，本身就是一体的，但不能否认，村落中也有极少数只从事农业的村民或外来经商者。鉴于这两类人数量很少，而且也长期浸染于石业文化之中，共享着这一文化，不影响对村落生活方

---

① 受访者：刘克泉，男，1918 年生，访谈人：王学文。访谈时间：2003 年 8 月 13 日，地点：石窝村。

式的界定，所以这里未予讨论。

## （三）打粗与打细

石业不仅使石窝人具有了双重的职业角色，也带来了一套新的内部分类体系。石窝人称开山打石头的石匠为"打粗的"，而专事雕刻和器具制作的石匠则称为"打细的"。打粗和打细的工作分工不同，由此在村落中形成不同的相互认同的群体，他们的工作方式、技艺传承、信仰禁忌①也各有特点。

打粗石匠，又称开山的。开山采石的劳动量很大，也很危险，通常要五六个人合作才行。每到农闲时节，三五成群的人就带着火药、大喇叭、錾子、锤等工具到村落周围、黄龙山脚下开坑采石。在没有现代勘测技术的情况下，在什么地方开坑全凭年老的打粗石匠的经验来决定，能否采出好石头，很难保证，因此石窝人说，"开山就是做（音：揍）梦"。直到现在，开山采石的老续还说："看石头没啥绝窍。我不相信那勘探的，碰着什么是什么。开山就是做梦呢，地下的东西看不出来的。"②

较之雕刻和制作，开山采石的技术性不高，打粗石匠的"粗"就有粗糙、技术性不强的意思。石窝人认为，打粗不需要什么技术，有力气就能干，因此，打粗石匠带徒弟的很少。但在调查中，一些老人讲，打粗石匠也有带徒弟的，只是没有打细石匠那么正规。"打粗石匠收徒弟时，师傅会让徒弟打几下石头看看，看看锤子有没有准"。③

打细石匠没有打粗石匠那样辛苦，打粗石匠靠的是力气，打细石匠靠的则是技艺，匠艺有别，打细石匠较之打粗石匠更加接近艺。所谓打细，就是专事雕刻和器具制作的石匠，以前石窝打粗石匠多，打细石匠不多，刘树凯、李士玉、赵连成都是有名的打细石匠。打细石匠中最受推崇的是能画能拉的石匠，即"吃弯石匠"，上面三个人就是这样的石匠。赵连成现在还是石窝精艺雕刻厂的技术顾问。

打细石匠祖传的居多，大多都是"门里出身"。85岁的刘克泉回忆说，其祖

---

① 打粗与打细的在信仰禁忌方面的特点见上文关于石业生产知识体系的描写。
② 受访者：续士义，男，1936年生，访谈人：王学文。访谈时间：2004年7月19日，地点：石窝村。
③ 受访者：续士义，男，1936年生，访谈人：王学文。访谈时间：2004年7月19日，地点：石窝村。

上至少有三辈是从事雕刻的。打细石匠传艺一般是传内不传外，传男不传女。① 男子长到十五六岁以后，想学艺，先要找村里有头有脸的介绍人向石匠师傅谈好，石匠师傅同意了，才能领着去见师傅。师傅如果觉得这个人还有出息就收下，然后择日由徒弟的家长出面将师傅和师傅的其他徒弟、介绍人和村中长辈请到一起，行拜师礼。徒弟先要拜石匠的祖师鲁班，然后向师傅行礼。学徒是要排辈分的，什么师傅、师叔、大师兄等要分得很清楚，对长辈要尊敬，同门的关系也比较近。②，最后，大家坐到一起吃一顿，就算完成拜师的仪式了。1949年后，这套仪式逐渐简化了。

石匠学徒的时间是"三年零一节"，就是三年零三个月。这期间学徒不挣钱，师傅只是管吃的，徒弟还是住在自己家里。徒弟对师傅要尊敬，年节时都要给师傅送点礼，即使出徒后这一礼节也不能少。石匠师傅大多没有文化，也不擅长辞令。所谓带徒弟主要还是要靠徒弟心领神会，照葫芦画瓢。开始学艺时，师傅不会让徒弟干技术性强的活，徒弟主要打下手。石匠耗费铁钻非常惊人，因此需要不断锻磨，徒弟们一般就负责这些体力活。俗话说"教会徒弟，饿死师傅"，因此，一般师傅在手把手教的过程中，都会有所保留。经过三年零一节的学习，徒弟掌握了雕刻和制作的基本功后，师傅会让他打个东西，如果打得可以，就算出徒。以后再跟着师傅做活，师傅就会发给他工钱。

石窝40多岁的石匠大多都有师傅，石窝称收徒弟为"立徒弟"。师傅收徒数目不定，要看师傅的手艺如何，一般技艺好的老石匠一生会拉十几个徒弟。现在，拜师学艺已经没有那么多规矩了，传内不传外，传男不传女的限制已经打破，只要愿意学都可以教，笔者在雕刻石厂也的确见到了女性石匠。

打细石匠与打粗石匠因为工作内容的不同，他们在村落中的地位和生活水平也不同。据老人讲，以前石窝村比前后石门等农业村穷，但打细石匠的生活还是要比打粗石匠的生活要好过些。生产队时上山采石头的每天10个工分，打细的是12个工分，另外还有提成，每天补助2角。③ 1963年的一份档案也说明，当时打

---

① 受访者：刘克泉，男，1918年生，访谈人：王学文。访谈时间：2003年8月13日，地点：石窝村。所谓传内不传外，是指只传同一家族的人，一般不将技艺传授给别的家族的人。

② 受访者：刘克泉，男，1918年生，访谈人：王学文。访谈时间：2003年8月13日，地点：石窝村。

③ 受访者：赵大爷，男，1944年生，访谈人：王学文。访谈时间：2003年8月13日，地点：石窝村。

细石匠算做技术工人，打粗石匠是重体力劳动者，二者在工分上是有差别的。① 在村落中，打细石匠能拉徒弟，受人尊敬。直到现在，石窝人也更愿意从事打细的工作，开山采山的主要是外地来的民工。

但是，村落民众对打粗与打细的价值判断并没有破坏村落共同体或石匠群体观念。村落生活中，也不是打粗的和打粗的在一起，打细的和打细的在一起。打粗石匠与打细石匠在农业耕作和婚丧嫁娶过程中也互相合作，例如"囤媳妇"，供奉鲁班的习俗。这可能有两个原因：一方面是因为无论是打粗石匠还是打细石匠，他们的社会地位和生活水平都处在社会的底层。中国古代就有"士农工商"的"四民"之说，"工"与"商"一起排在最后，处于末业的地位。石窝人选择做石匠，无非是迫于生存的压力。"眼面儿前看，石匠还行，石窝是比别的村富，这也就是近些年才行。以前石匠又苦又穷"。② 除了工作的艰辛之外，干石活也容易染上肺病，据刘大爷讲，他的爷爷和太爷爷都是得肺病而死的。③

另一方面是因为，打粗与打细的内部分类体系是在村落原有的社会生产关系上建立的。尽管与村落原有的社会生产关系不完全重合，但仍是以血缘和地缘为基础的，"传内不传外，传男不传女"的传承规定遵从了血缘的关系，而石业相关的知识体系和信仰禁忌也为所有村落所有民众所认识和遵守。

## （四）部分时间农

农业生产的知识体系是一般村落所共有的，石窝人也拥有这一知识。从耕作周期、种植的作物到耕作程序都与周边村落相同，他们同样遵从着四时历法，进行播种、除草、施肥、灌溉、收割。依附于农业基础上的家族与家庭制度、生产协作关系、道德伦常秩序、婚丧嫁娶仪式和节庆活动在石窝村中同样存在，与一般华北村落基本相同。④

但是，石窝人除了农业生产之外，还有农闲时的采石雕石，以及与之相伴随

---

① 参见房山区档案馆档案 23—2—36。
② 受访者：续士义，男，1936 年生，访谈人：王学文。访谈时间：2004 年 7 月 19 日，地点：石窝村。
③ 受访者：刘克泉，男，1918 年生，访谈人：王学文。访谈时间：2003 年 8 月 13 日，地点：石窝村。
④ 石窝村农业生产过程中也有搭伙的现象，石窝村的宗族也发达。据温姓老人讲，以前村中各姓都没有祠堂，但四清前一些家族还是有家谱的，而且坟地也在一起。受访者：温宝琛，男，1925 年生，访谈人：王学文。访谈时间：2004 年 7 月 21 日上午，地点：石窝村。

的节庆、祭祀。"石窝人一年到头没闲着的，不种地，就是打石头"。① 每到农闲时节，作为农民的石窝人自然会放下锄头，拿起锤、钻，成为打粗或打细的石匠。在石窝人的节庆中，又加入了石匠节。他们不但要上青苗供、虫王供，祭关公、娘娘，同时，还祭山神爷，供鲁班祖师，过庙会时也少不了这两位尊神。② 石业知识是石窝人除农业知识外的另一套知识体系。

在石窝，两套知识体系结为一个整体。石窝村民既是农民，又是石匠，但他们不是纯粹的农民，也不是纯粹的石匠。我称之为"部分农"与"部分工"，这可以从三个层面来理解：

从生产时间的分配来看，农业与石业协调分配了石窝人一年的时间，表现出"部分时间农"的特征。农忙务农，农闲采石，因此，石窝人较之一般村落的民众要忙碌许多，这归根结底是由于石业的嵌入造成的。廖泰初在调查阮村时也发现这一状况，"阮村农民的忙苦，比任何农民都在以上，一方面他们是中国农村典型的农民，同时还得为都市的消耗者制造特殊的食品，这样切短了他们农闲的岁月，加之年头不好，同时也切短了他们的娱乐"。③ 石窝人虽不为城市提供食品，但他们也同样需要向外界提供所需石料来改善生活，尽管外界需要时多时少，但却断断续续地延续下来。

从村民创造和享有的生活文化来看，石窝人的生活文化由农业文化与石业文化共同构成。农业文化或者石业文化在石窝都只能是"部分文化"（part - cultures），它们是"two cultures within one culture"。④ 当然，这两种文化在很多方面是粘连在一起的，如在时间上的衔接、生产过程中的协作，农业神与行业神共在一个祭祀空间⑤等。

从村落发展史来看，处于不同情境时，石窝人会有选择地彰显或压抑某一种文化，现在"兴石文化，做石文章"政策就是对石业的一种有意识地选择和张扬。而土地锐减所带来的焦虑和不满，则是农业文化受到压抑的表现。现在，石窝人

---

① 受访者：续士义，男，1936年生，访谈人：王学文。访谈时间：2004年7月19日，地点：石窝村。

② 石窝人农历二月二日要"上虫王供"，农历七月十五日要"上青苗供"，农历十月十五祭山神，农历三月十七日祭鲁班，农历九月九日是庙会，这些习俗新中国成立后就消失了。

③ 廖泰初《一个城郊的村落社区》（铅印本），1941年，第41页。

④ Robert Redfield, *The Little Community and Peasant Society and Culture*, The University of Chicago Press. 1986. 221、P39.

⑤ 石窝人最初供奉鲁班是在五圣庙中，见清光绪二年（1876年）《公输子祠碑》，《北京图书馆藏中国历代石刻拓本汇编》第84册，第130页。

以石为荣，但在过去石匠生活非常艰辛，地位也非常低下，石窝人绝不会像现在这样宣扬石业。因此，农业与石业在不同情境中，所占有的"部分"也不同。它是动态的，此消彼长的。

概言之，在村落这一具体的时空中，伴随着农业与石业的结合、粘连、消长，石窝人呈现出"部分时间农"的一种复合式的（compound）生活方式和精神风貌。

## 四、先有石窝，后有北京

"历史是一种集体记忆。"① 来自心理学的记忆理论，给我们重新发现、认识和解释历史的机会。历史记忆既为个体拥有，同时也为集体塑造和传承。② 村落，作为民俗传承的生活空间，也有它的历史记忆，村落中的碑刻、俗语、故事、特殊事件的记忆等都可以看作是村落的历史记忆。它们呈现出一个村落共同体的形成过程，是村落自我个性的一种表达，是村民地方感的体现。

### （一）石窝村的庙宇碑刻

庙宇作为传统中国社会的重要景观，历来是民俗学和人类学村落研究所关注的对象。尽管研究角度不同，但他们有一个基本的共识就是庙宇的形成、格局、分布，特别是围绕庙宇所进行的活动有丰富的社会意义，通过对庙宇的研究，可以加深对民间社会的认知。但是由于对"扫除封建迷信"思想的宣扬和以此为目的的历次政治运动的毁坏，村落庙宇大多已经荡然无存。幸好，人们有勒石记事的传统。修庙作为村落中的大事，人们通常会勒碑记录下来。现在能找到的关于石窝的100多通碑刻中，其中有20多通是关于庙宇的（见文后附录）。下面就是关于这些碑刻的解读。

无庙不成村。无论从主祭神数量还是从庙宇数量来看，石窝村都要多于周边村落。

---

① 赵世瑜《传说·历史·历史记忆———从20世纪的新史学到后现代史学》，《中国社会科学》2003年第2期。

② 莫里斯·哈布瓦赫《论集体记忆》，毕然、郭金华译，上海：上海人民出版社2002年版。

**石窝村、前石门村、南尚乐村庙宇情况比较①**

| 村落 | 主祭神 | 庙宇 | 碑刻 |
|---|---|---|---|
| 石窝 | 眼光娘娘、天仙娘娘、子孙娘娘、关公、鲁班、山神、马王、财神、土地、三爷、观音、火神、药王、二郎、碧霞元君、五道、灵官等17位 | 娘娘庙、关公庙、五圣庙、火神庙、二郎庙、三爷庙、鲁班庙、碧霞元君行宫、龙王庙、五道庙、尼姑庵等11处 | 20 |
| 南尚乐 | 关公、龙王、五道、娘娘、药王、土地等6位 | 关公庙、龙王庙、五道庙、娘娘庙、药王庙等5处 | 3 |
| 后石门 | 龙王、山神、五道、娘娘、药王等4位 | 三义庙、五道庙、娘娘庙等3处 | 2 |

20通碑文中涉及的庙宇，既有一般华北村落中常见的娘娘庙、关公庙、五道庙，还有山神庙和鲁班庙，这也体现出石窝村复合式的生活文化特征。另外，我们发现一个特点：国家政权或其代言人几乎参与了石窝村所有的庙宇建设。从留下来的碑刻来看，与石窝相邻的南尚乐村和后石门村等传统农业村落的庙宇则主要是当地民众所建。这种情形的产生，一方面是因为石业的缘故。石窝石业由来已久，元明清三代，石窝都曾有国家的采石机构驻扎。国家政权通过对庙宇建设的参与，在帝国行政体系之外塑造了一种与民众生活联系更为紧密的形象。如果借用杜赞奇对"权力的文化网络"的分析，庙宇无异是文化网络中一个重要的结点，这一结点"不仅沟通了乡村居民与外界的联系，而且成为封建国家政权深入乡村社会的渠道。通过这些渠道，封建国家使自己的权力披上合法的外衣"。②

但是，庙宇不仅仅是国家政权推行其统治的工具，村落庙宇对于村民具有着重要的生活意义。我调查时问及为什么村里会有这么多庙，84岁的老石匠刘克泉说："早先每个村都有庙。'无庙不成村'嘛。石窝是个大村子，当然有很多庙。"③ "有的村一个庙宇没有，其最一般的解释就是这个村太小，不能承担庙宇

---

① 表内所列内容综合了访谈资料及北京图书馆藏《中国历代石刻拓本汇编》中的有关碑刻，由于村民口头记忆上的模糊以及村落区划的变动，统计中有误差。
② 杜赞奇《文化、权力与国家》 王福明译，南京：江苏人民出版社2003年版，第16页。
③ 受访者：刘克泉，男，1918年生，访谈人：王学文。访谈时间：2003年8月13日，地点：石窝村。

村中的庙宇　王学文 摄 2004 年

的花费"。① 分布于乡间的数量众多的庙宇在中国人的日常生活中占有重要的位置，国家政权统治、礼仪宗法灌输、经济文化娱乐、纳子求福祛病都离不开它。它们已构成中国人的风俗习惯，融入其思维与行为方式，是传统文化的重要组成部分。

庙宇对于民众生活的重要性，使民众热衷于庙宇的建设，但庙宇建设所需的资金却并不是普通民众所能承受的，因此我们看到，士绅、商人还有官员捐资建庙的事迹大量地出现在有关庙宇建设的碑文之中，石窝的庙宇建设也体现了这一点。当然这里我们不能排除士绅、商人、官员本身行善积德的内心需求，建庙是可以为人称颂并且流芳百世的好事，士绅、商人、官员通过建庙消解了贫富、上下这样紧张的关系，同时获得了民间社会的称颂和认同。他们的参与也解决了"乡之人将谋从新而有志未逮"② 的问题，同时"神也有所凭依"，民众也不必"望空而祝祷"。③ 因此村落庙宇为国家政权与民间社会提供了一个可以交流协商的空间，一个产生认同和实现各自目的空间，而且这一空间是双方共建的。国家

---

① 明恩溥《中国乡村生活》，午晴、唐军译，北京：时事出版社1998年版，第132页。
② 清道光十五年（1835年）《观间殿碑》，见《北京图书馆藏中国历代石刻拓本汇编》，郑州：中州古籍出版社，第80册，78页。
③ 清同治四年（1865年）《龙王庙碑》，见《北京图书馆藏中国历代石刻拓本汇编》，第83册64页。

政权对村落庙宇建设的参与，既是在移植和灌输上层社会一种信仰观念，同时也是在寻求地方社会认同，而后者也许更为重要。对于民众来说，到庙宇求福免灾、纳子祛病是其生活中不可或缺的一部分，因此，我们可以说庙宇是上、中、下三层文化相互交流的媒介和空间。

但是，一般而言，村落庙宇具有一定的排他性，是为村落所独自享有的"财产"，建设、维修和祭祀是村落民众的义务，同时也是一种权利的体现。但石窝村的庙宇建设却不是石窝民众独自完成的，从碑文中可以看到，石窝村的庙宇建设是多方参与的结果。这其中有高高在上的官员，也有周边村落的士绅，[①]当然还有石窝村的民众，石窝鲁班庙的创建即是如此。石业的行业神是鲁班，鲁班信仰在当地民众中有着深厚的传统，新中国成立前一些老石匠家里还供奉鲁班。但是，从20通碑中了解到，专门的鲁班庙却是在光绪年间才有的。"石窝为石料之出处，石匠之聚处，运车之宿处 需石者纷纷来采，所谓得用厚生者此耳，允宜建祠以妥神灵"。但石窝直到道光十二年（1832年）才在五圣庙中供奉鲁班神像，没有专庙祭祀之地。一直到清光绪二年（1876年）才创修公输子祠。修庙的提议者及主要捐资者为泰衡局温彩龄、温玉衡，而"首领善士董厚田乐善不倦又会同其同事六家共襄此功，这一切都是'众善捐银经营之力也'"。[②] 我们看到，国家政权、士绅、商人以及石匠都参与了鲁班庙的创建，它的产生是是国家政权与民间社会共襄的一个结果。

庙宇景观具有世俗与神圣的双重意义，因此石窝村庙宇建设的情形从一个侧面表明，无论是世俗生活还是精神世界，石窝村都没有因石业而与周边村落脱离，成为一个内闭性的聚落，而是表现出一定的开放性。石料的输出使石窝村与京城皇权建立了物质上的联系，庙宇景观建设则让村落与国家建立了精神上的关联。生活在有限空间里的民众，不经意间已经被笼罩在一张巨大的有形或无形的网中，同时与在场和不在场的各色权力一起编织着这张网，形成村落认同和特殊的地方感。黄宗智认为华北平原村落主要以自耕农为主，内部结构分化不是很严重，因此，华北平原村落也比较封闭。[③] 这一论断在京郊这一特殊区位空间中应该有所修

---

[①] 有关石窝村庙宇的碑文多是前石门的邢氏家族人撰写的，邢氏家族是当地有名的望族，曾有多人入仕。

[②] 清光绪二年（1876年）《公输子祠碑》，《北京图书馆藏中国历代石刻拓本汇编》，第84册第130页。

[③] 黄宗智《华北的小农经济与社会变迁》，北京：中华书局2000年版。

正，因为在京郊大地上，类似石窝这样，为帝都建设和帝都生活服务的行业村不在少数。京郊村落从来就不缺少这种自上而下和自下而上的不同层次的交流，同时这些村落通过婚姻和生产协而进行的横向交流也并不缺乏。

石窝与京城有着紧密的联系，这种联系，让石窝村相对容易地接触直至卷入到大的政治经济的变迁之中，石窝村的庙宇建设也反映了这一过程。赵世瑜在黑山会的研究中指出："宦官对庙宇情有独钟，并通过庙宇与民间社会发生密切的联系。"① 石窝村建庙的碑文也印证了这一论点。明朝的庙宇建设中，太监一直处于很显要的地位。来石窝的太监多是来此监理工程的，这也反映出明朝太监当政程度之深。而到了清朝，除了清康熙元年的一通碑中仍有太监赵升的名字外，再也看不到太监的身影。石业的管理由明时太监掌管变为工部管理，太监权力的丧失从中可见一斑。

通过庙宇碑刻，我们看到：上层文化和中层文化通过建庙进入到石窝的村落空间中，② 势必会影响石窝人的生活和对外部世界及自身位置的认知。从这个角度讲，复合式的生活方式不仅仅是两种生产知识的复合，这其中还有城市文化、士绅文化的影响和参与。

## （二）先有石窝，后有北京

村落里，总是流传着许多俗语、故事和传说，它们作为一种历史记忆，存在了一种可能性，"即主观上认为这个东西是虚构的，同时即使在'事实'的意义上某些传说是虚构的，但在'思想'的意义上它们仍是'事实'"。③ 王明珂也有类似的观点。④ 笔者认同这一观点。一个村落中的俗语、故事是村落社会生活和村民地方感的一种表达，是村民在与外界的互动和比较中，在寻求自身生存发展中所形成的一种充满智慧的叙事。

"先有石窝，后有北京"。在调查中，石窝人总是会煞有介事地说起这一俗语。仅从文本所表达的意义来说，我们似乎没有必要深究石窝与北京城的先后问题，但将其放入具体的时空和村落历史变迁之中，我们就会发现这一俗语的合理性以

---

① 赵世瑜《黑山会的故事：明清宦官政治与民间社会》，见赵世瑜《狂欢与日常》，第347页。
② 当然，庙宇建设只是进入方式的一种，行政管理的体系也是其进入的方式。
③ 赵世瑜《传说·历史·历史记忆——从20世纪的新史学到后现代史学》，《中国社会科学》2003年第2期，第183页。
④ 王明珂《历史事实、历史记忆与历史心性》，《历史研究》2001年第5期。

及对村落民众的意义。

"先有石窝，后有北京"的观念的产生离不开石窝石业。元明清以来，石窝石料源源不断地输向"中心地"，石窝人也因而参与到了京城建设之中。有石窝人说"北京城都是模仿着石窝的样子建的"。① 我们当然无法评估石窝在帝都建设过程中的作用，但也无法相信石窝人的这种说法，石窝只是供应京城石料的一个石场而已。对于帝都建设来说，这些石料只占一小部分，但对于石窝人来说，在他们的世界里，这一小部分就是全部。石窝人将这一客观事实延伸和夸大了，而且，延伸和夸大后形成的认知在石窝民众中传承下来。

无论是历史上，还是在现在，石窝与京城之间的确存在着密切的关系。但是，我们不能据此就简单地认为：这是这句俗语产生的根本原因，因为笔者在河北赵县和北京门头沟的调查中也发现了类似的俗语，② 而它们同北京的关系显然与石窝同京城的关系有所不同。然而，这类俗语不约而同的选择北京作为地方社会的参照，是有深层原因的，这与北京作为中心所产生的形塑和向心的力量有关。元明清以来，北京逐渐成为政治中心、文化中心和华北地区的经济中心，伴随着这一中心的形成，它也开始"扮演一个同时具整合性及象征性的角色"。③ 从经济层面来看，北京的城市消费影响了周边地区的生产生活；从政治的—制度的层面来看，作为都城，北京是制度运转的核心，它通过行政区划，重新划定了空间分布，并将国家机器分布其上。从意识形态层面来看，北京是个极具象征性的空间，人伦纲常、上下尊卑以及精神信仰通过这个中心向周围播布。由此，北京不仅是皇权、帝都的所在，它在民众的生活世界中成为了民众感知和想象世界的一个工具与象征符号，并非那么高高在上，可望而不可即。当然，这三个层次对地方社会所产生的影响并不均衡，不同的地方社会对这一中心的认知和反应也会不同。

"先有石窝，后有北京"这句俗语可以看作是石窝人时空观的一种表达，它是在中心的多维影响下产生的，它是石窝人从自身的主位出发，借助中心（帝都），对石窝在时间序列中的位置和空间上方位的一次定位。石窝与京城客观存在的关系是这句俗语所包含的部分真实，但石窝人传承下来的是经过延伸和夸大的真实，

---

① 受访者：张桂生，男，1938年生，访谈人：王学文。访谈时间：2004年7月21日上午，地点：石窝。
② 河北赵县有"先有铁佛寺，后有北京城"的说法，门头沟有"先有潭柘寺，后有北京城"的说法。
③ 曼纽·卡斯提尔《都市中心性》，高树仁译，见夏铸九编译《空间的文化形式与社会理论读本》，台北：昭文书局1988年版。

这一俗语与前文曾提到石窝人对隶属河北那段历史的遗忘和对隶属南尚乐乡那段历史的健忘的现象可以综合起来讨论。这种延伸、夸大、遗忘或健忘的现象显示出各种利益关系的相互博弈，是石窝人综合考虑现实情况后对石窝历史的一种选择，同时它也满足了村落民众的一种深层次的心理需求。石窝仅仅是围绕着中心存在的众多的村落之一，与有着强大整合和吸引力量的中心相比，它的力量是微小的，村落民众如何生产、生活无关城市宏旨，中心不会关注它的存在。但是，石窝人需要找到自己的位置，只有如此才能不被淹没在中心之中，也只有如此才能获得有利于物质生产和精神生产的条件。当然，经过延

村边的古塔　王学文　摄 2004 年

伸、夸大、遗忘和健忘后的村民地方感与客观事实并非完全一致。

正如布罗代尔所说："中心城市打动人们的逐利之心，唤醒人们的想象力，其号召力之大令人不可抗拒，似乎人人都希望参与盛会，分享奢华，并忘却日常生活的众多困难。"① 北京作为中心的形塑和向心的力量，从各层面对地方社会产生影响。村落民众的生产生活，乃至自我感觉结构都会向这个中心靠拢，但是，这些俗语也表明，村落民众不是一成不变地、被动地接受这种影响。

"先有石窝，后有北京"的潜台词就是石窝比北京古老。村落民众不满足于接受客观历史，更进一步说，村落民众并不屑于求助或求证这种真实，而是将客观事实加以延伸、夸大或遗忘，从而以自己为中心，确立位置。很显然，俗语的表达无碍于大的社会进程，也无碍于客观历史真实，但创造和享有这一俗语的民众在记忆和口头叙事中，却通过利用甚至颠覆自上而下，自中心向边缘的图式而获得了村落地位的提升。

"三青的故事"。在石窝村中，至今一直流传着"大青不动，二青摇，三青落

---

① 布罗代尔《15 至 18 世纪的物质文明、经济和资本主义》，顾良等译，北京：生活·读书·新知三联书店 1993 年版，第 14 页。

到卢沟桥"的故事。①

"三青"那是指三块石头,大的叫大青,最小的叫三青,中间那块叫二青。这三块石头是在石窝修行的三只石龟,都有些本事。本事最大的是大青,其次是二青,最没本事的是三青,因为它最贪玩,不好好练功。老辈说,明代永乐年间,皇帝建陵墓前需要三只石龟做镇物,于是就叫军师刘伯温去找,刘伯温出了京城就奔我们这来了,因为他知道石窝有好石头。你不知道,石窝正好处在子午线上,是风水宝地。你别说,刘伯温一到石窝就发现了大青、二青和三青,一量正合适,非常高兴。三青毕竟是三只神龟啊,运走它们可不容易。据说一开始,刘伯温骗三青说:"燕王扫北,平定天下,要请你们进京做官伴驾。"三青就问:"伴的是什么驾呀,是文臣还是武将?""比文臣武将还显贵,站在皇上家门口,还有石兽、石人和石马。"哥仨儿一听生气了,原来是让它们去守陵,那它们哪干。

刘伯温一看这招不行,于是又想出一招,进京请了圣旨来,心说难道你们还敢沆旨。三青可不管这些,它们不也是神龟吗,你皇上管不到。这回刘伯温也生气了,看软的不行,就来硬的。于是马上叫来二三千人,三四百匹骡马准备运走它们。

刘伯温先拉大青,几百匹骡马硬没拉动。那刘军师也不是省油的灯,也会法术。于是就向骡子屁股吹仙气,这些骡子一跳,结果十股大绳全断了,大青还是纹丝不动。没办法,刘伯温就又开始拉二青。二青没有大青法力高,一个没注意,被加了仙气的骡子给拉动了,这一动不要紧,一下子到了五十里外的石楼村。二青不愿意去啊,就在石楼扎了根,现在可能还在那儿呢。刘伯温一看,只有三青了。于是又加了骡子开始拉三青。三青本事最差,三拉两拉被拉动了。说也奇怪,开始拉得还顺利,后来就越来越沉,刘伯温怎么吹法气也不管用了。最后,三青就扔在了卢沟桥了。哥仨谁也没有被皇上请去,刘伯温也只好到别处去找石头了。拿现在来比,这三块石头不大,但以前硬是拉不动,这都是传说。

我们在故事集成的书中常会看到类似的故事,一样的奇思妙想,一样的情节结构。不同的只是故事中的石头也许成了树木,刘伯温也许成了诸葛亮。主角的

---

① 受访者:刘克泉,男,1918年生,访谈人:王学文。访谈时间:2003年8月13日,地点:石窝村。笔者在访谈中也曾听到其他石窝人说起这个故事,另外此故事可见《中国民间故事集成(北京卷)》,第534—536页。

不同是由于生发和传承这些故事的环境的不同，石窝"三青的故事"与石窝悠久的石业是分不开的。

埋于地下的石材与石窝民众本无关系，只是当石窝成为在这种生态空间生存的社会性的聚落后，村落资源的认识才产生。千百年来，石料从石窝被源源不断地运出，石窝成了资源输出者，但这种输出是在皇权支配下的被动输出。很长时间里，石窝人一直过着贫苦的生活，石匠的社会地位也十分低下，石头没有带给石窝人富足的生活和受人尊敬的地位。石头运出了，留给他们的是大小不一的坑塘和劳作的忙碌艰辛，还有对石料所达地方的想象。石窝人无法改变这种不合理的现实，因为他们无法正面与皇权抗争，但是，石窝人通过故事实现了这种抗争。

"三青的故事"是石窝人对皇权的一次戏谑和反抗。石头对石窝来说，不仅是一种有形的物质资源，还是一种无形的精神资源。在精神世界中，石窝的石头会法术，不畏皇权，而以刘伯温为代表的皇权则有些狡诈、蛮横，在相互的斗法之中，石窝人的精神也获得了愉悦和解放。

以上笔者分析了流传在石窝村的一个俗语和一个故事，从它们的结构来说，类似的俗语故事在其他地方也有，没有什么特别，很常见。但是，它们只属于享有它们的群体，只有享有它们的人才知道它们对于生活的意义，它们反映出这个群体的生产生活和精神特质。

## （三）为毛主席纪念堂采石的记忆

从古到今，到底有多少工程使用了石窝村的石料？我们无法得到一个准确的数字。在石窝调查过程中，石窝人会伸着手指头一个一个数给我，但数着数着就会说："那工程参加的老了（多了），数不清了。"[1] 按他们的说法，"北京城都是石窝的石头建的，刘伯温建北京的时候就在这儿采的石头。"[2] "只要有桥，就是石窝的石头。"[3] 具体的数字对他们来说并没有什么意义，开采出料的技术变了，运输的工具变了，石业的管理变了，但出的石料没有变，一块大石料的开采、出料、运输和它的最终归宿始终是村落中经久不衰的谈资。石业的知识体系是石窝

---

[1] 受访者：续士义，男，1936 年生，访谈人：王学文。访谈时间：2004 年 7 月 19 日下午，地点：石窝村。

[2] 受访者：赵连成，男，1933 年生，访谈人：王学文。访谈时间：2003 年 8 月 14 日下午，地点：石窝。

[3] 受访者：张桂生，男，1938 年生，访谈人：王学文。访谈时间：2004 年 7 月 21 日上午，地点：石窝。

人独有的,同时,为某一工程采石的记忆也是石窝所独有的精神资源。

毛主席纪念堂中的毛主席坐像和纪念堂的汉白玉栏板所用的石料采自石窝。在石窝村中,30岁以上的人都清晰地记得为毛主席纪念堂采石的场面,年轻人也从长辈的言谈中和关于石窝的一些资料上获得了关于这一事件的记忆。1976年初冬,房山县接到了在大石窝一带为毛主席纪念堂开采石头的任务,要求在1977年3月底完成,张玉泉编著的《精美的石头会唱歌》一书和房山区档案馆藏的有关石窝的档案中都生动地记述了这一事件。

> 那是个特殊的年代、非常的时期。京西南僻静的大石窝一时竟成为热火朝天的"战场",多达万余人在零下20多度的严寒里,怀着对伟大领袖毛主席的无限忠诚和无尽的思念,昼夜奋战在黄龙山下4公里长的工地上,谱写了一曲激动人心的歌。
>
> ——张玉泉《为建设纪念堂奋发采石的人》,
> 载《精美的石头会唱歌》,第16页。

据不完全统计,截止四月底,共动用劳动力116000工,火车工2200工,手扶拖拉机450辆,大拖拉机70辆,完成土方50000方,石方50000方,上交栏板500套,浮雕10块,匾额72块,墙石58块,垂帘22块,柱头25块,花边40块。共计完成石料531.85立方米。

> 全党全民总动员,大干苦干八十天,深揭狠批四人帮,开山起石干劲添,为建主席纪念堂,洒血流汗心内甜,天寒地冻何所惧,保质保量提前完。
>
> ——南尚乐公社关于为毛主席纪念堂
> 敬献汉白玉的工作总结(1977年)
> 房山区档案馆档案149—1—145

当时石窝村的任务是开采6米高、2米长和2米宽的雕刻毛主席坐像所需的石料。为了完成任务,石窝村的党支部书记徐福存迅速组成了由他任指挥,李振、梅巨芳、丁永利为副指挥的指挥部,随后带着村石料开采组的组长贾明志等技术骨干到石窝的"东大坑"现场勘察采石。他们安装了6台抽水泵抽水,同时,调集村里的石匠150人、壮劳力200人组成采石队在塘口的北面由东向西进行阶梯式挖掘。人们三班倒,日夜不停。挖了一层,尺寸不够,那就再挖一层。终于第三层汉白玉露面了,一量尺寸正好。据当时参加开采的老人讲,在为毛主席汉白玉坐像采石之前，石窝还从没开采过如此大、质地如此好的石料，所以当这块不大不小正合适的石料采出后，人们无不称奇。"这块石头就好像是给毛主席预备的，领导人想要什么样的，这坑里真就出什么样的，你说奇吧"。① 这是传统村落社会里非常常见的一种解释逻辑。对于 1999 年中华世纪坛题字碑石的采出，石窝人也是如此解释，这块石头出自老续的坑塘，"这点儿山实际挺烂的，没什么好石头，这就叫该着。就出那么块整的，国家领导人，什么人想弄个什么东西，它就有"。② 在村落民众的思想世界里，能否采出好石头，不在于坑塘本身，而在于谁需要石头。

采石、运石和石料的雕刻是石窝人独有的一种记忆，无论是档案文献，还是当地人编著的文本资料，都会对其加以彰显，村落里石匠与非石匠都会加以言说，而来看、来听的外来者也会不由自主地加以记录，并由此获得对陌生村落的一种认知。石窝人之所以为石窝人，离不开这种记忆；外来者之所以将其

村中的庙宇　王学文　摄 2004 年

与其他村落区分开来，不仅仅在于村名，还有对这种记忆的深刻理解。

庙宇碑刻、俗语故事和特殊事件，这些村落的历史记忆既是村落认同和村民地方感的一种表达，同时，通过对它们的解读，我们发现，这些历史记忆也参与了村落生活方式的选择过程，强化了村落认同，支持着他们自我的感觉结构。

## 结语：精美的石头会唱歌

本文描绘了位于京城边缘的一个与京城关系密切的石业村落的生产生活特点。

可以看出，在石窝区位与行业共同作用于村落，共同塑造了石窝的一切。如果没有石业，石窝将同众多的华北村落一样。石业在村落中的传承发展，让石窝

---

① 受访者：续士义，男，1936 年生，访谈人：王学文。访谈时间：2004 年 7 月 19 日下午，地点：石窝村。

② 受访者：续士义，男，1936 年生，访谈人：王学文。访谈时间：2004 年 7 月 19 日下午，地点：石窝村。

表现出不同于一般华北村落的特点，石窝人的生活方式、信仰和历史记忆与石业息息相关，但同时传统农耕文化也作用于石窝。我们将石窝界定为一个石业村落，并不是说石窝除了石业外没有农业，而是说石业在石窝人的生产生活中占有重要的地位，是石窝的标志性文化。

石窝人拥有农业与石业两套知识体系，村民们遵从着二年三熟的耕作周期，秋天收了玉米，种上麦子，来年收了小麦，再种上玉米，周而复始地循环。他们熟悉镰刀、锄头，同样也熟悉锤子和大喇叭；熟悉农业耕作的知识，也熟悉采石、出料、运石和雕石的技艺。尽管石业很长时间里不是石窝的主业，但石窝石业的历史非常久远，它已经嵌入到农业生产体系、村落生活以及人们的信仰和口头叙事之中，深刻地影响了石窝人的生产生活和地方认同。

尽管两套知识体系有着诸多不同，但在村落中，它们却互相渗透交叉，可以为每一个个体同时享有，在生产时间上相互衔接。石窝人不是纯粹的农民，也不是纯粹的石匠，而是"部分时间农"，他们过着一种"部分农"与"部分工"的复合式的生活，农忙务农，农闲采石雕石。农业耕作与石业生产被排布在四时的循环之中，成为石窝人生产生活的整体。在石窝的神圣空间中，山神爷与鲁班祖师赫然在列。"三青的故事"，"先有石窝，后有北京"的俗语，各种工程的名字在石窝人的记忆中不断累积。所以，"部分"的界定既是指生产时间上的分配，也指在生活方式、信仰禁忌等文化层面上的情况。在我看来，这一概念对于认识京郊村落有着重要的价值。

## （一）血缘、地缘、业缘关系

一般而言，一个传统农业村落，主要是血缘和地缘的共同体，但对于石窝来说则有所不同。石业在村落里的发生、发展，使业缘进入到了村落的社会关系结构之中。在石窝，血缘、地缘、业缘互相交迭，三者尽管不完全重合，但也互不冲突，它们在不同层面、不同事件、不同的时代的力量对比和所发挥的作用是不同的。在石窝村中，很难完全厘清三者的关系，这里只能给出一个基本的印象，即血缘关系在石窝处于基础性的地位。一方面，以前家族内部的农业生产协作较多，另一方面，以前石匠技艺也主要是门里（家族内）专承。还有更为重要的一点就是，现在，石窝村的几家石业公司都是家族式的，或是子承父业，或是父子、兄弟姐妹联合。家族的联系因为石业资源的开发而显示出加强的趋势，血缘和业缘基本是同一的。同时，因为石料资源的有限性，村落集体对石料的占有，以及石业在技术上的提升和规模上的扩大，村落民众的地方认同感也在不断加强。①

对于生长于城市里的石匠而言，业缘关系更为重要。城市的开放性和人群的异质性、流动性，使石匠缺少一个共有的实在空间的支持。同时，在石业管理、劳动时间分配和石匠的生活方式上，城市里的石业与村落里的石业也不同。城市里的石匠以石业赖以生存，全职从事石业，②他们依托于城市，为城市生活服务，是城市有机体的一部分。在城市的百工百业中，石业面临着其他行业的竞争，需要建立和强化行业认同，保护自身利益，从而提升经济社会地位。因此，明末清初以后，石业等手工业群体的行会组织在城市中得以发展，石匠们通过行业神的塑造、行业性的祭祀行为和组织表达和实现了群体内部认同、外部认可的需要。③而石窝除了石业外，还有传统农业，二者不是竞争关系；很长一段时间里，石窝人既是石匠又是农民。村落里盘根错节的血缘关系，承担了行业组织的功能，人们的生活方式和精神信仰也就不同于城市里的石匠。

## （二）村民地方感

从自然地理空间来看，石窝位于华北平原与太行山脉的过渡地带，这决定了石窝的生态环境，并最终决定了石窝村的四时耕作；从行政区划的空间来看，石窝处于京城边缘、三县交界之地，曾长期隶属于河北涿州，新中国成立后才属于北京；从现在村落民众的心理归属来看，"先有石窝，后有北京"，石窝是北京的石窝。很显然，这是三种不同的空间划分。有学者认为传统的地方是从下面以及向外而界定的场所，而行政的地方则要靠一个外在的、向下的包容性秩序来加以界定。传统可以隐含有一种差异性的、有潜在破坏性的等级秩序，④具体到石窝村，行政隶属上的变化，没有影响石窝人对北京的归属感。

行政界定是一种从中心下来的制度，因此还需要一个地方化的过程。石窝庙宇碑刻的分析表明，参与地方社会庙宇建设是过去行政地方得以实现的一种方式。

---

① 王斯福近年的研究也得出这样的结论，他认为村落工业化后，加强了对一个村落的认同并加强了更强有力的以及资源丰富的家户之间的联系网络。参见王斯福《什么是村落》，《中国农业大学学报（社会科学版）》2007年第1期，第28页。

② 这是城市手工业的一个特点，城市里没有农业耕作，商品经济发达，为百工百业的生发提供了条件。

③ 参见赵世瑜《鲁班会：清至民国初北京的祭祀组织与行业组织》，见赵世瑜著《狂欢与日常》（2002）。

④ 参见王斯福《什么是村落》，《中国农业大学学报（社会科学版）》2007年第1期，第22页。

帝国官员、士绅和村落民众在庙宇创建和修缮上可以达成共识，庙宇提供了一个上、中、下三层文化互动交流的空间。通过庙宇建设，帝国的行政体系得以贯彻，帝国的代表也得以进入到村落共同体中，对共同体的生产、生活产生影响。

石窝地方感的形成与巩固离不开石业，也离不开上层和中层文化的介入。从元明清起，石窝就有采石机构在此驻扎。这些机构在村落中的存在，使石窝这一京城边缘的村落社会与京城建立了直接的联系，并使石窝人很早就体会到帝国行政体系的存在。这一历史现实，无疑淡化了石窝属于涿州的记忆，而强化了对北京的认同。当然，北京不仅是石窝人的中心，"中心与四方"的空间性，"不论或隐涵或呈显，实乃汉人生活世界中不可或忽的重要质素"①（潘朝阳，1995）。对石窝人而言，北京不仅仅是一个想象的中心，他们与北京还有着实在的物质上的交流。

地方感的形成与变迁受到政治、经济、文化的影响与限制，它是"基于意识形态（某一个体、群体阶级的价值观和理念的特征），且有特殊目标及意图的结果"。②石窝人对帝都中心的认同也体现出这一逻辑，并通过俗语、故事、采石事件的记忆体现出来，但村落民众并非只是被动的接受一种观念、一种制度和一种生活，他们也是选择者和实践者。石窝民众参与了自己村落的庙宇建设，他们与官员、士绅是一种合作共谋的关系，通过庙宇建设，他们各取所需。石窝人通过延伸、夸大、遗忘或健忘创造和强化了"先有石窝，后有北京"的"真实"，重新构筑了对北京这一中心的理解。时间上的悠久本身是一种资源，石窝人将石窝变得有悠久感，从而获得对自己村落的认同，以取得一个区域社会中的权力和地位。而"三青的故事"则体现出石窝人对中心的一次戏谑和反抗。

## （三）区位与行业的双重作用

"京郊"与"石业"一个是从区位角度的界定，一个是从生产角度的界定，无论从历史还是现实来看，它们二者是相互联系的。没有区位上的优势，石业也不会有如此绵长的生命力；没有石料，区位的价值也无从体现。因此，只有将二者勾连起来，才能更好地理解石窝。区位与行业对于石窝人的意义，不仅在于实

---

① 潘朝阳《"中心—四方"空间形式及其宇宙论结构》，《师大地理研究报告》（台湾）1995年总第23期。
② 艾伦·普瑞德著，许坤荣译《结构化历程和地方——地方感和结构的形成过程》，见夏铸九编译《空间的文化形式与社会理论读本》，台北：昭文书局1988年版，第124页。

村中的庙宇　王学文 摄 2004 年

际用途与经济价值，还在于它们延展了石窝人的时空观，塑造了石窝人的位置感，强化了村落的认同，使一个小小的村落融铸了丰富的社会关系。

在研究中，笔者提及了现在石窝石业的变化情况，但着力点还主要在人们记忆中的石窝和石业，有许多非常重要的问题未及探讨。如技术变迁所引起的石业生产组织和从业关系的变化，随着城镇化的加剧，农业逐渐在村落中的消失所引起的村落社会结构变迁和村落认同问题等。

通过石窝的研究，我们看到一个石业村落的生成，我们可以得到以下初步认识：京城的生产、生活深刻地影响着京郊村落的生产、生活，这些村落受到农耕文化与行业文化的双重影响，呈现出"部分时间农"的特征，文化生活上也表现出"部分农"与"部分工"的复合式结构，他们对北京有强烈的归属意识，村落中血缘、地缘、业缘的关系、村民地方感的表达、区位与行业的作用是认识这些村落的重要媒介。

# 附 录

### 有关石窝庙宇的碑刻

（按年代、碑名、庙里供奉的神、碑的主要内容的顺序整理。碑名后括号中所标示的数字为资料出处，即拓本在《中国历代石刻拓本汇编》的\*册/\*页）

1. 明正德十五年（1520年）《三官庙碑》（54/74），供奉三官大帝，来此开采白玉石的内官监太监闫公清及管工太监等重修。

2. 明嘉靖三十五年（1556年）《关王庙碑》（56/19），供奉关帝，来此督理工程的内官监太监杜泰捐资重修。

3. 明万历十八年（1590年）《二郎庙碑》（57/181），供奉二郎神，来此督理工程的工部侍郎李辅及内官监太监马朝等重修。

4. 明万历三十年（1602年）《石窝神庙题名碑》（58/133），碑文不清。

5. 清康熙元年（1662年）《关王帝庙除豁碑》（62/8），供奉关帝。此碑记三山部使者李公同前令尹张肇林捐奉购买香火地，后内官监太监赵升和里总张问智等请求除豁一事。

6. 清雍正元年（1723年）《药王庙碑》（68/10），供奉药王。碑中记载了皇上去泰陵的景况，建造者不清。

7. 清乾隆十一年（1746年）《关帝庙碑》（69/197），供奉关帝，工部员外郎苏成重修。

8. 清乾隆三十一年（1766年）《隆阳宫香火地碑》（72/139）石商李天位、钦工石商于耀汉因为开井占用隆阳宫大殿，故出资重修并施舍地亩，说合人李君茂。

9. 清乾隆三十一年（1766年）《隆阳宫碑》（72/145）。

10. 清乾隆三十一年（1766年）《南大庙凿井碑》（72/141），南大庙是指关帝庙与药王庙。

11. 清乾隆五十四年（1789年）《碧霞元君行宫碑》（75/123），供奉碧霞元君。康熙十年韩文贤与众信众建，乾隆十三年李君茂等商议置地，请僧郎悟主持。

12. 清嘉庆三年（1798年）《灵官庙碑》（77/40），供奉灵官。山西人王兴国等重修。

13. 清嘉庆二十一年（1816年）《白衣观音堂碑》（78/156），供奉观音。碑文不清，邢天一撰写碑文。

14. 清道光十年（1830年）《重修火神庙碑》（79/173），供奉火神祝融。邢肇需撰写碑文。

15. 清道光十二年（1831年）《五圣庙碑记》（80/20），供奉马王、财神、山神、鲁班、土地。山西人王毓奇等在石窝开设兴隆号，并出资在村西建五圣庙，邢肇需撰写碑文。

16. 清道光十五年（1835年）《观音殿碑》（80/78），供奉观音，朝廷监修侯公与晋商王毓奇出资重修。

17. 清同治四年（1865年）《龙王庙碑》（83/64），供奉龙王，康天铎撰写碑文。

18. 清光绪二年（1876年）《公输子祠碑》（84/130），供奉鲁班。温玉衡等开设泰衡石局，负责为官工代办开山雇匠运料，温玉衡等出资创修公输子祠，邢肇需撰写碑文，赵廷彦刻。

19. 清光绪四年（1878年）《娘娘庙碑》（84/167），供奉眼光、天仙、子孙娘娘，奉旨兴工的广丰厂董廷广与泰衡石局温玉衡等出资重修，邢肇需撰写碑文，赵廷彦刻。

20. 民国二十四年（1935年）《三爷殿碑》（97/173），供奉三爷，治病之神。

# 第二章 乡村的认同与秩序：
## 江西南丰石邮跳傩中的主仆与制衡

## 引 言

中国的傩文化研究，从最初的戏曲研究和文化史考据已经开始向跨学科的、全方位的研究转向，人类学、民俗学与艺术学的学者越来越清楚地认识到傩事活动不能简单地作为一种表演从民众生活中剥离出来，只进行艺术本体论或文化发生学的分析，而应该到深嵌着它的生活体系和文化观念中去理解。[①]

江西省南丰县的傩文化历史悠久，形态丰富，内涵深刻，早在 1996 年，就被文化部命名为"中国民间艺术之乡（傩舞艺术）"。2006 年，以石邮傩为代表的南丰傩舞又被列入第一批国家级非物质文化遗产名录，江西省政府也将傩文化列入了江西省"十一五"发展计划。学界对它的关注由来已久，相关文章和专论不断涌现。在这些研究成果中，石邮村的跳傩一直是学者着力深耕的对象，[②] 同时，各级各类传媒也如发现新大陆一般，将石邮跳傩作为南丰傩文化的代表，通过报刊

---

① 傩文化研究状况，请参见李祥林《新时期二十年傩文化研究一瞥》，《上海艺术家》2000 年第 3 期，第 34—35 页。中国傩文化研究会与台湾清华大学文化人类学研究所王秋桂教授、台北施合郑民俗文化基金会合作进行的"中国地方戏与仪式之研究"研究项目是这一转向的代表。另外，近年来的博士、硕士论文也体现出这种倾向，如王真彦《傩：对一种仪式戏剧的田野调查及其它》，南京师范大学硕士学位论文，2004 年；陆焱《村落小区的傩仪与象征——以贵池傩为中心》，中央民族大学博士学位论文，2005 年；孟凡玉《假面真情：安徽贵池荡里姚傩仪式音乐的人类学研究》，中国艺术研究院博士学位论文，2007 年。

② 关于石邮跳傩的研究有：余大喜、刘之凡，《江西省南丰县三溪乡石邮村的跳傩》，台北：财团法人施合郑民俗文化基金会，1996 年；曾志巩《江西南丰傩文化》，北京：中国戏剧出版社 2005 年版；广田律子《"鬼"之来路：中国的假面与祭仪》，王汝澜、安小铁译，北京：中华书局 1996 年版。关于石邮傩这一文化事项，有研究者将其称为"傩舞"、"演傩"，余大喜、刘之凡将其称为"跳傩"。在村民的叙说中，通常会将春节跳傩分成"跳傩"、"搜傩"、"圆傩"三个环节，本文使用的"跳傩"多指整个的傩事活动。

杂志、电视、互联网等管道向外推介。无论是在学术界，还是在民众中，石邮都有很高的知名度。与周边村落傩文化逐渐式微的现状相比，石邮村的跳傩、搜傩反而显现出强劲的生命力。

根据过去田野调查的经验，这样一个外界关注程度如此之高的村落，其民间文化恐怕已经异化为旅游产品，成为带有虚假性真实的舞台表演和观光客的文化快餐。但是，从已有的资料和2006年、2007年两次田野调查，① 我们发现：尽管在社会变迁洪流中的石邮村已经发生了，而且还正在发生着深刻的变化，但石邮跳傩的变化却相当微弱，它的基本表演形态、组织制度和仪式程序仍旧保留原有的传统，更关键的是，仪式的全过程和每一个细微的环节都不断地向我们传递着一种稳固、有序的感觉。② 本文将在前人的研究成果和本人两次田野调查的基础上，重点描述石邮傩的特质，并探讨塑造了这一特质的深层机制。

## 一、石邮村：东西位、里外围

石邮村，当地人亦称石邮堡，现隶属于江西省南丰县。南丰，位于江西省东南部，东接黎川和福建的建宁，西面与宜黄县、宁都县接壤，南毗广昌县，北邻南城县。在长期的历史进程中，南丰县深受中原文化、吴、越、楚文化的多重影响，人文底蕴浓厚，既重礼尚义，又兼礼佛道，盛行巫风。按当地人说法，以前几乎是村村有傩。据曾志巩先生调查，清末以来，在南丰盱江两岸分布着184班乡傩。③ 从自然生态的角度来看，南丰属低山丘陵区。境内群山环抱，丘陵起伏，以盱江为界，东南属武夷山脉，西北属云山山脉。中亚热带季风气候使得这一带四季分明，无霜期长。农业耕作的历史十分悠久，响誉海内外的南丰蜜桔就产于此地，其种植历史已经有1300多年，被人们称为南丰"三奇"之一。

---

① 2006年1月27日至2月14日、2007年1月29日至2月2日，笔者在石邮参与观察了跳傩的全过程。

② 石邮跳傩、搜傩的详尽的仪式过程，请参见余大喜、刘之凡《江西省南丰县三溪乡石邮村的跳傩》，台北：财团法人施合郑民俗文化基金会，1996年。

③ 据曾志巩先生介绍，新中国建国前南丰无"傩班"称呼，而是直呼"某某村傩"。"傩舞"的称呼也是从20世纪50年代中期由江西文艺界的同志确定后才开始采用，而且这个词是春节期间戴面具表演的跳傩、跳竹马、跳和合、跳八仙等的统称。曾先生的统计数字包括：大傩133班、竹马18班、和合24班、八仙9班。参见《江西南丰傩文化》，第30—35页。本着尊重地方表述的原则，本文没有采用"傩舞"这一名称，而仍沿用"跳傩"。但为突出跳傩人员的组织性，同时便于表述和理解的方便，文中同时使用了"傩班"和"某某村傩"的称呼，其指代是相同的，都是指跳傩而言，不包括跳竹马、跳和合与跳八仙等。

## 第二章　乡村的认同与秩序：江西南丰石邮跳傩中的主仆与制衡

石邮村中的古巷　王学文 摄 2006 年

石邮村，就处于这样一个大的历史地理环境之中。地处县城西部的石邮距县城 10 千米，距三溪乡政府所在地 7500 米，它东接饶舍，西靠河陂，南邻塘子寨，北枕杨梅寨。饶三公路（饶舍—三溪）穿村而过。村落地势北高南低，形态呈东西伸展，南北狭窄状。据传，古时因处于盛产古柏的山寨前，曾名"柏树寨"，后来因村北星华山下，有座昙华殿，殿中石洞出食油，故改称"石油"，后来逐渐写作"石邮"。

石邮是以吴姓为主的宗族村落，全村 1100 多人中，吴姓有 1000 多人，刘、罗、叶等姓氏人丁稀少。根据光绪十八年的《吴氏重修族谱》载，石邮吴氏源自江南始祖吴宣公，肇基祖为五世祖吴希颜公，南宋绍兴五年（1135 年）从龙塘迁到此地。吴姓迁到石邮后，家族兴旺，一时间"烟火联集，户井千家，人文雀起，科第蝉联，忠臣孝子、节妇烈女、累累焉"。[①] 随着原住民彭姓和丁姓迁居外地，石邮逐渐成为吴姓的宗族村落，而"东西位、里外围"之村落格局，也随着吴氏宗族在石邮村的立足而逐渐形成。石邮吴姓传到十五世菊泉公时，生两子，长子清臣，次子良臣。长子居东位，幼子居西位。东位居外，甲山庚向，即面西背东；

---

[①] 见清光绪十八年吴其馨修撰《吴氏重修族谱》卷首，第 72 页。

西位居里，壬山丙向，即面南背北，故产生"东西位、里外围"之说，但两房同宗一脉，对外仍称为石邮。时至今日，虽有少量杂姓进入，但并未改变吴姓在村落生产、生活等方面的主导地位，甚至于部分杂姓家庭也会非常自然地根据居住方位，将自己归属于"东西位、里外围"格局中。

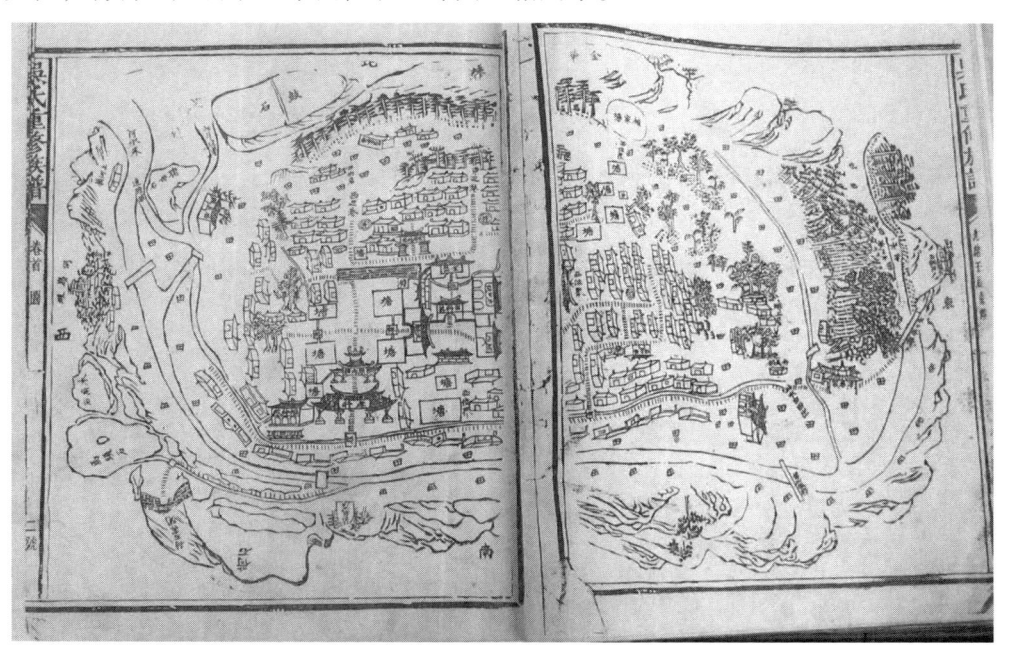

《吴氏重修族谱》中的石邮村落图，
从图中可以看到石邮村中曾有众多牌坊　王学文　翻拍 2006 年

　　重要的是，"东西位、里外围"的村落格局是一个吴氏宗族主导的格局，吴氏宗族的历史和秩序，就是村落的历史和秩序。根据光绪年间《吴氏重修祖谱》和当下村民的口述，新中国成立前，吴氏宗族曾有族谱、祠堂、祭田、首士（又称"头人"）组织等，宗族体系十分完备，在协调族内、族外关系，维护宗族利益，敬祖追宗，德行教化上发挥着重要作用，同时还掌握着村落社祭的权力。时至今日，尤其是经历20世纪知识阶层发起的对乡村的改造、教化的多种运动后，虽然吴姓族谱已多年未重修，祭田也荡然无存，但尚存的东位祠和西位祠两个吴姓祠堂却得以修缮。这些宗族的外在形制表明，与百年前相较，吴氏宗族组织在现今的宗族内部和石邮村落社会中发挥的作用有所弱化。但是，在调查石邮村跳傩的过程中，作为他者的我们仍然深切地感受到，吴氏宗族组织在一定程度上左右着石邮村的政治生态、社会生活、文化娱乐。也正因为如此，在石邮，吴氏宗族的演化是村落历史和民众记忆的主体。

其次,"东西位、里外围"的村落格局还是一个充满制衡的格局。吴氏宗族在保持统一性和一体性的同时,内部又分为两旁。在作为一个整体的村落空间中,形成了合作与竞争共存的生活格局。东西位分设祠堂,分祠祭祀,亦分设花寝①,形成不同的葬礼空间。从族谱中可以了解到,最初的宗族的头人组织也规定由东西位各十二人组成。一些宗族事务,也由东西位轮流管理。东西位的竞争就体现在宗族事务的处理之上。2006年调查时,西位祠正在组织重修,其重要的动因就是东位祠已于2005年修缮一新。石邮春节的傩事活动,作为吴氏宗族重要的事务,在管理和运作中也体现着东西位的协调和平衡。

当然,"东西位、里外围"的村落格局中还有着多样的协作关系。以前石邮村以农业,主要是水稻种植为主,辅以家庭手工业。近年来,由于南丰蜜桔持续走俏,桔树的种植面积逐年增加,水稻的种植面积逐年减少。与1992年相较,2004年石邮桔地面积增长了近五倍,达到1500余亩。村民的主要生计已经改变,全部围绕着桔子的种植、管理和销售展开。因为桔子产业的发展,石邮村民的生活水平较临县农业村落的生活水平要高,生活相对富足、安定,2006年人均年收入近3500元。较之以前一年二熟的农业生产来说,果农的生产劳作时间有所减少,但一定时间段里的劳动强度很高,生产中所需的人力、物力、财力投入也很大。原有的农业生产中的协作关系,如邻里互助、亲戚相帮等在桔树种植管理中仍在延续。

同时,除去原有这种协作关系外,围绕桔子的产销,形成了远较农业生产更为复杂多变的社会关系,如石邮村有售卖生产资料(化肥、农药等)的,有专门收购、运输桔子的,有在外地桔商与本地桔农之间充当中间人的,还有服务于桔子产业的饭店和旅馆。虽然大规模地种植桔树,但人们的忙闲周期并未发生根本的变化,而且经济状况的相对好转,也为在春节期间举行的跳傩等固有文化传统提供了更充分的经济基础。于是,无论是吴姓村民,还是村中其他杂姓村民,在桔业生产中,不但始终未脱离血缘、姻缘、邻里等村落中固有的社会连接,还在一定层面上验证和强化着这些已有的连接,诸如吴姓与其他杂姓村民的关系,"东西位、里外围"的关系,村民与傩班的关系,傩班内部的关系,等等。

---

① 花寝是石邮村民停放灵柩的地方,东西位各有一处花寝,均没有特殊的设施,只是在地面上有用石块砌成的方形图案,是为标记。

丰收南丰蜜桔　王学文 摄 2006 年

## 二、傩神庙：村庙与家庙

石邮村曾有着众多庙宇道观，现在仍存的有傩神庙、福主殿、师善堂、骑骡太子殿、万寿宫等。但与周边村落以福主殿为核心庙宇的状况不同，石邮村的核心庙宇是傩神庙，这也是春节期间跳傩的核心。

傩神庙，人们俗称"殿上"。根据《吴氏重修族谱》的《乡傩记》的记载和人们的口传记忆，石邮村傩神庙已有五六百年的历史。据《乡傩记》载，石邮立庙祀傩始于明宣德年间在潮州海阳县任县令的吴太尹公。最初的傩神庙位于嵊头山腰，明嘉靖辛酉（1561 年）受兵燹被毁后，傩神庙迁到嵊头山角，靠近民居的地方，这个傩神庙也早已损毁不用。这两个傩神庙旧址，有村人称之为"老殿"，每年正月初一"起傩"和十六"搜傩"前，人们都要到这些地方参神，即使不到近前，也要象征性地从公路上远远遥拜一下。傩班逐户跳傩时，路过此地也要施礼参拜。

现在的傩神庙位于村南侧，称为孝子里的地方，毗邻百丈水，周围环以民居，面南背北，前有一空场，曾用于搭台唱戏。2005 年，傩神庙前的民居被拆除后，庙前的视野变得非常开阔,从傩神庙可以看到河道和远方起伏的山峦。据《乡傩记》载,这一傩神庙建于乾隆四十六年(1781年)。傩神庙建成后,屡受灾祸,① 最近的一次失火是1985年的正月十七。据说,那场火烧得非常离奇,与傩神庙一墙之隔的家户到无法救火时才有察觉。而村民将其归因为是几个女干部进了傩神庙,触犯了女性不能进傩神庙的禁忌,傩神生气了才会出现如此事故。显然,这次离奇失火,已经成为傩神显灵的一次灵验事件被村民们记忆。在石邮村及其周边,石邮村傩神的灵验远近闻名,总有求子、求学的人会来此许愿、还愿。

正月初一早晨的石邮村傩神庙　张刚 摄 2007 年

几经重修后,现在的傩神庙建筑面积近百平方米。傩神庙内部的空间布局遵循着传统的厅堂布局,沿着两排立柱,傩神庙被分割成三个房间。左右两个房间用于存放傩神庙的物品,同时供庙斋婆或庙斋公②在跳傩搜傩期间居住。正中厅堂则是傩神庙的核心所在。从中门直走进去后,首先映入眼帘的是一块高悬于梁上"浩气光天"匾额,它的下方是一尊金冠红袍、面庞清秀俊朗的"傩神太子"坐像。在它后方的山墙正中绘有八卦图,墙前砌有神坛,坛上安放着十一尊高约五

---

① 参见清光绪十八年吴其馨修撰《吴氏重修族谱》,卷首第84页
② 庙斋婆或庙斋公多为村中年龄较长,且虔信傩神的人,吴姓的头人组织议定。

十厘米的木制雕像。从规模和气魄而言，傩神庙无论是现在还是过去，都不及村落里一般深宅大院显得宽阔恢弘，但那向两侧沿展，展翅欲飞的形制和那轻灵、静谧的斗拱、兽头，还是会让见到傩神庙的人们油然生起几分敬畏。

跳傩时戴的面具，石邮人多称之为"脸子"或"圣像"，就存放在傩神庙中，由吴氏宗族中的头人来管理，只有在春节跳傩、搜傩时才可以取出使用，傩班没有权力私自使用。现在石邮的脸子有十三枚，分别是开山（2枚）、纸钱、雷公、傩公、傩婆、钟馗、大神（2枚）、小神、一郎、二郎、关公。

在族谱和村民的口传记忆中，傩神及脸子的来历都与吴氏宗族有关，据《石邮乡傩记》中记载：

石油之傩，自明宣德支祖潮宗太尹公，出宰潮州海阳县令，政绩有声，百姓歌功颂德。海阳时疫流行，百姓死亡无数。太尹公焚香默祷傩神，命邑中士大夫奉迎神像。按晋语所谓衣偏袭之，衣必尽敌。而返者，即以除历疫而大驱之也。所历之城乡，时疫立止，即立庙于治署，朔望朝服祀之。解组奉迎，旋里，祀神像二十有四，购买嵊头山乐姓屋基，立庙祀焉。①

村民的口传记忆与此相类，只是增加了更多的神秘色彩，如雷公背吴太尹公回村过年及傩神显灵保佑村子免受灾难等。②

正是因为这种关系，在傩神庙中享用人间香火的并非只有傩神太子一位尊神，在傩神太子的右侧供奉着土地公公，左侧则供奉着吴太尹公。尽管已有研究者对于吴太尹公与傩神庙及石邮跳傩的关系提出质疑，③但无论是村民的口述记忆，还是傩班的颂词以及其他的一些文字资料，都在不断地强化这一联系。而且，正是因为对此深信不疑，早在光绪年间，太尹公的塑像就名正言顺地进入到庙宇中，开始享受超出于吴氏宗族以外的祭祀。

平日里，傩神庙非常安静，除了村里几个老人轮流在每天傍晚时分到傩神庙掌灯烧香外，多半是空无一人，双门紧锁。但是到了正月里跳傩期间，这里就会

---

① 见清光绪十八年吴其馨修撰《吴氏重修族谱》，卷首第84页。
② 相关的传说故事有："正月初一过大年"、"石邮傩神不派兵"、"潭中锣鼓响"，见《中国民间故事集成·江西卷》编辑委员会编《中国民间故事集成·江西卷》，北京：中国ISBN中心2002年版，第425—426页、427—428页、277—278页。
③ 余大喜、刘之凡《江西省南丰县三溪乡石邮村的跳傩》，台北：财团法人施合郑民俗文化基金会，1996年。

热闹起来。此时,傩神庙的管理者,吴姓头人组织就会走到前台,傩班也会在头人组织的约束下开始一年一度的跳傩。吴姓头人也会安排两位老妇在此照料,头人们会从庙里的收入中给她们一点报酬。

傩神,被一方信众奉祀,它的护佑也必然遍及它的信众,但不可否认的是,奉祀着傩神的庙宇归属于谁却代表着另一种神授的权威。石邮村傩神庙属于石邮村民,更确切地说是属于吴氏宗族。在石邮村的群体记忆中,无论是处于强势的吴姓,还是处于弱势的其他杂姓甚至外村人,都有着傩神和傩神庙的由来与吴姓有关的记忆,有着种种与吴姓相关的灵验传说,更有着吴姓祖先与傩神同祀一庙的事实,和传承至今的吴姓对庙宇和跳傩的管理,这应该说是石邮傩神庙与一般傩神庙的重要区别。

## 三、头人组织与傩班:主与仆

石邮跳傩的组织管理与周边村落一个显著的不同是"管傩的不跳傩,跳傩的不管傩",跳傩的管理权由吴氏宗族中的头人组织①掌握,傩班成员原则上是吴姓之外的村民,本族人员不准跳傩。

吴氏宗族的头人组织 负责合族祭祀和一些宗族事务的处理,现为世袭。头人组织最初由 24 人组成,东位祠 12 人,西位祠 12 人。光绪年间的族谱有载:"祠上办事首士向来按照各房一年轮派,次年更换。贤者愚者无所区别,皆得为祠上首士。"② 由此可知,那时的头人组织不是世袭制,而是轮流制,现在的世袭制应该是光绪十八年之后形成的。在传统乡村社会,头人组织掌握着宗族的权力,从族内的德行教化、仪典规程,到宗族间关系的协调和处理都发挥着主导作用。吴姓在石邮村的主导地位,也就使得管理本宗族事务的吴姓头人组织一定程度上也成为村落事务的主导者和管理者,村落社祭权力也为吴姓头人组织所掌握。

1978 年改革开放,跳傩活动开始恢复,吴姓头人组织在恢复跳傩的过程中又走到前台。也就是此时,头人从 24 人增加到 32 人,刘姓、叶姓和曾姓各有一家

---

① 头人是石邮村民对这些人日常的一种称谓,他们本人也多以此自称;在光绪年间《吴氏重修族谱》和跳傩期间的一些公告中,头人又称为"首士"。在余大喜、刘之凡的著作中,将头人组织界定为傩神会,更多地强调头人组织在傩神庙和石邮跳傩过程中的作用。但我们通过查阅族谱等资料和一些调查,认为头人组织厅固有的宗族属性仍在,在将其作为傩神会的同时,还要看到在宗族意义上的"头人组织"。

② 参见清光绪十八年吴其馨修撰《吴氏重修族谱》,首卷第 157 页。

加入到头人组织中。增加8人中,有2位是当时的大队干部,5位是当时的生产队干部,另外一个是一直在外地做工的吴文龙,增加的这8人后来也实行世袭制。32个头人中还选出6个管事的,被称为"头人中的头人",他们具体负责召集头人开会,在一些事务中承担组织者的角色。头人中的头人,不按年龄选择,一般选能干、勤快、有想法的人担任。现在头人中的头人吴水泉、吴水桃、吴求仔、吴万贵、吴学龙、吴润贵等6人是2005年跳傩后选出的。

石邮傩班的八位弟子　张刚 摄 2007年

在石邮村,对于跳傩人员的称呼有很多种,有称"傩班",有称"跳傩的"。石邮傩班由8人组成,均为吴姓以外的其他杂姓。在石邮村,无论是吴姓自己还是傩班成员,都认为石邮村的傩是曾在潮州海阳做县令的吴太尹公返乡时带回的。对于最初傩班人员的情况,村中有两种说法,一说是吴太尹公当时带了8个仆人来石邮教傩,在石邮教会8个杂姓乡民后,原来8人即离去了;另一说是太尹公带来的8个仆人并没有走,而是在石邮定居下来。这两种说法暂不可考,但对于民众生活来说,历史心性的真实显然比历史的真实更有意义。① 在石邮村,无论是

---

① 王明珂《族群历史之文本与情境——兼论历史心性、文类与模式化情节》,收于周伟洲主编《西北民族论丛》2007年第5辑,北京:中国社会科学出版社,第25—59页。

吴氏乡民还是跳傩的杂姓乡民，都基本认同，石邮的傩就是吴氏宗族的家傩，跳傩的人是吴家的仆人。

头人组织与傩班的主仆关系不仅表现在群体记忆上，还清楚地呈现在对傩班的组织管理和春节期间的傩事活动中。傩班内部有着明确的组织体系。他们根据进入傩班的先后排定座次，依次称为大伯、二伯、三伯、四伯、五伯、六伯、七伯、八伯。只有在八人中有人故去或被头人开除等特殊情况下，才会有新的杂姓人员进入傩班，实现座次的递升。傩班成员进出的决定权就掌握在头人组织的手中，一经参加跳傩，便不可随意离开傩班，直到终老，才算完成跳傩的义务。与头人组织的世袭制不同，傩班人员不实行世袭制，只要不是吴姓即可。外村的人也可以进入傩班，新弟子的入选一般是在腊月时由头人和大伯来确定。要成为傩神弟子，首先要头人和大伯同意，同时还要自己喜欢，要保证不会退出。现在的八伯是2004年腊月加入的，八伯的舅舅是头人，他自己也很喜欢，当原来的大伯罗会友去世，需要补充新人员时，他经头人和大伯的同意才得以进入傩班。

在春节期间的傩事活动中，头人组织的监督无处不在。其中有一个"教傩"的环节，充分表现出头人组织的强势地位。"教傩"在正月十六搜傩前进行。搜傩本身所具有驱鬼性质，关系到村落、家户的安康，忌讳跌跤和磕碰，就是傩班本身也非常谨慎小心。"教傩"是正月十六前搜傩的一次演习，目的是接受头人的审查。2006年"教傩"的地点在东位祠堂，傩班到来前，东位祠堂里已经挤得水泄不通，头人们也都聚到祠堂里。傩班每演示完一次搜傩，头人们就会不客气地指出他们动作中的不足之处，如动作不到位、站位不准确等，然后要求重做。如此反复，直至头人们满意后，方算"教傩"完成。这期间，傩班成员不能发表任何意见。

通过对吴姓头人组织和石邮傩班的描述，我们可以看到管理和展演石邮傩的主体是分立的。这种分立的态势，鲜明地体现出村落的历史记忆、不同姓氏群体之间的交际关系和长期以来的一种生活秩序。主与仆的社会关系就呈现、铺陈、产生和强化在头人组织和傩班的种种规定性上，这既有精神上的需求，也有传统秩序的要求，还有社会生产生活的创造。我们不禁要问，这样一种主仆关系何以维持至今，作为仆人的傩班群体何以如此顺从于这样一种秩序？

## 四、傩神弟子：戴上脸子是神，摘下脸子是人

> 主要是名声嘛！跳傩的红包没有多少，一天下来不够我们打一把麻将。跳傩，与村落的关系会很好，而且神灵保佑嘛！我跳傩，做什么都很顺利。跳傩出外的机会也多，可以见世面。退出会影响名声的，再累就半个月！①

六伯彭春根的这些话深刻地揭示出石邮跳傩为何在今日生活富足而现代的乡村仍遵从于传统秩序的原因。

从信仰层面来看，石邮村处在傩神信仰非常普遍的文化区域中。就信仰而言，无论是吴姓还是其他杂姓都有着精神上的需求，都虔信傩神的力量，希望得到傩神的佑护。然而，石邮傩身上浓重的吴氏宗族的铬印，使其他杂姓村民无法享有吴姓村民同等的权利，同时，无论历史上还是现实中杂姓村民的力量也无法与吴氏宗族抗衡。在这样的情势中，杂姓村民若要满足对灵验、无所不能的傩神的信仰需求，必须在吴姓对傩神庙和跳傩强势的管理权中找到一种策略，从而可以与吴姓博弈，与傩神建立联系。我们没有足够的证据证明最初的傩班成员就是吴姓的仆人，也没有足够的数据说明为什么会有"吴姓不跳傩"这样的规定，但可以确信的是，时至今日傩班成员也不反对主仆关系的说法，同时还在这种自愿或非自愿的认同下，建立了与傩神新的一种认同关系。

在调查过程中，我们注意到傩班成员常自称为"傩神弟子"或"弟子"，这样一种自我的角色定位有着深刻的意涵。在傩神的面前，这些任劳任怨、乐此不疲的傩班成员获得"傩神弟子"的位置，这一位置感，无形中抹杀了作为仆人而言的低下和弱势。形式上，傩班成员是屈从于吴氏宗族组织的权威，但显然这种屈从首先是源于对于傩神的信仰。吴氏宗族对傩神的奉祀主要是通过管理傩庙、跳傩——对傩班的管理实现的，进而获取傩神的佑护，但是作为管理者的吴姓，与傩神之间无法直接实现角色的转换，人与神实际是间离的。与此相异，通过遵从和不计劳苦的跳傩，傩神弟子不但获得期许的慰藉和吴姓没有的技艺才情，还直接与傩神实现角色的转换，人神互显，并成为吴姓与傩神往来的中介和经纪人。

---

① 受访者：彭春根，访谈人：王学文，时间：2006年2月7日，地点：石邮村。

# 第二章　乡村的认同与秩序：江西南丰石邮跳傩中的主仆与制衡

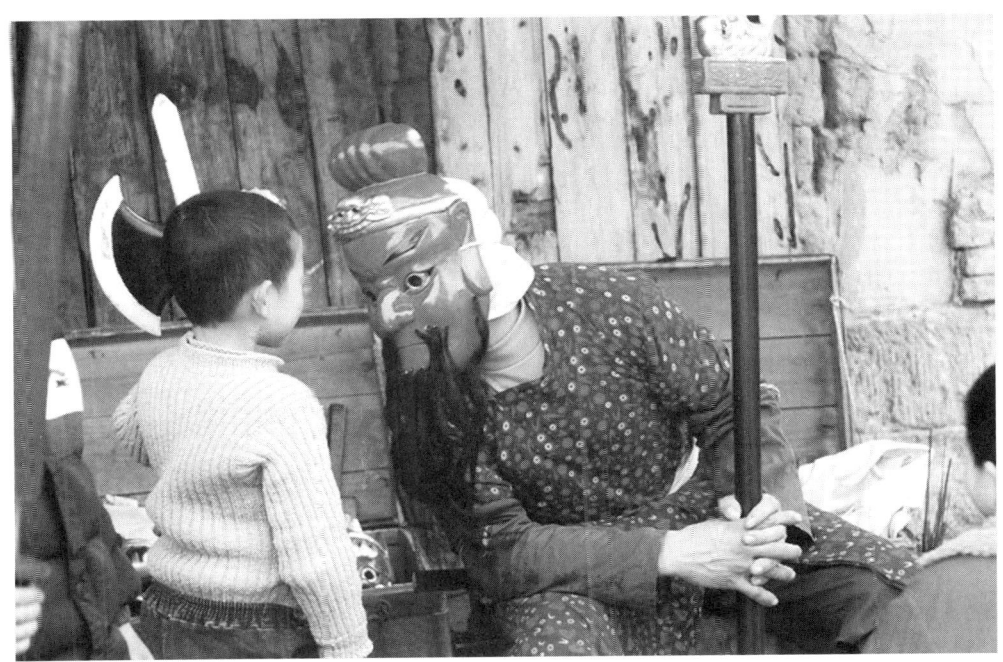

石邮傩中的关公　张刚 摄 2007 年

这正如一位傩神弟子所说："我们都是傩神的弟子，戴上脸子是神，摘下脸子是人。"① 从人与神的关系而言，似乎在跳傩过程中被动已处于弱势的傩神弟子反而是主动与强势的，因为作为管理者的吴姓不得不依赖傩神弟子才能完整的实现与傩神的沟通、交流。当臣服于傩神之前时，傩神弟子显然有更多的心理优势。在傩神弟子看来，他们即傩神的化身，其遵从和坚持是神授的权力，而非屈辱与负累。这种精神上的皈依感、心理上满足感使得脸子外的主仆关系在脸子里消失于无形。正因为脸子如此重要，对它的管理、使用也才在吴姓和傩神弟子之间共谋形成制度性的规定与妥协。

与"傩神弟子"的自我定位相对的是，吴姓村民在日常言语中更多的是称他们为"傩班"或"傩班弟子"。傩神弟子与傩班弟子的意义显然是不同的，传递出不同的认同观念。傩神弟子强调的是人与神的关系，某种程度代表着傩班成员在傩神面前的权力地位；傩班弟子强调的是人与人之间的关系，隐含着主仆的关系。这两个意指同一人群的主位表述共存在村落的生活之中，各自表述，各取所需。通过言语的表达，创造和维系着竞争合作的制衡关系。记忆中的主仆关系、

---

① 受访者：叶根明，访谈人：王学文，时间：2006 年 2 月 10 日，地点：石邮村。

现实中的强弱对比通过与傩神建立起的不同从属关系而获得一种平衡。

当然，指出上述人神关系差异并非要全盘否定吴姓和傩班成员在村落日常生活中的多种不可分割的连接。2006年，傩班八位弟子依次为：罗会武、彭金孙、叶根明、唐贤仔、聂毛富、彭春根、罗润印、张水根，这八位成员加入傩班的时间及背景见下表。从表中，我们可以看到，除罗润印外，其他七位均与吴氏宗族有紧密的关系。另一个不容忽视的特点是，这八位成员祖上或亲属也多为傩神弟子。显然，在以吴氏宗族为主导的这样一个村落社会中，杂姓村民与吴姓保持的这种紧密的关系也不可或缺。一方面，世袭关系使得他们更容易接受和笃信傩神；另一方面，与吴氏宗族的亲戚关系使得他们更容易被头人们同意。这对于进入傩班的其他杂姓来说，同样不失为是一种权利。

**石邮傩班成员情况表**

| 姓名 | 居住地 | 入班时间 | 与吴氏宗族、原傩神弟子关系 |
| --- | --- | --- | --- |
| 罗会武 | 石邮村 | 1959年 | 原大伯罗会友的表弟。 |
| 彭金孙 | 耀里村塘子窠 | 1983年 | 其父彭润仔曾做过大伯，其妹夫为石邮吴令华。 |
| 叶根明 | 石邮村人 | 1988年 | 姐夫为吴润泉，原大伯罗会友是其姨夫。 |
| 唐贤仔 | 耀里村 | 1990年 | 妻子是石邮人，其父唐科贵曾是傩神弟子。 |
| 聂毛富 | 柏仓木江下 | 1989年 | 姑父为石邮吴姓。 |
| 彭春根 | 耀里村塘子窠 | 1992年 | 妻子姓吴，经彭金孙介绍于进入傩班。 |
| 罗润印 | 石邮村 | 未调查 | 与吴姓没有亲戚关系。 |
| 张水根 | 柏仓 | 2005年 | 舅舅吴润贵是头人 |

另一方面，傩班成员之间建立起了甚至更为紧密的关系。傩班的进出制度，充分保证了傩班的稳定性，人员的变动相当缓慢。这些弟子多年在一起跳傩，情同手足。在傩班中，大伯是跳傩等仪式的主持者，同时，他对外代表傩班，接受和传达头人们对跳傩的要求和评判，对内则承担着"家长"、"师傅"、"大哥"的角色，管理傩班，教授新弟子跳傩等。他在傩班中最具有权威，熟练掌握着全部的仪式知识和跳傩程序，在跳傩中他承担的体力性劳动也最少。其他弟子也各自承担着跳傩的任务，互相帮助，从不推诿。在跳傩之外，同为傩神弟子这层关系也多少影响到生产生活中。如七伯罗润印受雇于六伯彭春根，向外地运送桔子。三伯叶根明收桔子时，对傩神弟子的桔子也会另眼看待。当某一傩神弟子家中有事情时，其他傩神弟子也会帮忙。

再则,跳傩被公认为是行善积德之事,是为村落、家庭驱鬼逐疫,祈求平安幸福,因此傩班到每一个厅堂跳傩都会得到热情的迎接。村民对于跳傩的人也心存着感谢,通过跳傩,傩神弟子自然会在村落中获得好的人际关系和名声,这也应该是支持傩班成员跳傩的一个潜在因素。

跳傩结束后,傩班弟子在庙里分米果　张刚 摄 2007 年

另外,跳傩会有一定的红包收入。过去红包收入对于傩班成员来说是否重要不得而知,但从现在来看,这些红包收入是微不足道的。关于傩班收入的讨论请见下文。上文引用的六伯彭春根的话中还透露出一个信息,即外出机会的问题,这是近年产生的一个新问题。因为石邮傩日渐有名,开始有受邀到各地表演的机会。对此,笔者将另文讨论。但我们可以确认的是,因为会跳傩而获得外出见世面的机会显然是当下对傩班成员一种莫大的鼓励。

总之,傩班成员的遵从和坚持,首要的是对傩神的信仰、认同,对傩本身的爱好。在石邮傩的传衍过程中,传承者对名利、身份的追求如有的话,也相对处于末路。无论是吴氏宗族还是傩班成员,都不反对他们在各自体系中对傩班和跳傩的表述。对主仆关系的认同和作为傩神弟子的认同迭合在一起,而又实现着各自认同的价值,从而成就出一种"迭合认同"(adhesive identities)[①]。在生活中的主仆关系与在傩神面前主仆关系的巧妙转换,和谐共存,满足了各自在身体上的、心理上的、社会上的需求。

## 五、跳傩:严格的程序

石邮村的跳傩程序非常复杂,且表现出极强的规定性。跳傩的日程和顺序是固定不变的,正月初一起傩,跳傩的顺序是"东位花寝西位祠,西位花寝东位祠",然后是东边巷的吴太尹公的老厅堂。初一跳傩与之后跳傩的不同在于,初一只在吴姓的祠堂和花寝跳,唯一跳的厅堂也是与村民所讲的傩神来历有关的吴太尹公的老厅堂,同时,东、西位的祠堂与花寝要错开跳。这些制度化的安排,充分显示出吴氏宗族在跳傩期间的权威性,也显示出吴氏宗族内部,即东、西位之间的平衡关系。从初二到初九,傩班都是在本村跳傩。原来村内跳傩是从初一到初八,后来因为村中家户多了,所以头人们决定村内跳傩延长了一天。正月初十到十六,傩班到外村跳傩,正月十六晚上在村中搜傩。搜傩的顺序和路线也是规定好的,跳傩和搜傩的日程、路线的确定和变更权由头人组织掌握。新盖的家户,如果要请傩班演傩,首先要向头人们申请,头人们同意并确定了时间后,就会通知傩班。近年来,石邮家户越来越多,演傩的路线时有调整,但都是微调。如有人擅自变更跳傩、搜傩的顺序,势必会引起村里的不安,2006年就发生过这样一件插曲。

按规定,吴伯亮家是初六跳傩的最后一家,跳完后,由他家供饭。但是,当傩班在吴伯亮父亲家跳傩之际,吴伯亮将傩违背常规的接到自己家。按他的说法,是因为晚上将有客人,吃饭时不方便接傩。但是,这一举动打破了原来的顺序。本应接傩的吴福田家非常生气,一气之下,出去打麻将,不接傩了。其妻封珍

---

[①] 迭合认同是杨凤岗在进行美国华人基督徒研究时使用的一个概念,指多种认同迭和在一起,而又不丧失任一认同的独具特征。这一认同理论的提出,有力地纠正了"非此即彼"式的、单一维度的认同解释逻辑,为我们理解多种认同共存的现实提供了一种新的路径。就石邮傩而言,人们有共同的傩神信仰,但不同的群体对其有着不同的认同需求、认同解释和认同的实现策略,同时同一群体对其也有多个层面的认同,如信仰层面、情感层面、社会交往层面等。这些多元的认同共存于一体,此消彼长,从而逐渐形成一种相对稳定的社会运行状态。参见杨凤岗著,刘海涛译《皈依、同化和迭合认同——北美国华人基督徒研究》,北京:民族出版社2008年版;方文,《迭和认同:"多元一体"的生命逻辑——读杨凤岗〈皈信、同化和迭合身份认同:北美华人基督徒研究〉》,《社会学研究》2008年第6期,第214—223页。

正月初一花寝跳傩　张刚 摄 2007 年

云讲：

  吴伯亮这么一搞，后面几家非常不愿意。他不能这样，都是一支，既是邻居又是亲戚，要说一声。以前都是按顺序，今年一下子就改了，太霸道了，都是邻居，从不将邻居放在眼里，让人心理很不舒服。别人都说我，轮到我家，我先接走就行了，他也不会抢。但去了几次，还是没接到。我同大伯说，怎么不早打招呼。大伯说没办法呀。他先接了。①

  这一打破常规的意外事件引起了村里人的热议，人们纷纷指责吴伯亮这一行为不妥。这一情况也迅速被反馈到几位头人中的头人那里，在发生此事的第二天，我听到了头人的意见。

  这样做非常不对，容易引起纠纷，甚至于打架。谁先谁后是有规矩的，已经排好了，就不应该随意改变。应该会在十七圆傩后，有人会提出这件事。届时，

---

① 受访者：封珍云，访谈人：王学文，访谈时间：2006 年 2 月 3 日，访谈地点：银杏树下。

会同吴伯亮说以后不要这样了。①

果然，在圆傩后，这一事件在头人的会议上被提起，头人们对此提出了严厉的批评，重申跳傩路线不能随意变更。

就傩班而言，虽然接傩不由他们控制，但他们也觉得不合适。于是在吴伯亮家跳完后，没有吃饭没有谢礼，就马上到吴福田家跳傩。2007 年，我回访石邮村时，这一事件仍为村民所提起。我们看到，事件发生后，村落中便弥漫着一种不安的情绪，头人和傩班马上想办法消除。虽然这一事件没有产生过激的后果，但它已经成为村民跳傩记忆的一部分，成为破坏常规的反面教材。

这就是石邮跳傩充满规定性的一种体现。傩班在村中穿梭时走的路，也有规矩，都要走村里的"老路"，不能为了图便利，走新开的路。傩班跳傩过程中在哪家吃饭，哪家吃点心，吃饭时的座次等都有严格的规定。而这一切，都在头人们的监督之下，稍有不注意，便会招致头人们的批评，所以在跳傩、搜傩期间，傩班成员面对头人时都很谨慎。我们在同傩班成员聊天时，如有头人在场，他们马上会敛气息声。

石邮跳傩的一个节目《傩公傩婆》　张刚 摄 2007 年

---

① 受访者：吴水泉，访谈人：王学文，访谈时间：2006 年 2 月 4 日，访谈地点：吴水泉家。

不仅日程和路线有规定性，每个厅堂跳傩的内容和搜傩的方式都要遵循旧制，傩班不能随意更改。石邮傩班全套有 8 个节目，一般表演顺序如下：开山、纸钱、傩公傩婆、酒壶仔、跳凳、双伯郎、祭刀。大部分厅堂要跳全套，但在花寝及 3 家的厅堂只跳 5 个，还有 2 家的厅堂只跳 6 个。搜傩也要按照头人们事先定好的顺序进行。搜傩一般只在厅堂中搜，但有 3 家要搜到每一个房间。①

## 六、傩神庙与傩班的收入

在春节跳傩期间，傩神庙和傩班能够有一定的收入。

傩神庙的收入由吴姓头人组织管理，收入的来源主要有功德箱及外来拍摄人员的办证费。因为近年春节时到石邮考察跳傩的新闻媒体特别多，头人们经过开会商议，决定到傩神庙拍照和摄像的都要办理"石邮傩舞拍摄、摄像许可证"，并收取管理费。2006 年，管理费是每人 50 元。

据调查，2005 年庙上收入大约 3000 多元。2006 年，初一清理时 6 个头人全到了，清点金额为 1390 元。初四负责清点的是吴求仔、吴学龙和吴水泉，金额为 270 元。我在 2007 年 1 月第二次到石邮时，曾看到头人组织的账本，账本上显示，至 2006 年 11 月庙上还有 1 万余元的结余，这些钱主要用于庙里的一切开支，如开光、打醮、请庙斋婆、赊买烟花爆竹等。当这些钱不足以支持这些开支时，头人组织就会向村里人摊派，无论是杂姓和吴姓都一律按人头缴纳。"只要说是庙上的事，村里人都会很愿意拿钱，比政府收税要容易"。②

傩班的收入主要是各厅堂跳傩时，主人所给的红包。石邮傩班在村内跳傩时，收到的红包非常有限。村里人说，傩班是吴姓的家傩，最初跳傩的弟子们都是吴家的仆人，主人给仆人红包只要意思一下就行了，不需要太多。2006 年，石邮村各家户给傩班的红包在 1 元 8 角、2 元、4 元不等。这样的红包，相比石邮村各家较高的家庭收入而言，实在微不足道。而在外村，由于没有主仆认同的潜在约束，傩班所得的红包比村内要多一些。

---

① 各厅堂跳傩和搜傩的区别，有多种原因，如原厅堂曾经为私塾，则不跳《傩公傩婆》、《双伯郎》、《跳凳》；如原厅堂建造时不吉利，则进行搜间。村民对这种区别没有比较明确的解释，只认为这是旧制。跳傩、搜傩的详细描写请参见余大喜、刘之凡《江西省南丰县三溪乡石邮村的跳傩》，台北：财团法人施合郑民俗文化基金会，1996 年。

② 受访者：吴水泉，访谈人：王学文，时间：2007 年 2 月 2 日，地点：石邮村。

傩班跳傩拿到的红包于当天下马①后便进行分配，按原来的规矩是：初一至初九在村内跳傩所得的红包收入傩神弟子平分，初十至十六外村跳傩所得的红包则要留着集中使用，其分配方式是：一是给傩神庙留下 100 元，二是留下 100 元请头人吃饭，三是留下傩班自己过上年②和安座时吃饭的开支。③ 2006 年调查时，我们看到，初一至初九的红包仍旧是傩神弟子平分，初十至十六外村跳傩所得的红包一般都要除去傩班开支和预留一部分后，再行平分。分配时，如果某天出现不好均分的，则将零头存在四伯处，计入第二天的红包收入中进行平分，预留的钱也主要用于以上三个方面。

石邮傩中的大鬼准备上场
张刚 摄 2007 年

1992 年和 1993 年，石邮本村每户红包最多 6 元，最少为 2 元 4 角，外坊最多为 12 元，最少为 4 元。除去各项开支，1992 年傩班每人分得 113 元，1993 年分得 130 多元。④ 2003 年，傩班成员每人分得 360 元。⑤ 2006 年，傩班成员每人分得 500 多元。

---

① "下马"是指一天跳傩结束，回到傩神庙后举行的一个仪式，意在向傩神汇报一天跳傩的情况，请傩神归位，与此相对的是"起马"。

② "过上年"是指正月十五元宵节。傩班正月十五在外村跳傩回到村中后，要在傩神庙中聚餐并进行祭拜过世傩神弟子的一个仪式，此仪式后将进行"教傩"。

③ 傩班初一跳傩时吃的饭、搜傩前吃的起马饭、回请头人的头人饭，以及将傩神安座时产生的费用均由傩班来承担。参见余大喜、刘之凡《江西省南丰县三溪乡石邮村的跳傩》，台北：财团法人施合郑民俗文化基金会，1996 年，第 100 页。

④ 余大喜、刘之凡《江西省南丰县三溪乡石邮村的跳傩》，台北：财团法人施合郑民俗文化基金会，1996 年，第 103 页。

⑤ 王真彦《傩：对一种仪式戏剧的田野调查及其他》，南京师范大学硕士学位论文，2004 年，第 30 页。

第二章　乡村的认同与秩序：江西南丰石邮跳傩中的主仆与制衡

**2006 年春节傩班红包收入情况**

| 时间 | 跳傩地点 | 厅堂数 | 总计 | 傩班个人 | 剩余 |
|---|---|---|---|---|---|
| 正月初一 | 本村 | 1 | —— | —— | —— |
| 正月初二 | 本村 | 18 | 184.00 | 23.00 | 0.00 |
| 正月初三 | 本村 | 22 | 281.80 | 35.00 | 1.80 |
| 正月初四 | 本村 | 21 | 226.80 | 28.00 | 2.80 |
| 正月初五 | 本村 | 13 | 144.40 | 18.00 | 0.40 |
| 正月初六 | 本村 | 18 | 166.20 | 20.00 | 6.20 |
| 正月初七 | 本村 | 21 | 248.60 | 31.00 | 0.60 |
| 正月初八 | 本村 | 24 | 212.40 | 26.00 | 4.40 |
| 正月初九 | 本村 | 23 | 296.00 | 37.00 | 0.00 |
| 正月初十 | 河陂村 | 41 | 647.60 | 52.00 | 107.60 |
| 正月十一 | 柏苍村 | 43 | 599.60 | 60.00 | 119.60 |
| 正月十二 | —— | —— | 640.00 | 80.00 | 0.00 |
| 正月十三 | 饶上村 | 30 | 526.80 | 41.00 | 227.80 |
| 正月十四 | 饶上村 | 29 | 560.70 | 42.00 | 124.70 |
| 正月十五 | 塘子窠 | 19 | 324.70 | 41.00 | -3.30 |
| 正月十六 | —— | 23 | 357.00 | 0.00 | 357.00 |
| 总计 | —— | 346 | 5,416.60 | 534.00 | 949.60 |

（注：正月十二、十六傩班所去的村子的村名需进一步调查。）

以上的调查进一步印证了我们前面的描述分析。一是收红包不是支持傩班成员坚持跳傩的主因，据统计，从初一至初九在村内跳傩弟子们每天平均收入不足 25 元。石邮 160 个厅堂，每个厅堂给的红包不到 2 元，而 2006 年石邮特产"南丰蜜桔"批发出村的价钱是 1 斤在 1.5 元至 2.5 元。石邮村中一早摊点一份早餐也要在 2 元以上，而村民们热衷的麻将每局的输赢也多在 10 元以上。就傩班成员而言，他们的生活水平在村中都居于中等甚至偏上的水平，如三伯叶根明、六伯彭春根都在从事着桔子贩卖的生意，七伯罗润印有一运输车。跳傩的红包收入对于他们来说意义不大。二是村内低廉的红包和本村夕村收入的差别，从侧面反映出吴姓村民根深蒂固的高高在上的优越感。沿袭以往，吴姓村民依然将石邮傩视为吴姓的家傩，跳傩是傩班的义务，无须给太多的红包。三是从已有的资料来看傩班本村跳傩的收入一直保持在一个很低的水平上，没有随着石邮村民收入的增长而同比增长。这也说明至少从20世纪90年代以来，出于固有的对傩神的信仰和村落旧有的群际关系、生活秩序、权力格局，石邮村民对傩的态度和认知基本没有变化。

## 结语：主仆与制衡

石邮的跳傩，俨然是村落传统秩序的一次次重演和确认。每一个环节都有多种力量在掣肘，每一次变动都引人关注，需要各方的协调。就局外人而言，很难解释这一仪式稳固传承的原因，更难理解傩班成员为何在今天仍顺从吴氏宗族的权威。但是当我们将其"作为村落生活与文化体系中的乡民艺术"① 时，迥异于他者的石邮跳傩的传承现状或者并不难理解。

石邮所在的南丰县，傩文化深厚。② 这一区域的人们，时至今日仍在实践着用傩来驱鬼逐疫的信仰，傩是石邮村的信仰核心。围绕着石邮傩神的种种灵验传说和失火事件，不断地塑造和强化着傩神的权威。对于吴氏宗族来说，傩神就是他们的家神，是家族的保护神，在它的身上承载着一个家族的记忆。傩神弟子，虽不是吴姓子孙，但他们通过加入傩班，得以与傩神建立了一种直接的神圣的精神契约，他们任劳任怨地跳傩，得到傩神的护佑的同时还护佑他人。在傩神面前，尤其是在跳傩、搜傩现场，即只要戴上脸子时，傩神弟子与吴姓的宗族成员是平等的，甚至因人神直接互换的关系还要高于吴氏宗族成员。与在跳傩前后受到头人们的种种约束相较，这样一种一年一度短暂的精神上的平等、愉悦与惬意，迥异于日常生活的反结构关系对于傩神弟子显然至关重要，而且在某种意义上可以视为是日常生活中处于劣势的傩神弟子生命的象征性的支点。③ 在共同的傩神信仰

---

① 参见刘铁梁《作为村落生活与文化体系中的乡民艺术》，张士闪著《乡民艺术的文化解读》（序言），济南：山东人民出版社2006年版。

② 参见曾志巩《江西南丰傩文化》，北京：中国戏剧出版社2005年版。

③ 然而，我们必须看到，这种"非常"中所体现出的反结构关系，只有在面对傩神、作为其弟子进行跳傩时存在，而且还主要存在于心理层面。石邮傩的展演时刻都在繁多规矩的笼罩下和头人们的注视中进行，因此，我们不能过分强调石邮傩的"日常/非常"、"严肃/游戏"、"紧张/松弛"、"秩序/反秩序"，也不能简单理解为"狂欢"的表演。参见李丰楙《严肃与游戏：从蜡祭到迎王祭的非常观察》，台湾《民族学研究所集刊》第88期（1999年），第135—172页；李丰楙《由常入非常：中国节日庆典中的狂文化》，《中外文学》22（3）（1993年），第116—150页；李丰楙《台湾庆成醮与民间庙会文化：一个非常观狂文化的休闲论》，《寺庙与民间文化研讨会论文集》，台北：天恩出版社1995年版，第41—64页；巴赫金著，白春仁、顾亚玲译《陀斯妥耶夫斯基的诗学问题》，北京：三联书店出版社1988年版。

下，主仆认同与傩神弟子的认同巧妙地实现了各自地认同意义，构建、呈现和维系了石邮傩的"德行"。

正月十六晚沿门搜傩　张刚 摄 2007 年

当然，深厚的傩神信仰只能部分地解释石邮傩的现状。石邮跳傩稳固地展演、传承到今天，还与充满制衡的传统生活秩序有关，即"东西位、里外围"的村落格局，傩神庙所具有的村庙与家庙的双重属性，跳傩的与管傩的分立，吴氏宗族、傩班与傩神的关系等。所谓制衡，就是各方既相互竞争也相互合作，以及由此形成的人与神、群际之间、群体内部等多种的迭合认同。在对傩神的敬拜关系中，不同人分担了不同任务，扮演了不同角色，建构着与傩神之间的关系。其次是吴氏宗族与村中杂姓的关系，双方地位的不平等、不均衡是历史记忆，也是现实情势。管傩和跳傩上的分立，恰如其分地反应和阐明了这种不平等与不均衡。再次是吴氏宗族两房之间、杂姓之间的关系。就吴氏宗族二房而言，在面对跳傩这一问题时，他们谨慎地处理两房在权力和责任上的平衡的同时，又被紧密团结在一起。就村中杂姓而言，他们因为跳傩而结成一种新的关系，在面对强势的吴氏宗族时，这显然有着重要的现实意义与象征意义。正因为有在傩神关系上的竞争合作，有吴氏宗族与杂姓的竞争合作，有吴氏宗族内部的竞争合作、杂姓之间的竞争合作这种种制衡的存在，石邮傩才表现出稳固传承、规矩严格的特质。

制衡一方面维护和满足了吴氏宗族关于主仆关系的记忆,另一方面也使在地域社会中处于劣势的杂姓人家参与到村落的生活政治之中。通过成为傩神弟子,他们与吴姓之间的共谋得以形成,即共同谋求家户平安,谋求村落和谐。同时,同为傩神弟子的身份认同,也促成了傩班本身结成一种紧密的关系,在村落生活中更加容易形成相对于吴氏宗族而言的同处于弱势的杂姓之间的协作,使杂姓作为一个整体与吴姓之间展开交流、交换和对话。与吴氏宗族达成的关系以及傩神弟子之间的关系,无论是在稻作为主业的时期,还是在当前的桔树种植经营过程中,都有重要的现实意义。

从形而下的层面而言,制衡的主导仍在于吴氏宗族,他们掌握着傩神庙和跳傩的管理权。吴氏宗族与傩神庙的渊源关系,和吴氏在石邮村的绝对主导地位,使傩神庙被牢牢地掌握在吴氏宗族手中,吴太尹公进入傩神庙就是一个无言的证明。正因为吴氏宗族拥有这一管理权,才使其能够约束和管理傩班的行为。谁掌握这一权力,谁就拥有了重新诠释仪式意义,改变仪式内容的力量。只要石邮村的吴氏主导地位没有改变,这一制度就有可能一直延续下去。

巧妙的主仆关系的构建和制衡的生活秩序,不仅有效地支撑和约束了石邮村的跳傩,而且从目前来看,它有效地避免或延缓了石邮傩走向"民俗学主义"①的危险。传统上石邮村的跳傩只能在春节期间进行,脸子也只能在春节时才可以取出,但在社会拥有较高知名度的石邮傩舞,经常被邀请到省外甚至国外进行"表演",为此,吴姓头人组织给出了对策,一是傩班出去必须经头人同意,一般应有头人跟随;二是制作两副脸子,一副用于村内跳傩,一副用于出去演出;三是出去表演的邀请方要分别给头人组织和傩班费用。大伯罗会武也风趣地讲:"出

---

① "民俗学主义",指第三者对民俗文化的利用。《日本民俗学》的"民俗学主义专号"将其定义为:"人们轻易挪用民俗文化要素,通过只保存表面部分的表演和传统性的自我扮演,来满足那些生活在都市的观光客等人的怀旧心理或需求的状况与现象,它同时也指思考那些生活在都市的现代人为什么向往这种朴素性的分析框架。"在此基础上,岳永逸针对当下华北乡村民俗传衍的现况,对"第三者"进行了再界定,将包括民俗传承者在内的多个异质性群体都视为第三者,并指出:这些乡民自己并非褊狭机械地固守传统,他们会按照他们对他者、对社会、对国家、对民俗事象的理解,灵活机动地传衍这些民俗,从而赋予在他者看来"淳朴"的民俗以新的生机。有关"民俗学主义"的探讨请参考(日)河野真,周星译《Folklorism 和民俗的去向》,收入中国民俗学会秘书处编《中国民俗学会成立 20 周年学术研讨会论文集》2003 年版,第 80—81 页;(日)西村真志叶、岳永逸《民俗学主义的兴起、普及以及影响》,《民间文化论坛》2004 年第 6 期,第 70—75 页;王霄冰《民俗主义论与德国民俗学》,《民间文化论坛》2006 年第 3 期,第 100—105 页;(日)西村真志叶《民俗学主义:日本民俗学的理论探索与实践——以《日本民俗学》'民俗学主义专号'为例》,《民间文化论坛》2006 年第 6 期,第 58—66 页;岳永逸《乡村庙会的多重叙事:对华北范庄龙牌会的民俗学主义研究》,《民俗曲艺》(台湾)总第 147 期(2005 年),第 101—160 页。

去跳傩必须要头人们开会同意才可以,要不然,回来就会挨训的。"①

进入 80 年代后,与众多民间表演一样,傩班受邀出外跳傩的事情越来越多。傩班到过北京,也去过日本,这些违背常规的跳傩有些是来自行政体系的指令,有些是纯粹的商业演出。虽如此,石邮的傩班又与其他一心求名求利而外出的民间表演不同,他们还是较少外出,尽可能坚守传统,这显然不仅仅是管傩与跳傩在这里的分离,也非当下传承者的故步自封,而是处于他们对傩的理解、笃信,和一直存续且未发生实质性变化的村落生活秩序的约束。对这些淳朴、认真、执着的乡民而言,傩是表演给人看的,但又绝对不仅仅是表演的。它既是傩神的,也是他们日常生活的一部分,更是他们生活秩序的戏剧化再现、戏仿与反讽。

综上所述,正是这迭合认同的主仆关系,和人与神之间的制衡、人与人之间的制衡、身与心的制衡,塑造了石邮傩特殊的"德行"——在社会快速发展的今天仍坚守着传统。当我们忧虑传统变迁剧烈,民间文化越来越多地被"民俗学主义"的今天,石邮的跳傩就像一股清新的风,让我们为之一振。保护和传承石邮傩的方法,不是重修庙宇、包装上市,而是保护这种信仰,保护这种巧妙地认同智慧,保护这种制衡体系。在当前正轰轰烈烈进行着的非物质文化遗产保护工作中,在政府、学界苦苦追寻着的活态保护的美好目标下,我们要更多地关注和分析非物质文化的传衍机制,一种拥有内发动力和制衡机制的文化在面对任何的变迁时都会非常从容而自信地做出选择!

---

① 受访者:罗会武,访谈人:三学文,时间:2006 年 2 月 12 日,地点:石邮村。

# 第三章　乡村信仰的嬗变：
# 河北赵县豆腐庄的皇醮会

## 引　言

　　河北赵县范庄龙牌会在民俗学界享有很高的知名度，学者对它的关注已有近30年的历史，相关的研究成果已经非常多。① 在关于龙牌会神马来历及村际关系的民间叙述中，常提到"对子村"豆腐庄（当地人也常写成豆付庄）的名字。除极个别的学者之外，② 豆腐庄及其皇醮会（村民亦称为醮会或皇醮大会）并没能引起研究者的足够重视。2003年，我们在赵县"梨区"进行庙会调查时，来到豆腐庄，并有幸参与观察了豆腐庄醮会的整个过程。③ 这里我们将调查整理成文，希望能够在与龙牌会形成对照的同时也加深对龙牌会的认知。另外，与学界目前对华南醮会汗牛充栋的调查、研究迥异，有关华北醮会的调查仍然罕见，以至于学界普遍有着"华北没有醮会"的印象。④ 因此，该报告也希望较为详细地呈现出一个华北乡村今天仍然在传衍的醮会的诸多面相，从而为与华南醮会的比较提供一个个案。

---

　　① 周虹、王斯福、岳永逸、刘铁梁、刁统菊，高丙中等均发表有相关论文，具体可参见书后参考文献。
　　② 参阅岳永逸《乡村庙会的多重叙事——对华北范庄龙牌会的民俗学主义研究》，第115页。
　　③ 梨区是一个学术名词，既是一个自然生态区也是一个文化生态区，具体所指可阅岳永逸《庙会的生产》，北京：北京师范大学博士学位论文，2004年，第28—52页。
　　④ 关于华南醮会已经有很多调查研究，如叶明生、刘远编著的《福建龙岩市苏邦村上元建幡大醮与龙岩师公戏》，陈雄、梁印浩关于泰宁城关庙会、节庆及打醮的研究，蔡志祥的研究等，具体要参见书后参考文献。可喜的是，关于华北醮会的调查报告也已经开始出现，如杜学德《邯郸县东扶仁等五村的玉皇圣醮仪式》，收于杜学德、杨英芹、李怀顺编著《邯郸地区民俗辑录》，天津：天津古籍出版社2006年版，第103—115页。

# 第三章 乡村信仰的嬗变：河北赵县豆腐庄的皇醮会

2003 年 7 月，我们赴赵县梨区进行庙会调查，正好遇上处于农耕区的豆腐庄在农历六月二十九到七月初一举行醮会。于是，我们随即改变了原定的调查计划与行程，随龙牌会的会首刘苏军、田银庆等人一道，从范庄出发前往豆腐庄参加醮会。由于刚雨过天晴，约 15 千米的路程，我们骑摩托却花费了近一个小时。在此，我们要感谢刘苏军、田银庆的帮助，更要感谢我们的主要报告人，时年 80 岁的豆腐庄徐书华老人，我们整个的调查过程几乎都是在老人的引导下完成的。老人在村中是德高望重的长者，也是"埋猪头"仪式的实践者。

豆腐庄醮会的醮棚　岳永逸 摄 2003 年

## 一、村落概况

豆腐庄隶属于赵县前大章乡，在赵县县城东北边，距离县城约 10 千米，在范庄的西北部。豆腐庄名称之由来，传闻与当地人善做豆腐有关，但今天村子中做豆腐的人已经很少，只有两家。作为传统的农耕区，豆腐庄一度曾经是赵县比较富庶的村庄，但现今已经相对贫穷。当地两年三熟，主要种植玉米、黄豆、棉花、花生、小麦、谷子等农作物。包产到户后，因前几年的梨价下滑，曾一度栽种的梨树被村民刨去。按 2000 年的人口统计，豆腐庄有 2430 人，可耕地总面积 6108 亩，现人均耕地 1.7 亩，上报的人均年收入是人民币 2800 元（后文的钱数都是人民币），但就实际情况而言，村民人均收入尚不到 2000 元。村中除砖窑和面粉厂之外，无别的企业。如今，这些村办企业已承包给私人。

村民习惯上把村子中东西大街以南的部分称为前街，而把东西大街以北的部分称为后街。尽管村民相互之间比较熟悉，但一般而言，前街与前街的人、后街与后街的人要更熟识得多。村子里的姓氏有徐、康、杨、王、张、施、侯等，前三姓是大姓，以徐姓人最多。

村民的通婚范围一般保持在方圆 10 里之内，随着人口的增加，现在本村通婚的也有增多的现象。与附近的梨区相较，这里的彩礼要高出很多，前几年是 1.5 万左右，现在升到了 2 万元，嫁妆同样也要比彩礼要多出些，一般多 3~5 千元不等，但是，男方家修房是不计算在内的。现在，村民申请修房都是按统一规划在 20×16.7 平方米大小的范围内进行。按当地通常的标准，修建好一处住房现在常要花费 10 万元左右。与梨区不同的是，当地基本不存在"换小帖"的现象。①

村民自己评价说"村子中基本没有闲人"、"这是一个勤劳的村庄"。确实，就是在比较闲暇的冬日，除用拖拉机从村中的砖厂向附近的村庄运送砖之外，人们还常常到附近村子找些活干，挣些钱以补贴家用。与梨区村庄不同的是，这里虽然以农耕为主，但村中读书的氛围甚浓，每年村中几乎都有 10 来个人能考上国内比较好的大学。可这些外出接受现代教育的豆腐庄人如果在醮会期间回到豆腐庄，也会与其他村民一样参加醮会，有的还专程从外地赶回来参加，祈求"神神（shénshen）"保佑自己以及家人的平安、顺利与吉祥。②

在新中国成立前，与赵县众多的村庄一样，豆腐庄四周也有着不少庙宇，村北是南海大士庙，村东是牛王庙，村南是关爷庙。这三个庙宇的形制都很小，也没有庙会，这些庙宇均在"文革"前后被毁。相反，七月初一的皇醮会和三月十五的菩萨会（主要祭拜三皇姑）这两个临时搭棚的庙会在村民的信仰生活中占据了主体位置，皇醮会还一直延续到今天。③ 虽然，天主教曾较早地就传播到该村，

---

① 作为传统的娃娃亲的变通形式，换小帖是梨区现今仍然较为普遍存在的婚俗，参阅岳永逸《传统的动力学：娃娃亲的现代化生存》，《北京师范大学学报》（社会科学版）2005 年第 6 期，第 69—78 页。

② 通常，人们将神灵、仙家（有时又称师傅）等所有超自然力量概称为神神。

③ 据徐书华等人回忆，1937 年以前，每年三月十五，村民都在村南的地中搭建茶棚，供奉三皇姑，并且为途经此处前往苍岩山朝山进香的香客、香会提供茶水和休息之所。当有三皇姑神驾经过时，村民还要烧香烧纸接驾。那时，人们一般是在三月初九搭建茶棚，三月十六拆棚。现在，行好的仍然在村委会院南侧的五保户院中搭棚供奉三皇姑，时间是三月十一到十五，但与醮会不一样，是时前往棚中烧香敬拜的仅仅只是本村人。

但现在仍然只有16户人家,计63人信仰天主教,而且基本是上辈人传下来的。当问及"信"什么时,村民一般都会脱口而出"信仰玉皇","都是行好的"。①对于信奉天主教的村民,行好的习惯说"奉教的"。一般的行好的村民家中都供奉有家神、门神、土地、仓官、灶王、财神等神神,除鸿君老祖等之外,家神还有供奉关公、老母和三皇姑的。

信仰之间的关系是紧张的。在豆腐庄行好的看来,奉教的生活似乎都偏于贫穷的,穷户多。行好的也认为奉教人家的孩子都有些傻气,并还分析说可能与婚配范围的有限造成的近亲结婚有关,因为奉教的规定奉教的只能与奉教的结婚。

赶豆腐庄醮会的人群　岳永逸 摄 2003 年

除今天仍在实践的醮会、信仰外,对豆腐庄人而言,在他们心中会永远留下记忆的就是日本鬼子1937年农历九月初九(公历10月12)在这里制造的骇人听闻的"九九惨案",村民习惯将此惨案称为"事变"。对豆腐庄人而言,这一事变就相当于比豆腐庄人更大群体的中华民族曾经历的七七事变,这一事件造成170余村民,即近三分之一村民的惨死。如今,从死人尸体堆和鲜血中爬出的张傻泥老人仍然健在。惨案不仅在村民心中留下深刻记忆,也深深地影响着豆腐庄人的生活和思考。事变过后,村中不少人参加了军队,直接拿起枪抗击侵略者,醮会

---

① 关于行好的在当地的多重所指,参阅岳永逸《庙会的生产》,北京:北京师范大学博士学位论文,2004年,第26页。

也从此中断，醮棚中的神马也化整为零地分到了各小队，醮会也转入了家户之中时断时续地小规模进行。

## 二、对子村

在赵县，"对子村"是两个相距甚远的村落由于某种原因，相互之间有着历史认同的亲情化表述，至今它仍然是赵县特定的不相邻的两个村落之间对第三者表达它们相互认同的语汇。豆腐庄与范庄之间就有"对子村"之称，因为范庄靠东，豆腐庄靠西，两村的村民习惯称范庄为"东头"，豆腐庄为"西头"。如今，两村村民对其良好关系的历史和现状都是共认的，并强调两村村民在任何时候之间那种融洽和互帮互助的关系。但是，对于两村过会时醮棚中除主祀神之外的其他神马都一样的原因，双方的表述则有着差异。①

豆腐庄人说范庄的龙牌会是向自己皇醮大会学会的，早期的龙牌会经常向皇醮大会借神马，在慢慢地将皇醮会的神马画完之后，就不再向皇醮大会借了。事变前，徐书华就曾亲眼目睹范庄龙牌会派人前来借神马的会头都身穿前清的衣服，将玉皇神马顶在头顶上出村的情形。同样，二村举办醮会时的主持仪式的都是赵州城关爷庙的道士。但是，范庄人对这种记忆是相当模糊或避而不谈，尽管他们会强调自己村与豆腐庄的关系如何如何的好，可在问及具体原因时，总是以"不清楚"作答，龙牌会的会长史振珠说："不论是什么原因，两村之间老辈人就有的关系，今天因为庙会得到了延续，这就是最好的。"②

考虑到今天龙牌会的赫赫声势、皇醮会的相对萎缩和两个村庄村民的不同表述，可以大致断定二者之间曾有过渊源。确实，当今虽然两村村民之间的来往不一定密切频繁，但皇醮会和龙牌会两个庙会组织之间来往是密切的、周期性的。让豆腐庄行好的自豪的是，2002年由于种种原因，在龙牌会没有给包括外来学者和他村香客在内的外村人提供斋饭的时候，独独把来自豆腐庄的善人请到饭馆吃饭。在两村庙会举办的时候，双方总是早早地就赶往对方的庙会，敬拜唱诵对方

---

① 2003年，龙牌会虽然修建起了一座很恢弘的"庙"，但所供奉神灵及其布局并未发生太大的变化。在未建庙之前，龙牌会一直都是搭棚过会。1996年龙牌会醮棚所供神祇，冯敏、钟雅君有过详细的记载（参阅陶立璠《民俗意识的回归——河北省赵县范庄村"龙牌会"仪式考察》，《民俗研究》1996年第4期，第34—43页）。将此记载与本文的附录二比较，我们就会发现这两个对子村的"会"之间的相似性。

② 受访者：史振珠；访谈人：岳永逸、王学文；访谈时间：2003年7月26日；访谈地点：赵县范庄龙祖殿。

醮棚中的神灵。随着时代的发展和社会的变迁，豆腐庄醮会现今的规模远远逊色于龙牌会。龙牌会过会是从不向外村发放会启的，龙牌会的男性会头也仅仅前往梨区铁佛寺等可数的几个规模较大的庙会，但豆腐庄醮会是他们必去的，至少会派两个主要负责人前往。2003年，龙牌会会头史振珠原计划是要亲自前往豆腐庄过会，由于镇上开会，于是就让两个副会长刘苏军、田钰庆前往。

## 三、豆腐庄醮会

### （一）醮会的历史

豆腐庄皇醮会，究竟起源于何时没有确切的记载，也无人能说清，根据徐书华老人的回忆，至少传衍的有五代人，即最迟在鸦片战争前后该村就有皇醮会了。醮棚中供奉的主神是玉皇大帝，所以该醮会称皇醮。新中国建立前最后一次打醮是在1937年，醮会的公开恢复是在20世纪80年代的中期。按照现在醮会结束时送神仪式之前的埋猪头仪式和老人们的解释，该醮会最早的兴起可能与当地过去频繁的蝗灾、雹灾有关。

事变前的醮会组织者一般在农历六月二十三日集中到一起，商议当年起会的诸多事宜。过会时，会头要出等量的份子钱。原来醮棚搭建在村东南的晒谷场上，用各户的水杆（打井水的杆子）作为醮棚的支架，然后在外围上苇席，搭棚举行。最初搭棚是请外村会搭棚的人来搭，当豆腐庄的人自己学会搭棚之后，醮棚即由他们自己搭建。醮会的正日子是七月初一，一般在六月二十七八把醮棚搭建好。醮会前后，村中男女的分工不同。女善人仅仅在醮棚中诵经念佛，请神送神等科仪都是由从赵州城关爷庙请来道士。道士一般六月二十五来，七月初二送走。七月初一晚上送神时，在醮棚门口搭有一张桌子，桌上放有一把椅子，道士站在椅子上，手中拿有两尺多长的并贴有符的剑，念《封皇经》后收工。

据徐书华等老人回忆，过去在六月二十五，人们要把村中的石磨用净水刷洗干净，然后人光脚推磨磨面粉，直到够给神灵做供品的分量后，才套牲口推，以此保持洁净。推磨的人是村中年轻男性，会头家的和非会头家的都有，但女的绝对不能参加推磨。伙房中全是男性，给神灵做供品也是男性，在做供品之前，要先祭祀灶王。

醮会期间，村民自觉遵守醮会期间的戒吃腥、葱、蒜等禁忌，至农历七月初一晚送神完毕后才可开戒。会完之后，当年的轮值会头把醮棚中的玉皇神马请到自己家中，祀奉到下年六月二十八前后。

事变前，醮会过会从未给外村人发过帖子，也不唱戏、放焰火，但邻近的高跷、耍圈和扇鼓等玩艺都会来。当时，前来赶会的人很多，除赵县的外，还有来自临城、晋县、宁晋和藁城等地的人。

## （二）醮会的组织

事变前，豆腐庄皇醮会有12个会头，以徐姓人为主，另有杨姓和何姓，但究竟如何产生及具体人员是谁，村民已经知之不详了，人们只记得以前皇醮会的神马，是由会头每年轮流供祭的，同时会头们要出等量的钱筹办醮会。

1986年，豆腐庄皇醮会恢复，当时由徐俊山、李小六、徐振东、徐傻子等人张罗着重新组织庙会，将各自家中的神马抬到了街上搭棚过会。在此之前，他们分别画了些神马在自己家中过会。这四人要么是本人，要么是家人身体不顺当，于是许愿张罗组织醮会，结果"病"都好了。① 为了还愿，四人张罗恢复了皇醮会，并成为现在皇醮会的会头。以前过会后，神马都交由下一年执事的会头，现在因为村政府给五保户修的房子空了许多，所以现在会过完之后，玉皇的神马就不再在会头家中轮流祀奉，而是放在这些空闲的房子中，但仍由当年的轮值会头管理。每月的初一、十五开门供远近的村民前来烧香许愿或还愿，每天晚上，会头会前去烧香。四个会头轮值的顺序是李小六、徐振东、徐傻子、徐俊山，今年会完之后，由徐振东轮值伺候玉皇一年。

自从醮会在村中公开举办后，村中人也纷纷相帮，出物出力，醮会成为村中的一件大事，村民的远近亲戚也纷纷在此时来到豆腐庄，参加醮会。这样，除会头外，还有很多村民充当帮会的角色。帮会者一般都在50岁以上，男性主要是负责搭棚、记账与大伙房，而20多位女性则主要是棚中伺候神马并迎接前来赶会的庙会组织，总计有将近60人。由于过会期间有众多外村过会的人前来吃饭，所以现今伙房中共计有25人负责。

如今，村政府对皇醮会持支持态度。村政府每年给醮会2000元，用于醮会期间请戏团和歌舞团。由于豆腐庄醮会正值酷暑，此时各村很少有庙会，所以戏班

---

① "病"是当地人通常所说的"虚病"、"邪病"，是因超自然原因引起的不属于人体生理性方面的疾病，既包括家宅不平安、运图欠佳、家庭纠纷、子女出走、邻里失和等所引发的精神上的不适之感，也包括精神不正常、身体不适之感等。

的戏价也就很低，一般一场就 200 元，村政府支持的资金基本能够满足醮会的这项开支。

## （三）醮会的过程

### 1. 准备

2003 年，皇醮会在农历六月二十五前开始准备，会头及村中热心者一同讨论了搭棚起会的诸项事宜，确定了帮会者及每个人的职责。男性帮会者主要负责搭建醮棚，准备斋饭，记账及采购各项物品，同时协助会头管理醮棚内外的秩序，女性帮会者主要迎接前来赶会的庙会组织。

醮棚前的大门和影壁　岳永逸 摄 2003 年

六月二十五，人们开始搭建醮棚，二十七基本就绪。醮棚在村庄南北大街和东西大街的十字路口的北端，坐北朝南，与戏台遥相对应（见附一）。醮棚宽 17 米，长 40 米，高约 4 米，从南到北共分了七进，分别供奉主神地堂老母、弥勒佛、天官、地官、水官、姜太公、玉皇、祖师殿、鸿君通天教主、天地人皇和无生母（见附二）。棚前悬挂一黄底白字的横幅，上写着"赵州豆府庄千佛万祖皇醮大会"。在醮棚的南端，还有 20 米的范围同样属于醮棚的范围，从北到南依次搭建有影壁和大门。影壁面向醮棚一面设有土地的神案，背面设有张天师神案。

醮棚大门长 4 米、高 3 米，门垛宽 1.5 米。门垛相向设有门神秦琼和尉迟公神案。大门前有两面旗幡，西侧红色旗幡上书"万民一条心，行善要心真"，东侧黄色旗幡上书"诸佛定乾坤"。大门的右前方专门为三皇姑搭建了一个神棚，里面悬挂着展现三皇姑得道成仙过程的神马。大门的左前方是一个火池，火池南端有一个小棚，小棚北侧供奉女娲，南侧供奉鬼祟。

与往年一样，在醮棚一进门口的东西两侧分别摆设了装有水的一缸和一瓮，并在缸和瓮里放置了长木棒。醮会期间，出入醮棚老少村民以及香客都毫无例外地用木棒搅了这装有水的缸和瓮，有些一岁左右的幼儿也被母亲手把手地教着搅缸与瓮。人们相信,"搅搅缸,不生疮;搅搅瓮,不生病"。

  2003年,醮会的戏台设有两处,一处与醮棚相对,在东西大街的南侧,一处在东西大街的东侧。与往年供香客吃饭的大伙房设在徐书华家不同,由于人多,今年的大伙房设在村东头的豆腐庄小学,此时,学校已经放暑假,大伙房供奉的有灶王和"饭丹"(即范丹)。醮会期间,人们每天至少要祭神一次。在经文的唱诵中和对神神的跪拜中,举行开锅、开馍等仪式。之所以供奉范丹,老人们说是因为当年孔子周游列国落难之时,曾向当初是乞丐的范丹要过吃的。

2. 响棚

  醮棚搭建好后,第一个程序是要响棚,也称开棚。村民说每年醮棚搭建后就会下雨,2003年的六月二十八醮棚响棚时,这里也下了大雨。人们还强调,尽管邻近村落都遭受了不同程度的风灾,但这里的玉米等农作物却基本没受风灾的影响。

响棚 岳永逸 摄 2003年

  六月二十八的响棚包括清棚、升旗、开十大门、请神、烧香、上供、扫堂、上茶等仪式,这些仪式一般在下午四五点左右举行,在此之前人们都将神马按固有的位置挂放好。神马都是画在白布上的画像,如果神马有老化的,那么就要请画师画新的神马。豆腐庄人常请赵南庄的人画神马,画好的神马在进醮棚之前要先开光。清棚时,人们抬着护棚神张天师的神马在棚内游走,把鬼祟请到醮棚外

南端的鬼祟棚中去,请神主要是请玉皇,这些仪式都伴随经文诵唱。① 如"扫堂"的经文是这样的:

> 一扫金丝琉琉店,二扫菩萨坐当央,三扫菩萨当央坐,四扫华堂花满墙。
> 五扫金炉炉焚香,六扫罗汉坐两旁。七扫佛门神出路,八扫明柱滚龙堂。
> 九扫阎君十方坐,十扫东西两厢房,十一扫砖铺满地,十二扫里四面方。
> 十三扫里龙烧香,十四扫里粉白墙,十五扫里钢令笔,十六扫里金牌坊。
> 十七扫里神出路,十九扫里砖门口,二十扫狮子在两旁,又扫门口三滴水。
> 海马走里闹嚷嚷,手扒善门往里走,看见棚里亮堂堂,合会善人往里走,
> 脏不了善人好衣裳。俺把笤帚高挂起,下平过醮还扫堂。

响棚仪式举行后,意味着醮会的正式开始。从这一时刻起,豆腐庄各家各户都要戒吃腥、葱、蒜等,直至醮会结束。响棚后,黄昏晚上前来醮棚上香的主要是豆腐庄村民,外村上香赶会的一般都在六月二十九和七月初一上午。

3. 上香赶会

醮会期间,本村的亲戚、外村香客和庙会组织陆续赶到豆腐庄,小摊贩也闻风而至。2003年醮会期间,小摊贩们在东西大街上共摆了130多个摊位,其中主要是小孩游艺摊、西瓜水果摊和服饰摊。与附近其他村庄的庙会一样,前来赶会的外村香客或庙会组织一般是在前半晌(11点半之前),届时,醮棚内外,香烟弥漫,唱经诵佛之声萦绕不绝。诸如骑纸驴、扇鼓、担经批等个别带有表演性质的香会也在烈日下的醮棚前一显身手,这些自愿前来的表演为醮会平添了许多乐趣,吸引了大人、小孩的注意,这些香会通常在吃过午饭之后就陆续回家。

唱戏是在后半晌和晚上,与往年不同的是今年二十九上午和晚上,醮会还专门请了来自藁城的现代歌舞表演。尤其是在二十九晚上,现代歌舞和传统的坠子戏在一较高下的同时,也与醮棚一道热闹了整个村庄。后半晌和晚上,除戏台吸引了一部分人之外,有事求于神灵的人就纷纷前往醮棚,或直接或通过"香道的"

---

① 今天,行好的唱诵的经文是在各村过会时互相传抄的。除口传记忆外,豆腐庄行好的经文主要抄自在豆腐庄东边八里地的各子。几十年前,各子曾下冰雹,当地村民许愿:只要不再下雹子,就在立夏这天给神过会一百年。因此,不论是土改还是"文革",各子的醮会都坚持了下来,各子因此也就保留了老辈人的不少经文。

向神灵祈求帮助，许愿还愿。① 因此，皇醮会前半晌活动的主体是外村来的庙会组织，后半晌和晚上在醮棚内外出入的就主要是本村的人。醮会期间，醮棚人始终络绎不绝。但最热闹的莫过于醮棚外的三皇姑神棚，那里挤满了拴娃娃的人，80%都是女性，有的是来求娃娃的，有的则是来还愿的。二十九晚上，四个会头要在醮棚中守棚，整夜不睡。

醮会上的担经挑表演　岳永逸 摄 2003 年

农历六月二十九上午前来上香赶会的，要在会上吃午饭并登记交了斋钱（每人三毛）的人有来自赵县的各子、姚家庄、贤门楼、停住头、南庄、范庄、常信营，来自藁城的南高庄、朱家寨、土山，来自栾城的范台、辛李庄、张村、北石碑、南石碑和来自晋县孔目庄等村的共计240人。七月初一上午前来赶会的香会组织比六月二十九更多，周围四县共有59个香会组织，总计600余人前来过会，并在此吃午饭。这些村庄分别是：后大章、小吕村、姚家庄、双庙、徐家庄、何家庄、四德、林子、苏家疃、何西寨、杜家庄、李家庄、马圈、各子、北龙化、辛庄、王家庄、高庄、西罗村、常信营、冯家庄、齐家庄、崔家庄、大马、投头庄、疙瘩头、永安商家庄、固义、白家营、南古庄、东王庄、耿家庄、辛庄、赵全、杨家寨、各南、北高、徐家寨、宋城、常信二大队、泥沟、田庄、东罗村、藁城刘家庄、卞家寨、西白路、贾市庄、西刘庄、马庄等。

就前来赶会的这些香会组织，人数、给的油钱，醮会都有人专门记账并留底册，以待来年决定是否前往该香会组织举办的庙会和给多少香油钱。由于"非典"的影响和天气炎热，醮会的会头、帮会以及一般的村民们都一再强调2003年的人比往年少多了。但是，多数人仍然会说："我们村的醮会是很大的，你没有赶过像咱们村这样历史悠久和规模盛大的醮会吧？"也即，不论实际情况这样，如同龙牌会的会首们每年都号称有数十万人前来赶会一样，在豆腐庄人的心目中，他们的

---

① 香道的是当地能够使"神神"附体的人。关于当地香道的具体情况，参阅岳永逸《对生活空间的规束与重整：常信水祠娘娘庙会》，《民俗曲艺》2004年第143期，第213—269页；《家中过会：中国民众信仰的生活化特质》，《开放时代》2008年第1期，第100—121页。

醮会同样是最大的。这些不无夸张的表述，实际上表明各村行好的自我认同和村落的集体认同。

在二十九和七月初一这两天上午，当一个外村的香会组织来到时，豆腐庄醮会要从门神处将这些组织迎接至张天师神马前，然后让前来上香的组织自己前往上香念经。① 不论是迎接者还是被迎接者，其主体成员都是女性。以范庄龙牌会前夹的成员为例，念经诵佛的 14 位女性中，7 人是会头家的，7 人是行好的。对于重要的或者关系很好的香会或庙会组织，醮会的会头中至少会有一位亲自参加到迎接队伍中，恭迎前来的香会。

本村迎接来赶会的外村组织　岳永逸 摄

对于前来过会的香会组织，如果自己也举办庙会，它们会趁此机会邀请醮会前去参加它们的庙会，并在醮会的登记处留下自己的会启。在二十九和初一这两天，豆腐庄醮会就接到大马正月十七醮会、贤门楼正月十八启会、百家营南关二月十三庙会、范台二月十四庙会等共计 24 张会启。

2003 年庙会还发生了一个小插曲，凡是到豆腐庄醮会唱戏的戏班都必须在开

---

① 关于迎送的具体程式，可参阅岳永逸《对生活空间的规束与重整：常信灭祠娘娘庙会》，第 236—237 页。

戏之前到醮棚中迎神。如果未迎神就开戏，就会被会中的人耻笑，认为这是戏班不懂规矩，不懂事。这次豆腐庄所请的戏班是来自大章的唱坠子的插花班（由不同戏班的演员临时拼凑成的戏班），开戏前就忘记了迎神。戏班发觉后，赶紧向会头们道歉并在二十九日晚补上迎神仪式。

4. 埋猪头

豆腐庄的醮会在七月初一下午送神前还保留了非常传统的一个仪式，即要在村外西北的地中埋猪头。埋猪头是豆腐庄人习惯性说法，它埋的并非真正的猪头，而是用二斤左右的小麦精粉捏制的猪、公鸡和鲤鱼各一。这些供品只能是轮值会头家做，做好之后先放在自己家中，在七月初一下午端进神棚，放在一进的供桌上，在善人们诵完《蝗虫经》后，才由专人将其送到村西北的地中埋下。老人们说，埋猪头是老辈人留下来的，与醮会一样，谁也说不清有多长时间了。但对埋猪头的意义，村民是清楚的：冷子（冰雹）都是从西北方向来的，只要西北方向天一黑，豆腐庄就绝对没有好天气。因此，对于熟悉和实践该仪式的老人而言，埋猪头是为了向神灵祈求不下冰雹的，祈求来年的风调雨顺。近 80 年来，虽然周围村庄都曾有过大的雹灾，但豆腐庄基本没有。另外，当地以前蝗灾也十分厉害，这在老人们心中记忆犹新。因此，埋猪头也还有祈求蝗虫爷保佑的意思。

按照习惯，在七月初一下午，当醮棚内外前来的人较少时，醮会会头就会商议决定早点送神，由于始终有人前往玉皇神马前看香（当地人又叫打香），也有人在三皇姑神棚中拴娃娃，醮会的收尾工作只能零星地进行。4 点 45 分，5 位男性帮会纷纷将各处功德箱中的油钱汇聚一处，在醮棚西侧一家大门口内清点，四处围满了大人小孩，并纷纷评说今年油钱的多少。同一时间，10 余位女性帮会和 2 名男性会头在醮棚的一进"念佛"准备送神，这其中包括"拒冰雹"和"蝗虫经"，分别如下：

一炉明香一炉烟，香烟发到五台山。左扇右扇龙凤扇，黄幡宝盖在两边。
金童玉女来打扇，老祖欠身有一观。也有恶来也有善，不为恶来也为善。
免了黄风家籽粒，免了黑风保平安。免了冷雨增福寿，免了冰雹丰收年。
请里老母安了坐，满斗焚香在面前。香栓蜡头全都有，香纸马子往上传。
这是合会虔心意，大供小供往上端，金银财宝全都有，今日发到你面前。
你把金银拿到手，今日带到五台山。五台山上安了座，一年四季保平安。

蝗虫老爷真威风，行动带领一营兵。行动骑里高脚马，脖子恋铃不绝声。两柳胡才一阵风，双翅架在半天空。双脚落在沆平甿，五谷青草有灾星。虫王送它到河南，永世千年不回还。走一程，送一程，黄河以南扎下营。走一村，送一村，永世千年不翻身。

5点15分，当人们把经诵完时，侯姓帮会和徐书华二人走到神马前，在跪下磕头后，侯姓帮会端着供桌上用黄裱纸盖着的装有猪头等的盘子，徐书华肩扛铁锹，二人走出醮棚绕过南边的门神后，一言不发地径直向村西北的地中走去。出发前，徐书华特意提醒我们，在埋猪头的过程中，不能回头看，不能说话，埋猪头的必须是男性否则埋猪头就不灵验了。但村中的多数

埋猪头　岳永逸 摄 2013年

人好像并不熟知此仪式，当我们向村西北外的地中走去的时候，沿途还有不少人睁大了好奇的双眼，问徐书华去干什么，他们二人只是严肃地板着脸，径直前行。尽管徐书华在村中的辈分很高，也非常受人尊重，但要是在平时，他这样不理睬他人的问讯的话，也是会遭到责难的。

到了地中，侯姓帮会，放下盘子，接过徐书华手中的铁锹，很快地挖了一尺见方的小坑后，先将一张黄裱纸垫在下面，再小心翼翼地将茶盘中猪头、雄鸡和鲤鱼拿出放在坑中的黄裱纸上，然后将另一张黄裱纸盖在这些供品上，并将坑填平。回到醮棚时，二人同样先从门神处回到醮棚中，在神马前磕头起身后，埋猪头仪式才算结束。

5. 送神神

埋猪头后送神分为三个阶段，先是向村南送鬼祟，再往村西送神仙（村民也习惯说菩萨），最后在醮棚前的火池边送佛，年年如此。至于为什么不能到村东和村北送，村民自己也不清楚，说这是老辈人传下来的。三阶段送神的队伍和仪式是大致相同的，但也有着细微的差别。

5点26分，人们开始送鬼祟。到村南通往外村的大路上送鬼祟的队伍构成如

下：走在最前端的是这两天一直在三皇姑神棚中忙着给人看香和拴娃娃的女香道，她手持一把燃着的香；一桶由两名老年女性抬着的供品，内装有馒头、豆腐、西红柿、桔子、粉条等，全是素供；六位女善人组成的乐队，包括铛、鼓、大钹、小钹和镲；二位女善人抬着一大包黄裱纸，走在队伍最后的是一位端着干供（主要是商店中卖的饼干之类的面果）的会头。

出发前，队伍在女香道的带领下先给张天师磕头，然后给鬼祟棚中的鬼王磕头后，径直朝村南走去。由于从醮棚到村南通往外村的大道将近一公里远，并且要求到目的地后女香道手中的香还燃着，所以整个队伍的行进速度非常快。到达目的地后，女香道先将手中依旧燃着的香立放在一小堆从路边地中捧来的虚土上，然后用抬供的竹竿在地上画了一个一米见方的圆圈，接着女香道就带领众人念佛，主要是送鬼祟的经文：

> 喜喜妙妙送鬼王，来来往往到家乡。慌慌张张问仔细，丝丝缕缕好慌忙。物质愿援物质放，我近请恁赴道场。吃罢斋饭恁就走，这里不是久占场。一去到天堂，家中的吉祥，抬动出魔水，外鬼远离方，收金银，手捧着，十字路口去等着。一炷真香蜡又明，我把鬼祟送一程。善人抬着一桶饭，十字路口去分散。来里早了等一等，来里晚了快快行。老上前来少往后，男左女右要分清。韦陀护法来掌道，又请路神来分成。有酒有菜也有饭，也有金银也有铜。该分多少分多少，分多分少要公平。花脸神，花脸神，玉皇封你当门神，要是好事往家领，妖魔鬼怪赶出门。

念诵时，所有的善人都双手合什。此时，四围站满了围观的大人和小孩，其中不少人是为了能分食会头端来的干供。村民们相信，吃了这些已经献祭过的供品，一年中将大吉大利。经诵完后，女香道就把桶中的供品用勺子分别洒向东西南北四角和圆圈正中，每一处五种供品都必须有，中间的供品远远多余四角供品的总和。然后，点燃黄裱纸，众善人朝南跪下齐声诵"南无阿弥陀佛"。待黄裱纸纷纷地燃了起来，会头就将茶棚中干供分发给争抢的老人和孩子。在回程的路上，按照过去的规矩，没有人说话。等回到村中的醮棚时，已经是5点56分。

原班人马稍稍休息后，就按照送鬼祟相同的队列前往村西街口送玉皇、老母、三皇姑等菩萨。与送鬼祟不同的是，从醮棚出来，人们先跪拜了土地、门神和三皇姑，不再前往鬼祟棚跪拜。

送神神　岳永逸 摄 2003 年

这些人送菩萨回来之后，6 点 20 分善人们开始送佛。善人们先是在醮棚中诵"送佛经"后，再前往火池北边堆放的黄裱纸前诵送佛经。送佛经中有如下句子：

一送古佛去回宫，二送玉皇回天宫，三送三官归本位，四送娘娘放光明。
五送南海观音母，六送药王和药圣，七送北方真武祖，八送城隍归庙中。
九送我佛归本位，十送全佛全回宫。……

这两次诵经时，善人们都自动地分东西站成了两列，中间朝南空出了大道。这样做是为了不挡住佛朝南的通道。同时，除燃着的一把香之外，这两次诵佛也没有乐队伴奏，并且送佛没有送鬼祟和送菩萨时的素供，仅有一盘干供。在诵经后，人们点燃黄裱纸，跪下高诵"南无阿弥陀佛"。在鞭炮声中，围观的人们也积极地分吃着茶盘中的干供。到 6 点 30 分，送佛仪式结束，至此，整个送神仪式完成。在帮会降下门神边的旗幡后，人们就可以放心地收起醮棚中神马，但拆除醮棚一般是在七月初二进行。

## 结　语

　　打醮又叫醮会或建醮。按醮会的事主的不同,举行的目的不同,举行的季节不同,醮仪举行时间长短的不同,地域的不同,醮会有多种类别和存在形式,如楼醮、出村醮、年醮、谢恩醮、佛醮、仙醮、阳醮、阴醮、平安醮、连醮、玉山普度等等。① 显然,在形式上,今天人们仍然称之为皇醮会的醮与上述在福建客家地区的醮并无太多的相同之处。但是,从对皇醮会的描述可以看出,虽然改革开放后恢复的豆腐庄皇醮会不是道士等专业的神职人员主持,也基本没有朝、忏等严格的科仪,但从张天师等神的分别、醮会始终对鬼祟的重视、送神等仪程,求吉辟邪、求乞风调雨顺五谷丰登等旨趣而言,它仍然明显有着很多醮的特征,与上述诸醮并无本质的差别。

　　另一方面,皇醮会同样出现了与当地一般乡村庙会融合的趋势。现今的皇醮会是一年过一次会,参与的群体远远不仅仅是本村的行好的,既非家族性的也非地缘性的,而是完全开放式的,它不但是村落性的事件,而且是跨村落性的事件。外地的香客、香会在醮会中扮演了重要角色,醮会的会头们也因为互串过会的关系与其他的香会组织形成一种互惠关系,整个醮会的仪程、迎送的礼仪与相距不远的水祠娘娘庙会以及香道的家中过会等其他庙会基本没有太大的差别。② 从这些层面而言,皇醮会在行好的互惠性往来下,已经全方位地融入到一个大的乡村庙会体系或者说庙会市场之中,也体现出中国民众信仰的杂糅性、神秘性和为我所说的"生活化"特质。③

　　热闹、喧哗并寄托着豆腐庄人希望的醮会在夜幕降临的时候进入尾声,但晚上戏班依旧唱戏,村民的生活也就在戏声中重归平静,而我们对于醮会之于会头、会众及村落社会生活的意义的探究也才刚刚开始。因为调查时间的关系,在报告中我们尚有很多不明之处,如醮会是否与过去在华北盛行的某个民间教派有着关联、醮会会头的生活史、醮会具体的组织分工、醮会结束后豆腐庄人行香赶会的

---

　　① 劳格文著,仲红卫译《福建客家人的道教信仰》,收于罗勇、劳格文主编《赣南地区的庙会与宗族》,国际客家学会、海外华人研究社、法国远东学院1997年版,第229—258页。
　　② 岳永逸《对生活空间的规束与重整:常信水祠娘娘庙会》,《民俗曲艺》2004年第143期,第213—269页。
　　③ 岳永逸《庙会的生产》,北京:北京师范大学博士学位论文,2004年;《家中过会:中国民众信仰的生活化特质》,《开放时代》2008年第1期,第100—121页。

情况、与当地其他醮会之间的关系及异同、埋猪头的象征意义，等等。

同时，还有诸多需要探讨的问题，如，皇醮会与福建等地醮会在形式上的差别究竟是因为皇醮会自身的演变和在新环境下主动调适与自律产生的，还是华北醮会与东南醮会一直就有的差别？众多江南醮会的调查研究都在强调醮与道教的关系，但道教对华北醮会的影响是否同等重要？曾经在华北盛行的诸多民间教派、今天仍然生生不息的香客和香道的共同完成的"打香"等究竟在华北乡村醮会中扮演了什么样的角色？如果说醮会的本质在于求吉辟邪、求乞风调雨顺和五谷丰登，是对特定地域或群体生活空间的规束与重整，是一个意在补充能量的通过仪礼（the rites of passage），那么无论是皇醮会还是江南的醮会，它们与一般的乡村庙会的本质区别究竟在什么地方？即在中国民众的生活世界中，我们是否有必要仅仅因为形式上诸多因素的不同而过分强调醮与庙会的差异？皇醮会、龙牌会已经日益与当地其他乡村庙会趋同，龙牌会甚至还修建了庙，这种生存态势是否是华北醮会的共性？如果是，发生这种变化的动力何在？

附一：豆腐庄皇醮会布局示意图

```
                                              北 ↑

                    ┌──────────────────┐
                    │                  │
                    │      醮  棚      │
                    │                  │
                    └──────────────────┘

   民                                                      民

   居           影壁    ──土地案──                         居
                      ──张天师案──
                 ┌──┐┌──┐┌──┐┌──┐
                 │  ││紫││财││大门│
                 │  ││极││达│
                 │  ││圣││共│
                 └──┘└案┘└案┘└──┘

             旗杆 ○              ○ 旗杆

         ┌──────┐
         │三皇姑棚│                  ✹ 火池
         └──────┘
                                   ┌────┐
                                   │女娲棚│
                                   ├────┤
                                   │鬼崇棚│
                                   └────┘

         ─────────┐        ┌─────────
                  │        │
                                         ┌──┐
                                         │现代歌舞舞台│
                                         └──┘
              街道

                                                    伙房(学校)⊗
   民              ┌────────┐              民
                  │传统坠子戏戏台│
   居              └────────┘              居
```

## 附二：豆腐庄皇醮会醮棚内神马分布示意图

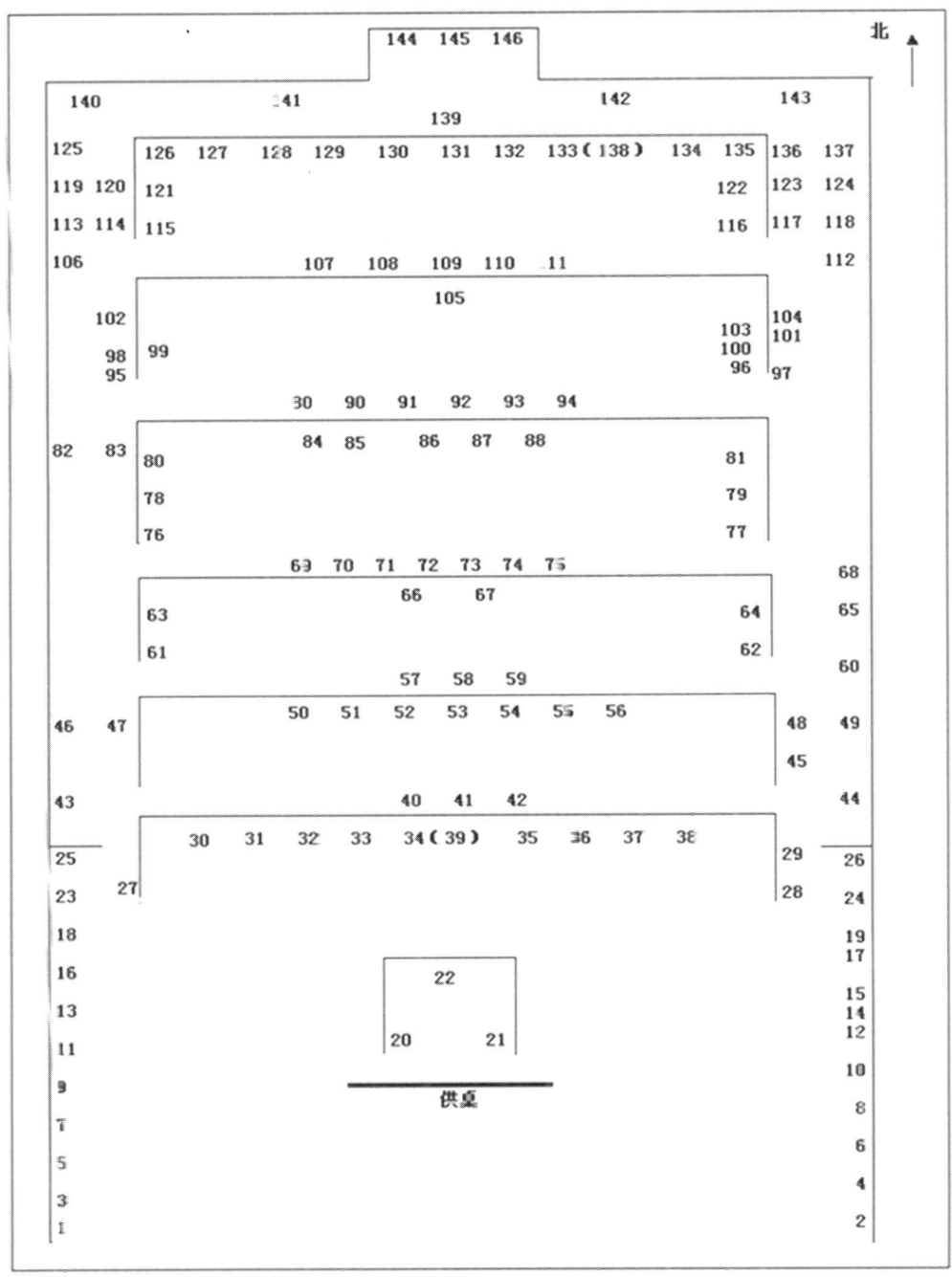

醮棚内神马名称

1. 山神
2. 路神
3. 天打雷劈
4. 龙抓不孝
5. 十殿转轮王
6. 九殿平等王
7. 八殿都市王
8. 七殿秦山王
9. 六殿十城王
10. 五殿天子王
11. 四殿五官王
12. 三殿宋帝王
13. 二殿楚江王
14. 一殿宋江王
15. 去世三天望亲人
16. 二等善人银桥过
17. 头等善人金桥过
18. 引路城隍（面南背北）
19. 本州城隍（面南背北）
20. 下八仙
21. 中八仙
22. 上八仙
23. 四值功曹之时值
24. 四值功曹之日值
25. 四值功曹之月值
26. 四值功曹之年值
27. 闪电
28. 风婆

29. 雷公
30. 持国天王职顺
31. 多文天王职雨
32. 记供祖
33. 孔圣人
34. 地堂老母
35. 阿弥陀佛
36. 催供祖
37. 广目天王职调
38. 增长天王职风
39. 弥勒佛（在34下）
40. 琼霄娘娘
41. 云霄娘娘
42. 碧霄娘娘
43. 夜游神乔堃
44. 日游神温良
45. 牛王
46. 虫王
47. 火神
48. 马王
49. 西海龙王
50. 刘帅
51. 赵帅
52. 水官
53. 天官
54. 地官
55. 马帅
56. 温帅
57. 送子娘娘

58. 千手千眼佛
59. 送生老母
60. 东海龙王
61. 眼光菩萨
62. 疙瘩菩萨
63. 班疹菩萨
64. 筋骨菩萨
65. 南海龙王
66. 钥匙神
67. 姜太公
68. 北海龙王
69. 氐土貉凶、室火猪吉
70. 允金龙凶、斗牛獬吉
71. 井水犴吉、奎木狼凶
72. 水木金火土
73. 角木蛟吉、午金牛凶
74. 尾火虎吉、金目鼠凶
75. 毕目乌吉、星回马凶
76. 昂回鸡凶、张月鹿吉
77. 胃土雉吉、柳木獐凶
78. 参水猿吉、翼火蛇凶

79. 萁水豹吉、危月燕凶
80. 房回兔吉、女土蝠凶
81. 娄金狗吉、鬼金羊凶
82. 关公
83. 托塔李天王
84. 壁水貐吉、心月狐凶
85. 玉皇
86. 玉皇
87. 玉皇
88. 轸水蚓吉、觜火猴凶
89. 黄龙真人
90. 王母
91. 文殊
92. 观音
93. 普贤
94. 太乙真人
95. 哼将郑伦、哈将陈齐
96. 玉蝉老祖
97. 雷震子
98. 陆压
99. 清虚道德真君
100. 玉顶真人
101. 黄天化
102. 杨任
103. 俱留真人
104. 黄飞虎
105. 祖师殿
106. 药王庙
107. 增供祖
108. 护坛祖
109. 站坛祖
110. 护坛祖
111. 分供祖
112. 药圣殿
113. 十大名医王惟一
114. 六合罗汉、先知罗汉
115. 长手罗汉、长眉罗汉
116. 赤脚罗汉、肥胖罗汉
117. 身矮罗汉、体高罗汉
118. 十大名医王清任
119. 十大名医葛洪
120. 守坛罗汉、护法罗汉
121. 度危罗汉、献佛罗汉
122. 金光罗汉、银光罗汉
123. 沉醉罗汉、永睡罗汉
124. 十大名医陶弘景
125. 十大名医李时珍
126. 太阴、阿南
127. 金光道人
128. 如来佛
129. 接引道人
130. 无始天尊
131. 鸿君
132. 老子一气化三清
133. 燃灯道人
134. 金天古佛
135. 太阳、加野
136. 伏虎罗汉、降龙罗汉
137. 十大名医张仲景
138. 通天教主（在133下）
139. 无生母
140. 十大名医扁鹊
141. 震地佛（面南背北）
142. 震天佛（面南背北）
143. 十大名医华佗
144. 人皇
145. 天皇
146. 地皇

# 第四章 乡村仪式的共谋：
# 河北武安康宿迎送城隍

## 引 言

　　武安市地处河北省邯郸市西部，西倚太行山脉，东望华北平原，是晋、冀、豫三省交界地带。境内以磁山文化为代表的万余年的人类生存遗迹和绵延2000余年的置县历史，尽显武安深厚的人文底蕴，享有"千年古县、太行明珠"之称。

**冬日里的康宿村　王学文 摄 2012**

　　改革开放以来，武安这1000年的古县因煤、铁资源而继续了古有的辉煌，连续多年跻身全国"百强"、河北"十强"县（市）行列。在这样一方经自然的塑造、历史的洗礼、改革开放浸润的区域，民俗文化分外悠长、多样和活跃。时至今日，无论是在高楼林立的武安县城，还是在门楼已然高耸的乡村，展演和传承的民俗活动依然灿若星辰，有闻名全国的平调、落子，有媒体追逐的固义傩戏、通乐赛戏，还有遍布于武安乡村的九曲黄河灯、庙会、社火。与全国各地的民俗文化的生存状态一样，这些民俗活动已经与当时当地的政治、经济和社会纽合在一起，在组织方式、活动内容、呈现载体和传承上体现出各自的特色。

这样一个民俗文化的富矿，是观察记录转型期中国乡土社会文化发展状态的理想场域。之前民俗学界对这一地域给予的关注并不多，对这些民俗活动的专业调查、记录和研究也屈指可数。虽有地方学者和民俗文化爱好者多年跟踪观察，但得以在学界流传的著述却不多，而且就是在这不多的著述中，其记录研究对象也更多的集中于以固义捉黄鬼为代表的傩戏之上，而与其传承历史、活动规模和丰富程度都不相上下的众多民俗活动则处于失语的状态，没能得到足够的重视。2012年春节期间，我们在文化部民族民间文艺发展中心基本科研业务经费项目的资助下，深入到武安乡村进行了系列调研。

北安乐乡康宿村迎送城隍是这一系列调研的成果之一，调查时间是2012年1月28日至2月2日，调查组成员除笔者外，还有李忌晋、王华振。调查得以顺利完成，除了感谢武安市文化局的协助和康宿村民的支持外，还要向武安市文联王进元主席，我们的房东、康宿村民、戏曲艺人苗占如等特别致谢。

# 一、村落概况

康宿村，位于武安市东北，距武安市区20千米，现行政隶属于北安乐乡。康宿村处于武安市、永年县的交界地带，紧挨赵窑村、北田村、贾家庄村、徐家坡村，武安至永年的211省道从村西通过，"濒河依岭，为县境东北边陲，当武永往来孔道。惟山径幽僻，匪患时虞，设防固守，此其地矣"。①

## （一）住民与生计

康宿村是华北平原典型的大型民居聚落，村落规模非常大。据民国《武安县志》载，当时已有人口2342人，但人均土地尚达3亩多。至2012年全村人口已达5800多人，人均耕地已经不足1亩，"氏族明时董白为望族，后渐式微，而韩李苗张四姓代起，日益繁昌。诸族始迁难稽，惟苗氏于明末由东马庄迁来，尚可征信"。② 目前村中的主要姓氏有韩、李、苗、张、王、赵、白等，村民一直传承着山西洪洞大槐树的祖籍地记忆。康宿村是一个村民委员会，下辖12个村民

---

① 李绳武等编撰《[民国]武安县志》，张午时、张茂生、李栓庆校注《武安县志校注》（内部资料），2009年，第1131页。
② 李绳武等编撰《[民国]武安县志》，张午时、张茂生、李栓庆校注《武安县志校注》，第1131页。

小组。

康宿村过去一直是以农业立村，主要种植棉花、小麦、玉米。随着农村集体企业的萌生和当地矿产资源的开发，康宿村中也办有企业，现在还有砖厂和水泥厂，一部分村民在这些企业里务工。人多地少的现实和席卷全国的打工浪潮的影响，康宿村民外出务工的村民很多，务工的范围多在周边的武安、邯郸以及更远的北京等地。

## （二）村落历史：许有到康宿

据村中老人讲，康宿原名"许有"，后因康熙南巡时曾在此住宿，故改名为康宿。康宿村与永年县赵目连村有"神亲村"之说。赵目连村距其六七十里远。关于这一典故有一传说。

康宿村的巷道　王学文 摄 2012 年

据传康宿村龙王庙供奉的龙王变成一青年行至赵目连村，恰逢赵目连村一姑娘和小姑嫂从绣楼上向下观望。姑娘对小姑嫂说："你看那个青年长得多帅气。"小姑嫂开玩笑说："你看中你就嫁给他吧。"话说完后姑娘就突然死去了。后来找通神之人看说是姑娘的魂到了康宿村，结果在康宿村的龙王庙里果然多了一座姑娘的像，人们说这是赵目连的姑娘嫁给了康宿的龙王。自此以后，康宿村就与赵目连村结成了"神亲"。赵目连村人到康宿村，康宿人都称他们为舅。康宿村民到赵目连村时，也会受到热情款待。据说现在赵目连村还有一姑娘坟，他们称为"姑姑坟"。康宿村每年农历六月十三还要举行龙母奶奶诞辰庙会，这时赵目连村也会来人祭拜。

## (三) 信仰空间：有神的社区

无庙不成村，康宿村的庙宇众多。这些庙宇分散于村中各处，历史不详、规模不一、祀神多样。当前所见的样貌多为改革开放后重修，这些庙宇与村落的民俗生活紧密相关。在俗信盛行的时代，这些庙宇的重要性自不必说，就是在科学日隆的当下，它们依然微妙地影响着村民的生活。

康宿玉皇庙　王学文 摄 2012 年

据不完全统计，目前康宿有 17 座庙宇之多，这里尚不包括散布于村中的、村民称为"仙家"的多个地点。这些庙宇均有人管理和祭祀。通常农历每月初一、十五会有信众到自己笃信的神灵庙宇烧香祭拜，节日里如正月、五月端午、八月十五时祭拜稍显隆重。从香火的情况，这些庙中以玉皇庙、药王庙的香火较为兴盛。

康宿村庙宇众多，但各庙兴废的历史和今天的组织管理基本一致。这些庙分别成立有理事会（村民也称会首），理事会的成员组成多有以下三种来源：一是庙宇附近的居户，二是信仰该祀灵的信众，三是由祖上传承下来理事成员身份。各庙理事会成员可以交叉，一户人家可以参加多个理事会。理事会成员的人数各庙宇不一样，玉皇庙的理事会最大，由 80 多人组成，药王庙的理事会由 15 人组成（见药王庙重修碑）。理事会内部根据分工的不同通常会设有总理、总务助理、会计、保管，这些人都是从会首中产生。理事会的职责有：庙宇的日常管理，庙会的组织（如果有庙会的话）、庙宇修缮、善款管理等。同时，各庙的会首还负责组织本庙的文艺队、锣鼓队等，这些文艺队以庙宇为依托开展活动，代表庙宇有选择地参加本村或邻村的庙会。在康宿村迎送城隍期间，这些庙宇的文艺队、锣鼓队就是迎送队伍的主力。

仅以康宿村北王母娘娘庙为例，《重修王母娘娘庙碑记》[①] 载：

据考证，娘娘庙始建于明万历熹宗十五年春，位于村北头。庙宇雄伟壮观，雕梁画栋金碧辉煌。时香火旺盛，善男信女络绎不绝，神威远镇四方。每年三月初三日祝贺王母蟠桃宴会三日，喜庆佳期张灯结彩锣鼓喧天热闹非凡。建庙至今约三百余年。由于历史变迁，几经风霜，传说清咸丰三年太平天国军途经此地将庙宇烧毁，从此庙宇变成一片废墟，随着历史发展、政策开放，有许多善男信女和几位德高望重的老同志多次协商，一致同意把娘娘庙重建起来，恢复文化古迹。原先庙基已被村民占用，北迁二百五十余米。自一九九八年春季动工。由广大群众善男信女企业摊点人力物力支持、捐助资金共同努力下，至一九九九年七月十八日竣工。又将庙宇美画众神像雕塑一新，恢复了庙宇原来容貌。重建了组织机构，料理三月蟠桃宴会事宜。王母会聚众仙，祈福穰祸，香烟更加红火，盛况空前壮大。王母统诸众仙法周上界存心万显群生，造福人民而安居乐业。人民则虔诚尊神求吉庆恭敬王母保平安，使人人积德行善。传留于后世特立碑文记载。

武安市安乐乡康宿村撰文韩有山书丹李孟清<br/>中华人民共和国公元二零零零年庚辰岁二月十五日吉旦

娘娘庙的组织机构由总理、总务助理、会计、保管、巡香灯和会首组成，总理是韩计锁、王常山、苗福宝、李海清、吴民的、韩仲林、李永和、白五金、王治善、韩学保，总务助理为韩万成，会计为李常有、郭凯，保管为韩有山，巡香灯为张双枝、李盘娥、苗香的、苗月凤，会首有韩仲林、白五金、韩万成、王治善、韩学山、郭凯、韩里保、郝林忠、苗书元、李海林、王辰山、韩有山、白全

---

① 原碑文为竖写无句读。

来、白海龙、徐凤民、李改书、韩仓言、李子法、李秋喜、侯胜林、王天庆、张印山、韩现其、韩春山。

夜色中的三官庙　王学文 摄 2012 年

娘娘庙每个月有专门的会首值班，以下是张贴在庙中的2007年的《值班顺序表》：

| 正月 | 王治善 | 王海宾 | 侯聚林 | 李琐的 | 李新其 |
| 二月 | 韩有山 | 王蒸山 | 李春琐 | | |
| 三月 | 韩接魁 | 郝林忠 | 侯景林 | | |
| 四月 | 韩春山 | 李庆文 | 王喜庆 | | |
| 五月 | 韩里保 | 白海龙 | 李海民 | | |
| 六月 | 侯胜林 | 王其的 | 徐国民 | | |
| 七月 | 韩仲林 | 张印山 | 白从进 | | |
| 八月 | 韩学山 | 李子法 | 李书文 | | |
| 九月 | 李改书 | 郝印生 | 李文全 | | |

十月　白引山　武秋桂　李子琴

十一月　郭山的　韩仓言　白现清

十二月　韩现其　苗引魁　李兰生　郝印海

　　康宿村的众多庙宇之间虽然没有典型的层级或从属关系，但就我们的观察而言，康宿玉皇庙的信众最广泛，在村民的影响最大。在正月迎送城隍期间，各庙理事会均会参与其中。

**康宿村的庙宇**

| 序号 | 名称 | 说明 |
| --- | --- | --- |
| 1 | 玉皇庙 | 主祀玉皇，位于村北，重修于1991年。正月迎送城隍活动的核心，醮棚也搭建于此，正月初九玉皇生日。 |
| 2 | 娘娘庙 | 主祀王母娘娘，玉皇庙后，村西北角。 |
| 3 | 奶奶庙 | 西顶奶奶庙，位于村西。 |
| 4 | 府君庙 | 位于村南。 |
| 5 | 三贤庙 | 庙内供观音、土地、关公，位于村南，庙前有一石龟。 |
| 6 | 药王庙 | 主祀药王，位于村正西方。《康宿药王庙碑记》"始建于明朝年间位于村大街四头坐北朝南"，2004年重修。药王庙理事会：董午艮、董奎的、白海江、韩记琐、白其的、白子合、吕增海、白庆良、董午辰、白又印、白新合、董印其、白山的、白海军。 |
| 7 | 猴爷庙 | 主祀齐天大圣，2005年重修。据碑载，"据传说和考证得知位于康宿村东南之处的观音菩萨庙大约始建于明末年间，当时庙内供有观音菩萨金童玉女护法之之神，还有木刻神像齐天大圣。……人们习惯称作猴爷庙"。 |
| 8 | 文昌庙 | 文昌帝君。 |
| 9 | 白衣菩萨庙 | 主祀白素珍，位于村东。 |
| 10 | 观音庙 | 主祀南海观音，位于村东，与白衣菩萨庙毗邻。 |
| 11 | 地藏王庙 | 主祀地藏王。 |
| 12 | 龙王庙 | 主祀龙王。 |
| 13 | 佛爷庙 | 主祀佛爷。 |
| 14 | 三观庙 | 主祀天地人三观。 |
| 15 | 关爷庙 | 主祀关云长。 |
| 16 | 土地庙 | 主祀土地，玉皇庙西侧。 |
| 17 | 老仙庙 | 主祀树仙等，村中有多处。 |

## （四）岁时节日

康宿村的岁时节日体现出了华北农耕村落的特点，既有春节、清明、端午、中秋等传统节日，也有依托于村落庙宇的庙会。

**康宿村岁时节日**

| 农历月份 | 节会 | 说明 |
| --- | --- | --- |
| 正月 | 春节 | 传统节日。 |
| 正月 | 迎送城隍 | 正月初七至初九，村中最为隆重的节会，基本是全村动员和参与。 |
| 二月 | 二月二 | 龙抬头。 |
| 三月 | 三月十八庙会 | 王母娘娘庙会。 |
| 四月 | 清明节 | 上坟、扫墓、踏青。 |
| 五月 | 端午节 | 传统节日。 |
| 六月 | 六月十三 | 龙母奶奶生日，龙王庙前搭棚过庙会，一般二天。 |
| 七月 | 七月十五 | 七月半，上坟。 |
| 八月 | 中秋节 | 传统节日。 |
| 十月 | 十月初一 | 上坟。 |
| 十一月 | 十月初十 | 府君庙会。 |

# 二、武安县城隍

从文献中我们没有看到关于康宿迎送城隍的记载，但在村民的口传记忆中有一说法是康宿迎送的城隍是武安的县城隍。武安县城隍后依然存在，"城隍庙，在县治西南，明洪武三年，县丞啜霄建。成化三年，县丞丑福重修。嘉靖五年，知县谢宗贤，二十一年，知县熊瑶，二十四年，知县唐交相继重修。万历四十年，知县李椿茂重修。……民国十七年，县长赵作霖破除迷信，将偶像一律折毁改为自治训练班,今改为城厢女子小学校"。①

我们在2012年调查期间,还参与了武安县城举行的城隍出巡活动。据《[民国]武安县志》载:"城隍二字,始见于周易泰卦,礼伊耆氏始为腊,腊有八,而水庸次居七,水隍也,康城也,祀城隍神始此,然但求保护城垣坚固而已,非有他也。自明初加封郡州县城隍为公侯伯,又诏天下郡县建立城隍神庙,于是民间遂以城隍实有其神,敬谨奉祀,无敢亵慢。武安城隍庙在县政府前街,庙宇宏壮。前清时,每年清明、七月十五日、十月朔,城隍出巡,衙署班房胥吏以及城乡士民提灯送迎,招优庆祝,今庙宇改为女子高级小学,神像已无,而愚民敬奉,犹不少减。"②

武安城里的城隍庙　王学文 摄 2012年

康宿的迎送的城隍与武安县城的城隍是否存在关系,还需要进一步的考证。就这一迎送城隍活动而言,村民回忆说是在改革开放后1983年设醮,最初几年规模很小,在会首家里进行,1986年后规模变大。

## 三、组织者与参与者

康宿村迎送城隍是村中规模最大的群体性活动,就整体的村落生活而言,作

---

① 李绳武等编撰《[民国]武安县志》,张午时、张茂生、李栓庆校注《武安县志校注》(内部资料),2009年,第733页。
② 李绳武等编撰《[民国]武安县志》,张午时、张茂生、李栓庆校注《武安县志校注》(内部资料),2009年,第836页。

为村落空间构成元素的各个家户都直接或间接地参与其中。虽然在康宿村也有少数家庭因信仰天主教的原因，与具有民间宗教特征的迎送城隍保持着距离，但换个角度而言，他们同样存在于这一民俗活动的空间，担当着一个异质的角色。无论是过去还是当下，民众对于某一民俗活动的认知度、认同感、参与度从来都不是均质的、平衡的。村中各个家庭广泛参与的同时，周边村落的会社组织也会应邀参加，周边民众在此期间也会来此观看。以下将重点描述迎送城隍的组织者和直接参与者。

## （一）会首

前文在介绍村落庙宇时已经谈到一般庙宇理事会（即会首组织）的构成及基本职能，这里主要介绍玉皇庙事理会。康宿村迎送城隍围绕着玉皇庙展开，玉皇庙理事会是迎送城隍活动的主导者，在送城隍的各个环节，都有会首在期间组织、协调。

迎送城隍中会首承担着重要的角色　王学文 摄 2012 年

据村民回忆，最初的理事会成员主要是村中家境殷实、信仰虔诚的家庭。组织迎送城隍，不仅要无私地投入气力和时间，还需要投入一定的金钱，一般家庭承担不起。理事会成员的身份是世袭制，1949 年前玉皇庙理事会由 40 人组成，1949 年后理事会成员逐渐增多，现在不仅普通村民就是理事会成员对于到底有多少会首也没有一个确切统计。根据调查者看到的一份记录，2007 年会首已经有 84 人，而 2007 年、2009 年、2010 年和 2011 年均有人入会，估计现在会首的数量应在 90 人左右。增加的会首有两种情况：一是中国基层政权组织的代表，如村委会的人员；二是主动请求加入，自愿承担会首责任的人。进入会首组织后，就取得了会首的身份，以后便世代传承。

会首实行轮值制度，因为会首较多，大致十年轮一回。每年由 8～10 家左右的会首为值班会首，承担大部分工作。在迎送城隍各个仪式环节中举香跟随，跪拜行礼的就是当年的值班会首。2012 年值班会首有 8 位，分别是吴民的、韩学良、郝永乾、李军安、徐凤民、李春锁、李菊辉、赵子辰，其中吴民的是值班会首的组长，又称大会首。

传统上会首全面负责迎送城隍的协调和组织，职责不仅包括玉皇庙及其醮棚的搭建、管理，还包括接城隍、送城隍等仪式活动的组织、后勤安保等。但从 2012 年对迎送城隍的观察来看，会首的职能处于逐渐萎缩的状态。一方面乡村基层政权深度介入，整个活动进程的把握和人员的安排主要由村委会人员来确定，不但后勤安保和部分信仰色彩较弱的活动环节由村委会直接出面，而且一些信仰仪式的关键环节都有基层政权的影子。另一方面会首的职能更多体现在庙宇、醮棚的管理以及仪式中的信仰方面，如在某一值班会首家里设立天师府，配合道士在醮棚里进行传灯、十献等科仪。另外，从张贴于玉皇庙前的"2012 年醮场人员安排表"可以看出，值班会首成为送城隍组织机构中一个职能角色。

## （二）村党支部和村民委员会

中国政治体制在乡村社会主要体现在村党支部和村民委员会的设置上，它们作为中国基层政权的代表，全面影响和参与了乡村社会的发展，而且以历史的眼光来看，这种从上至下的影响从未像今天这样如此直接和深入。村党支部是中国共产党最基层的党组织，其最高权力代表——村支书，由村党支部党员选举产生，特殊原因也可由上级党组织委派。村民委员会是村民自我管理、自我教育、自我服务的基层群众性自治组织，村党支部和村民委员会的性质、组织方式和职责虽有不同，但他们共同构成了村落中沟通上下、内外的合法代表，是国家政策的忠

第四章　乡村仪式的共谋：河北武安康宿迎送城隍

村委会参与组织迎送城隍　王学文 摄 2012 三

实执行者和监督者，是村落公共事务的合法权威。

20世纪40年代以来，中国乡村的众多民俗活动所经历的破坏、改造、毁灭、停止、复兴、再造等跌宕起伏的命运与村党支部、村民委员会的态度和介入是分不开的。改革开放以来，随着认识理念上的变化、政策上的松绑、管治上的放松和工作重心的转移，基层政权与传统组织力量很好地形成一种"共谋"，使许多村落民俗活动得以复兴。尽管依然带有着浓重的信仰色彩，但基层政权通过主题的转换，如保护文化遗产、丰富村民文化生活、传承民族精神等，淡化、回避了这些活动与现行意识形态、政策制度间潜在的矛盾，以表里不一、掩耳盗铃的智慧介入其中，并因其掌握的合法且强大的行政资源而逐渐取得这些活动的操控权。这些民俗活动的传统组织力量虽被削弱和挤压，但为了获得合法传承和更多的生存机会，他们也会接受这种现实，甚至乐见于这种共谋的达成，当前康宿送城隍的组织机构的构成就是这种共谋状态的生动例证。

"2012年醮场人员安排表"中，总指挥是康宿村时任村支书，村支部成员和村民委员会的成员几乎全部在其中担当了相应的角色。传统组织力量，即会首，作为传统上迎送城隍的领导核心，在这张表中主要体现在值班会首的安排上，另外一些会首则分散在各个工作分工中。

根据我们的观察，康宿村送城隍的组织机构可以概括为"基层政权主导，传统组织主脑"的一种状态。基层政权，即村支部和村民委员会组织协调送城隍的各个环节，主导了活动中涉及到的物品采购、后勤保障、时间安排等。2012年送城隍的指挥部（办公室）设于玉皇庙东侧门房中，村支书和村民委员会的主要成员都在此坐镇，各种问题都到这汇报解决，有关的通知和各种工作的安排都从这里通过大喇叭广播传递出去。在每一重要环节的起始或完成时，村支书都会手持话筒进行指示。而传统上主导的会首，则主要负责精神层面或者说与仪式信仰联系紧密的内容，如与道士的配合，祭祀的安排等。

## 2012年醮场人员安排表

总指挥：苗会田

总理：王常山 吴民的 程须如 韩海光 李？的

总务助理：韩学良 李双魁

栅前总理：郝永乾 韩其的

会计：苗成群 韩顺仓

保管：李增民 董计敏

总务杂支：李子法 韩贵民

栅前杂支：韩现军 韩现山

值班会首：吴民的（组长） 韩学良 郝永乾 李军安 徐凤民 李春琐 李菊辉 赵子辰

玉厨房：王海昌（组长） 韩度彬 郝永强 韩振生 李彦良 郝印生

大厨房：赵海琴（组长） 韩凤其 王建书 张印山 韩现其 白兰柱

抬轿：李有仓（组长） 李夕民 韩海印 赵海军 白引山 苗举林 韩志田 赵五生

抬香案：赵海申（组长） 苗艮太 苗河山 韩德昌

守门警卫：韩长山（组长） 苗入的 李海全 王天祥 苗鸿载 苗曼的

巡香灯：韩印方（组长） 苗兰方 李子琴 白海军 苗僧山 韩宗义

电工：白其的 王山林

看丹房：韩根祥

庙内：韩子的　韩空军

资□台：韩仓言　侯景林

收布施：白军仓（组长）　王振刊　苗引魁　白山林　李现香　王海彬

管签：白坤　白海龙

书写：侯生林（组长）　赵坤　王福林　李兰保　苟天仓

流动人员：韩凤其　苗振民

炮手：李子芹（组长）　李政书　侯有的　武壹和　李计彬　苗玉太　张小增

刨泉水：吕闸的

开道锣举黄伞：白度良　苗印山　苗□中　□四的　白双印　苗振山　满仓

## （二）道士

民众通常以送城隍指称康宿村正月初七至初九日的围绕着玉皇庙举行的这一民俗活动，但不可忽略的事实是，送城隍只是这一民俗活动的一个较为热闹的环节，其核心应是为庆祝玉皇大帝生日①而举行的一个太平醮会，意在祈福谢恩，祝国迎祥，祈晴祷雨，却病延寿，解厄禳灾。道士在这其中承担着重要的角色，是一系列科仪的执行人，是人神沟通的媒介。这些科仪虽然体现出这一民俗活动的内在目的，但因为其专业性、复杂性，康宿大部分村民对其关注不多，只了解一二。同时因为在仪式期间女性不准进玉皇庙，所以女性对庙里进行的各种科仪更是知之甚少，道士这一重要的角色也就越来越不受重视。但作为醮会而言的康宿送城隍，如果没有道士的参与，也就无法进行了。

康宿村 1983 年开始重新恢复设醮以来，所请的主事的道士一直是来自河北武安沙河市桥东大杜村东岳天齐庙的道士。最初是赵一文，后来是其子赵至华，为邱祖龙门派。赵至华现年61岁，师从其父，为邱祖龙门派第 21 代，已经参加康宿醮会 20 多年。打醮需要多个道士，其他道士由主事的道士去雇请，组成一个班负责醮场的各项科仪，道士班的人数视醮会规模和举办者的要求、财力来定。2011 年和 2012 年康宿醮场的道士都是 8 个，8 个道士分别来自沙河市、永年市。

---

① 据明代王逵的《蠡海集》记载："玉帝生于正月初九日者，阳数始于一而极于九，原始要终也。"民间将这一日称为"玉皇诞"、"天公生"、"天日"，很多地方有供奉祭品，祈求上天降福消灾的风俗。

这些道士都不是专职的，平时务农或打工，有需要时以道士的身份参加醮会，举行科仪。康宿村所请的赵至华道士，在沙河市大杜村中管理天齐庙，平时就是务农，有邀请时才去醮会。据其讲，他一般每年会参加10多个醮会。一个道士班内部也有一定的分工，根据对科仪知识的掌握程度和个人特长分别承担诵经、奏乐、写文书的工作。

雇请道士的费用由玉皇庙提供，来源主要是人们的捐助，特别是送城隍期间人们的捐助。根据赵至华道士提供的一份记录，2011年他们8人参加康宿醮会共收入了2630元，包括劳务2400元，路费230元，另外还有蓝钻烟1条，红旗渠2条，哈德门2条。

迎请城隍中的道士　王学文 摄 2012年

## （四）表演队

康宿送城隍最为引人关注的就是在这一过程中有多次的沿街巡游，准确地说这并不是一般娱乐意义上的巡游，因为每次众多花会、社火等表演队伍沿街行进都与神圣仪式有关，如请柱子①、请土地、接城隍、请天师、送天师、送城隍等。

这些表演队由活动的组织者邀请，不提供劳务费，基本属于义务性质，只是在活动结束后象征性地给每一个表演队分一些糖果、香烟、猪肉。这些表演队之所以愿意参加活动，与这些表演队的属性、当地的信仰关系密切。

这些表演队的展演内容充分体现出当地民间文艺的状态，从中既可以看到当地的民间文艺传统在当下的情况，还可以看到在传统与现代交织下的乡民文化艺术生活中的新元素。2012年参加康宿送城隍民俗活动的表演队主要有以下五类：

一是武术类，如东少林、南少林等。燕赵大地，有着悠久的尚武传统，这与

---

① 柱子，即神像挂图，康宿村民称醮棚中悬挂的神像图为柱子。下文将详细介绍有关情况。

锣鼓队　王学文 摄 2012 年

燕赵故地社会的动荡、频繁的战事和拳事匪患有着密切的联系,发展到今天,在华北的很多乡村依然有着尚武尚勇的传统,康宿村四五十岁左右的中年人多有少时习武的经历。我们从这些武术队表演时群众的围观、老中青幼纷纷上场,套路兵器样样都有的情况来看,武术在康宿村依然非常兴盛。

二是秧歌类,如府君庙秧歌队、娘娘庙秧歌队等。这些秧歌都是地秧歌,表演者手持彩绸、扇子等道具,分作两队,变换队形,翩翩起舞。

三是锣鼓类。锣鼓类又分为传统的大鼓、腰鼓和现代的军鼓。传统的大鼓队、腰鼓队,身着传统的服装,数面大鼓齐响,气势磅礴,振奋人心。军鼓队,不只有军鼓,还配有长号、短号和指挥,吹奏的乐曲有《祝你生日快乐》、《走进新时代》等。

四是戏剧团。康宿送城隍活动中有请戏唱戏的传统,戏台就在玉皇庙前,唱戏一般从正月初七开始到初九结束。武安是著名的戏曲曲艺之乡,有平调、落子两个地方剧种。平调专演历史大剧,落子以演民间家庭生活为主。平调落子在康宿村有传统,曾有专门的平调落子剧团。虽然剧团已经解散,但村中还有人参加

军鼓队　王学文 摄 2012 年

平调落子剧团到外地演出,村民苗占如仍掌握有"耍牙"① 的绝技。近年康宿村送城隍时都到外边去请剧团,根据村民的要求,请过平调落子剧团,也请过梆子、豫剧、曲剧等,2012 年请的剧团是邯郸曲剧团。所请的剧团不仅要在玉皇庙前唱戏,还要与其他表演队伍一起参加接城隍、送城隍等活动,与其他表演队伍的义务性演出不同,请戏唱戏要支付劳务费。

五是现代大众艺术,如大众现代舞、歌舞表演等。现代大众艺术为青年人所喜爱,在康宿请城隍活动中,组织者也考虑到这一因素,邀请这方面的表演队。2012 年活动期间,就专门在药王庙前搭台进行歌舞表演,所请的歌舞表演,也要支付劳务费。

从这些表演队的来源和性质来看,也可以区分为四类:

第一类是来自本村,依托于村中某一庙宇,打着"××庙文艺队/秧歌队"等旗帜参加活动。对这些表演队伍来说,参加送城隍,有着强烈的尽义务的色彩,不求回报,且参加请柱子、请城隍、送城隍的全部表演环节。2012 年这样性质的

---

① "耍牙"是武安平调落子表演中的一门独特技艺,由于其表演难度大,对演员的要求高,只有很少的演员掌握,已经濒临失传,康宿村苗占如是少数掌握这一技艺的艺人。耍牙用的牙齿是种猪口腔最里面的獠牙,据说技艺最高超的表演者能一次耍八颗牙。苗占如可以耍四颗牙,还可以表演换髭口(胡须)、换眼珠等武安平调落子中的技艺。在武安平调落子,使用耍牙技巧的角色主要是扮演"二花脸"的演员。

迎送城隍期间请来的曲剧团　王学文 摄 2012 年

队伍有府君庙秧歌队、大圣庙秧歌队、龙王庙秧歌队、奶奶庙秧歌队、娘娘庙秧歌队、药王庙文艺班等 6 支队伍，基本涵盖了康宿村的主要庙宇。

第二类是来自本村，但并不依托于庙宇，而是以习练、表演武术为主，或是本村集体组建的队伍。2012 年这样的队伍有东少林、南少林和本村大鼓队，在活动中，因震耳的锣鼓和激烈的武术表演而围观者甚众。

第三类是私人组建，平日多受雇参加婚丧嫁娶、开业庆典等活动，有市场经营色彩的队伍。这些队伍参加活动，一方面是处于这样一个文化信仰生态之中，另一方面这也是展示风采、扩大知名度的机会。2012 年这样的队伍有王三军军鼓队、王治善秧歌队、李育文艺队、韩海臣文艺班等。

第四类是代表外村、受邀参加送城隍活动的队伍，这些队伍通常只参加请柱子和青天师等仪式环节，对于时间开始较早或较晚的仪式环节则不一定全程参与。他们参加，更多是出于村落间的友好关系，2012 年这样的表演队伍有北冯昌文艺队、南安乐秧歌队、桥东军鼓队、年古腰鼓队、永年文艺队、上三里文艺班等。

除了剧团和现代歌舞队要支付劳务费外，其他表演队只是象征性发放一些物品。2012年，发放的是烟、酒、肉、糖、面、豆腐，共发放了61条香烟，21瓶酒，124斤肉，216斤糖，279斤面，120斤豆腐。这一数量较之于上千人的参加者来说，实在不多。

## 四、准备

一般而言，乡村祭典、集会等事务的筹备和组织看上去十分无序，缺少严格的时间观念，但实则有它自身的组织逻辑。对于我们而言，组织一个近万人参加的仪式，严格的组织制度和充分的准备时间是必须的，但在乡村这些组织者和参与

发放给各表演队的物品　王学文 摄 2012年

者面对这一事务时却有着难以想象的沉着和自信。这与长期以来形成的惯习、熟人社会的优势和本就松弛的生活节奏是紧密相关的，看似散漫，实则有序，各种准备工作在会期到来前渐次展开。

### （一）筹备会

进入腊月，在开始忙年的过程中，送城隍的组织筹备工作也开始了。腊月初一，村委会成员、老会首们会聚在玉皇庙开会，讨论正月送城隍如何搞，有什么需要注意，同时会比照以往的惯例和当年的情况进行分工和安排。同一天，当年值班的会首开始到玉皇庙给玉皇上供敬奉。

筹备会开过后，各组长或负责人根据分工，利用腊月里空闲时间，开始分头采买物品，联系剧团，邀请各会社等。

到了腊月二十五，全体会首到玉皇庙开会，一是介绍前段时间的筹备情况，重点是对正月的活动进行进一步的布置。

## （二）搭醮棚

送城隍的核心是一个清醮会，所以要在玉皇庙搭建醮棚。搭建醮棚所用的材料，如木头、桌子、帆布等均为上次会后留下的，只需根据损坏和遗失情况进行增补。醮棚由值班会首和安排了此项工作的村民共同搭建完成，时间是在正月初六。醮棚与玉皇庙正殿连为一体，从南到北共分为四进。在没有请柱子前，搭建的醮棚不会悬挂对联和神轴，只是一空荡荡的棚子，还不是一神圣空间。

与此同时，康宿的一些主要街道还要悬挂三角小彩旗和红色灯笼，张贴标语。

挂上柱子的醮棚　王学文　摄 2012 年

## （三）排道子

所谓排道子，是指将各表演队伍按照次序沿街排开，这个顺序是请柱子、请送城隍等表演队伍行进的基本序列。据总理介绍，2012 年各表演队伍的先后顺序由抓阄确定，但就我们所见的顺序而言应该也考虑了各队的表演内容。

因为表演队伍较多，为了安全和管理的方便，2012 年还将整个道子分成五组,每组设立专门的负责人。

### 2012年康宿送城隍排道子顺序

第一组　负责人　韩海元　苗庆魁

炮手　王三军军鼓队　东少林　府君庙秧歌队　北冯昌文艺队

第二组　负责人　李双魁　苗如山

王治善秧歌队　本村大鼓队　南安乐秧歌队　南少林武术班

第三组　负责人　程须如　白利国

大圣庙秧歌队　龙王庙秧歌队　李育文艺队　娘娘庙秧歌队　沙河大鼓队

第四组　负责人　李锁的　李颜东

奶奶庙秧歌队　桥东军鼓队　年古腰鼓队　永年文艺队

第五组　负责人　王常山　王保全

上三里文艺班　药王庙文艺班　剧团　韩海臣文艺班　鸾驾　高工　香案轿

第六组　负责人　韩建周　管理人　苗僧山　苗兰芳　韩印芳　歌舞团

## （四）云厨房和大厨房

迎送城隍期间,要为城隍和众神上供,同时还要为所有参与者提供斋饭,因此专门设有厨房。厨房分为云厨房和大厨房,均设于玉皇庙西侧由庙上购置的院落中。因上供供品非常多样,同时用餐的人也很多,所以两个厨房均要提前准备灶具和食材,同时还要进行布置。

云厨房是专门制作供品的厨房,在迎送城隍期间,云厨房也是神圣空间之一,厨房中要供奉"九天云厨监斋使者之位",并挂上九天云厨监斋使者的柱子。2012年云厨房前还粘贴了一幅对联,上书"虔修真味千珍降,法供清茶万圣临",横批"九天云厨"。为城隍和众神上茶上供有专门的人员,有固定的时间,每次上供的供品也有规定。通常的次序是:

初七:午后柱子挂完后,为众神梳洗,上嗽口水、茶水,并上小供馍,核桃、柿饼、大枣、花生、糖球各一。

初八:上午10时前,往前后坛上油食各一付、大供馍各15件,各位神一件;

大厨房　王学文 摄 2012 年

前后坛大油条 15 件，小油果、小干饼、大干饼、馓子各神一件；10 时后上供菜一次，茶水一次；12 时后上面叶汤一次。

初九：凌晨 2 时后上鲜果点心、大寿桃，金灯、寿食，10 时后上面叶汤供菜，小寿桃，小油果、菜水各一件，晚 10 时后上挂面汤一次。

如此多的供品需要提前准备，云厨房一般正月初五开始清扫，初六即开始准备。供品以炸制的面食为主，如油条、馓子等，供菜通常是由白菜、豆腐、白萝卜、红萝卜和南瓜五种蔬菜做成的炖菜。

根据云厨房墙上的一份记录显示，2007 年云厨房制作的供品的数量达到 1400 余件，使用的面粉达到 100 斤左右。

云厨房 2007 年制作供品数量及使用食材情况

| 名称 | 数量 | 备注 |
| --- | --- | --- |
| 大寿桃 | 15 件 | 用面 7 斤 |
| 大供馍 | 30 件 | 用面 12 斤 |
| 小供馍 | 140 件 | 用面 15 斤 |
| 小寿桃 | 140 件 | 用面 15 斤 |
| 大干饼 | 130 件 | 用面 10 斤 |
| 小干饼 | 130 件 | 用面 7 斤 |
| 大油果 | 170 件 | 用面 15 斤 |
| 手嶶 | 130 件 | 用面 12 斤 |
| 油食 | 2 付 | |
| 罗床 | 156 件 | 用面 18 斤 |
| 大糖饼 | 52 件 | |
| 小糖饼 | 130 件 | |
| 扶手 | 2 个 | 用面 6 斤 |
| □王 | 1 个 | |
| 面球 | 500 个 | |

送城隍期间，要求参加的人员要禁吃荤腥，只能吃斋饭。按传统习惯，从正月初七到初九，只有吃斋的成人男性才能进入醮棚。大厨房专门为组织送城隍工作，参加迎送城隍表演的人员提供斋饭。大厨房内外各支一口大锅，用来炖菜，斋饭主要是馒头和白菜炖粉条。在正月初九送走城隍后，大厨房会为参加送城隍的人提供面条。

## （五）家户的准备

虽然在康宿有信仰天主教、基督教的家户，但绝大多数的家户仍更加依从于民间信仰。各家户均直接或间接地参与到送城隍的活动中，他们不仅是围观者，还是实践者。各家户为此还要进行一定的准备，因正逢正月期间，各家的院落收拾得非常整洁，家家户户悬挂红灯笼。同时，因为送城隍有多个环节要上供，焚烧元宝，特别是正月初九的各环节中要大量使用到香烛、果品等，所以各家均会准备大量的元宝和其他所需的供品。

云厨房里的供品　王学文 摄 2012 年

## 五、仪式过程

康宿村的迎送城隍，简单说是围绕着太平清醮会而展开的，由迎城隍、迎供、烧蒿离山、送城隍和一系列的仪式和复杂的道教科仪构成。在时间上从正月初七早晨到初十凌晨，构成了一个环环相扣的仪式链条。在空间上将以玉皇庙为主的村中的众多庙宇和各个家庭以迎神、敬神、送神的名义勾连到一起，共同构成了一个表达民众求福纳祥愿望的神圣场域。以下将主要依靠2012年春节期间的调查资料，以时间的顺序介绍康宿村的迎送城隍。

### （一）请柱子

正月初六，康宿村民就在玉皇庙中搭建起了醮棚，但严格意义上讲，此时还不能称为醮棚，还只是一个棚。只有众神的神像、牌位和供品通过一定的仪式程序被迎请进来后，才能称作是有神圣意义上醮棚。

首先要进行的就是请柱子。柱子，也就是神像，平日里全部被收装在一个红色的柜子里。正月初七的清晨吃过饭后，道士和会首以及参加巡游的各表演队伍抬着柜子从棚里出发，开始游街请神。从这一刻起，康宿村七就正式进入到神圣、热闹而复杂的节庆时间之流。

走在游街队伍最前面的是炮手，他们都是村里经验丰富的老炮手。他们不时

会首位布置醮棚　王学文 摄 2012 年

地燃放鞭炮和炮竹，为游街队伍开路并掌控着游街行进的速度。在其后便是来自本村或外村的表演队伍，这些队伍的顺序事先已经排好。在游街行进的过程中，各个队伍都是走走停停，一有适合的地方就会来一段卖力的表演。这一过程中，哪个表演队伍周围聚集的人多，哪个表演队伍获得的喝彩声大就成为衡量各个表演队的重要标准。这一表演行进的过程，也就成了流动的竞争的舞台，各个队伍无不拿出浑身解数来投入到这场神灵和民众共同的检阅。一方面是表达虔敬之心的一种方式，另一方面也是他们为其各自代表的群体、神灵或地域赢得声誉的一种途径，还有这也是一种营销手段。因为这些队伍中还有以为人们婚丧嫁娶、庆典宴会提供表演服务为生的队伍，如 2012 年就有李育文艺队、韩海臣文艺班等。

虽然说前面的长长的队伍甚是热闹，但对于仪式而言还只能说是一个铺垫，因为最重要的核心是在表演队伍后的仪仗队伍和神匣。仪仗最前面是两面三角龙旗、两面长方形龙旗，然后是"回避"、"肃静""公正"、"廉明"幡牌，接下来是龙头、金瓜、玉斧、朝天蹬、盘龙棍、偃月刀、判官笔、令旗等。6 位道士分持 2 面云锣、1 对镲、1 笙、1 笛和 1 梆子随后，边走边吹吹打打。道士的后面是由专人抬着的香案，香案上供一木制"供奉黄箓会中全神之位"①，同时摆放着红烛和香炉。紧随香案的就是由一对龙凤扇导引，黄绫伞盖遮护下的装着柱子的神匣。简言之，请柱子这一仪式环节的主要目的就是通过抬着神匣巡游这一象征性的方式将众神仙邀请到玉皇庙参加醮会，所以供桌上供奉的全神之位就是代表着神匣中卷放着的众神像。我们看到虽然队伍的前面是锣鼓喧天、欢蹦乱跳，但队伍末尾的仪仗和抬神匣部分却非常内敛和沉静，充满着庄严感。康宿迎送城隍这一民俗活动中的一些重要的组织者也大都聚在队伍末尾，特别是当年值班的会首则要求必须各拿一根点燃的线香随在神匣前后左右。

仪仗中的龙头　王学文 摄 2012 年

　　游街的路线基本是沿着康宿村的主干道进行，同时村中几个重要的寺庙均会走到。沿街的各家各户也早已在门口设置好的迎接的香案，供上用黄裱纸书写的神位，上书"昊天金阙玉皇上帝"，前摆上香炉、红烛和水果点心等各式供品。当神匣快要到达自己门前时，才会将线香点燃。每到一香案处，神匣会暂停下来。此时，一位道士会上前协助香案的主人焚烧元宝纸钱，燃放鞭炮，其他道士们会敲响云锣大镲和梆子。众人跪拜迎接神匣，一位道士领诵"南无——"其他人附诵"无量寿佛"。而每经过一庙宇处，道士们则会敲敲打打到庙前，带领众会首跪拜，同时念诵"南无——无量寿佛"。

　　就这样走走停停，巡游队伍绵延了一华里以上。前面的表演队伍已经到达玉皇庙前了，后面的神匣还在一华里以外。先到玉皇庙的表演队伍并不会散去，而

---

① 黄箓会是道教科仪的一种，也称黄箓斋，与玉箓斋、金箓斋一起统称为道教科仪的"三箓"。金箓斋系指为帝王统治者作的祈祷风调雨顺、国泰民安的一类仪式；玉箓系指帝王眷属所行的祈福赐寿、保国安民、禳灾济度的一类仪式；黄箓系指济生度死的一类仪式，士庶通用，现在道士所作的多为黄箓斋。参见胡孚琛主编《中华道教大辞典》，北京：中国社会科学出版社1995年版，第510—512页。

各家各户门前摆放的供桌　王学文 摄 2012 年

是在玉皇庙前的空场上各找位置继续着表演，等待神匣的到来。表演的队伍越聚越多，围观的人群也越聚越多，不一会儿玉皇庙前就已经水泄不通了。终于抬神匣的队伍来到玉皇庙前，庙前空场上所有的表演都停了下来，人们自觉地跪了下来，黑压压一片。在道士的指引下，神匣被抬进玉皇庙事先搭好的棚中，道士高声领诵三声"南无——无量寿佛"，众人跪拜磕头然后才起身，至此历时近 5 个小时的请柱子才得以完成。于是众人散去，或归家或到大厨房用餐。从此时起，玉皇庙就不再允许妇女和儿童进入，也不许喝酒吃荤的人进入，一个可以称之为"净化"的空间，有着我们称之为"阈限"功能的空间就被构建出来了。

## （二）挂柱子

当我们吃完午饭很快返回到玉皇庙时，醮会的组织者们已经打开了神匣，正在将柱子一张张挂起来。各柱子的位置是固定的，一部分会首和负责此事的人员拿着柱子根据一张示意图悬挂。还有一部分人则根据悬挂好的柱子，把写有神仙名字的牌位摆放在柱子前，并摆好香炉和用于上供的碗、碟。我们看到，装柱子的神匣和用于装上供用的碗、碟、盘子的柜子也摆放在醮棚中，第二天用于接城隍的轿和香案则放置在玉皇庙外的右前方。关于柱子的位置及整个醮棚空间的布置可以参见文后的《玉皇庙醮棚众神名单》和《玉皇庙醮棚示意图》。

根据统计，康宿玉皇庙醮会共有柱子81幅，包括了三清、三皇、四御、四值、风雨雷电、九殿阎王、十方天尊等，几乎涵盖了道教的众神。这81幅柱子有78幅悬挂在所搭建的醮棚空间，其中"南方丹灵火帝真君"的柱子挂在玉皇庙庙门前临时用木杆和草席搭建的简易棚中，"勒封山神之位"的柱子挂在庙门东侧的墙上。另外的3幅，一幅是"九天云厨监斋使者之位"挂在云厨房，一幅是"万国九洲增福财神"挂在天厨房，还有一幅是"天师"则挂在去年值班会首家中。

会首们挂柱子　王学文　摄 2012 年

所有柱子和上供用品安置好后，还需要一个重要的程序才能算完成空间的圣化，那就是请道士为神像梳洗打扮。所谓的梳洗打扮，其实是象征意义的。一个道士手拿着装有清水的洗脸盆和一块毛巾从每幅神像前走过，寓意是为神像洗脸。另一个道士拿镜子、梳子紧随其后，用镜子照着各个神像的头部，用梳子象征性地梳理一下。梳洗完毕后，负责庙里的人就开始为每一位神上香，云厨房开始上供品,而其他人则开始进一步装饰醮棚,粘楹联、挂彩纸。玉皇庙门口贴上了"天开黄道千真降,地接蓬莱万胜临",门外火帝真君的棚上粘上了"赫赫灵光镇南方,炎炎烈日照丙午",护法灵官处则贴上了"身披银甲显威灵,手执金鞭巡世界",鬼王大士处则贴着"面图青色孤魂怕 口吐红光恶鬼惊",醮棚进口处则贴上了"诚可格天一念感通于上下,敬而事帝十方洞达于神明"。最为传神的则是这幅对联的横批"万仙云集",为这醮棚的神圣空间做了最好的概括。

正月初七的所有仪式环节至此也终于告一段落。仪式活动的组织者们聚在玉皇庙门房中开始议论今天请柱子巡游出现的种种问题,并就正月初八的工作和注意事项进行了重新的强调。可以想见,在以前行政力量介入迎送城隍会不深时,参加这种商讨的更多的是会首和村中有威望的士绅,但现在我们看到基层政权的力量已经深刻介入到了当下请送城隍的决策和领导过程。村书记和村委会一般人马是讨论会的主角,村书记也是这种会议的总结和决策者。关于要求加快队伍行进速度、注意安全等命令都由村书记,也是2012年醮会总指挥来发出的。但是我们也看到,基层政权介入更多的是涉及人员组织、安全保障、表演演出等可以称为世俗层面的事务,而醮棚敬神和道士科仪等神圣或者说信仰层面的事务则还是由传统的会首来组织安排,应该说从康宿村的情况来看,双方是一种合作的关系。

## (三) 迎城隍

虽然正月初七请来了柱子,但在"万仙云集"的醮棚中还缺少两位重要的神祇:土地和城隍。虽然从神的等级来看,土地和城隍等级不高,但从与民众的距离来看无疑是最为接近的。在传统的观念中,土地源自古代的社神,每村每社均设有土地庙,有的村社甚至不只有一个,担负着护境安民的责任,职责相当于"村长",负责本村本社阴界的事务。而城隍是冥界的地方官,相当于阴界的"县长"、"市长"。宋代祭祀城隍被列为国家祀典,至明代城隍神的爵位也分为王、公、侯、伯四等。随着这种金字塔式的权力等级秩序从现世进入到信仰俗信领域的构建之中,在国家正祀和民间淫祀的相互影响下,土地和城隍的关系在康宿村民众的思想中也有就了类似于"村长"与"县长"的上下隶属关系,因此也就在醮会期间依照现世的逻辑演绎出土地至村口迎接城隍,活动后送城隍回城的仪式情景剧,正月初八正是这一情景剧的开始。

正月里的燕赵大地,异常清冷,正月初八凌晨的康宿村里虽然有着火红的灯笼和飘舞的彩旗,但依然不减透骨的寒气。凌晨2点半左右,设在玉皇庙门房里的广播就开始召集参加迎城隍的人们到玉皇庙集合，会首的声音在清冷寂静的夜空中更具穿透力。今天的康宿村比周边的村庄更早地苏醒过来，人们三五成群地，陆陆续续地来到玉皇庙前集合。玉皇庙前人越聚越多，有手持表演道具的演出队员，有负责扛举仪仗用品的妇女，还有负责抬轿抬香案的人。来到的人们各依早已的安排，有条不紊地做着准备工作。凌晨3点时，总指挥手持扩音器，指挥着排道子，并让这些队伍到村口等待迎城隍的仪仗队和轿子，与此同时道士和会首已经去村中的土地庙请土地神。

请土地的队伍由道士、会首、仪仗队和抬香案、抬轿子的人组成。今天的阵仗显然比昨日更加庄重，所有道士都身着道袍。康宿村有两个土地庙，请土地的一行首先来到村南的三官庙，三官庙中供奉的天官、地官、水官。道士带领众人在三官庙前跪拜，迎请地官。接着队伍来到玉皇庙西侧的土地庙，开始请土地。道士们站在土地神像前，一边敲打着响器，一边念诵着经文，众会首则各执点燃的线香跪在后面。道士拿出事先准备好的具贴文书，在土地神像前念诵：

灵宝大法司本司以今除巳依科修奉外合行贴下仰照验即便肃净氛秽翊卫玄坛毋令厌秽以干侵祇奉真灵而来格善功成就恩泽普覃即俾眘房安宁先亲得度须至贴者右贴下土地里社正神详情事理准此

中华人民共和国公元二〇一二年正月初八日

具贴社首李菊辉、徐凡民、郝永乾、赵子臣、吴民的、韩学良、李大安、李春锁等①

念诵完毕后，道士将文书在庙门外焚化，然后带领众人高声诵了三声"南无——无量寿佛"。众人站起，一会首到庙中将土地神的牌位请出放于轿中。一行人开始向村子西南口行进，在这一过程中，并没有敲锣打鼓，而是默默地快步前行，排列在村口道路上各表演队也在静静地等待。

凌晨3点左右，请土地的队伍来到村西南口。康宿村的西南口道路连接着武安至永年的省道，这条道路也是从武安到康宿的重要路径。村民解释说康宿迎接的城隍来自武安县城，所以要与本村的土地神一起，抬着轿子来此迎接。道士和会首以及抬着的香案、轿子来到队伍的最前列，轿门面向北放置在前面，轿前点

---

① 文书打印于A4白纸上，原文为从上到下、从右至左书写，无句读。

起金银元宝，人们全部跪在地上，黑压压的一片。道士借着火光开始念诵迎请"本县城隍显佑伯尊神"的文牒，与请土地时一样，具名的同样是当年值班的会首。念诵后，众人齐诵"南无——无量寿佛"，众人方才起身。一会首将城隍的牌位放于轿中，象征性表示城隍已经迎接到，现在可以去玉皇庙醮棚了。于是鞭炮齐响，锣鼓震天，抬着放有城隍神位的轿子开始了比正月初七请柱子更加隆重的巡游。就我们的观察来说，相较于醮棚中已经到位的众神而言，在康宿民众中迎接到的这位本县城隍显得更为重要。

表演的队伍和行进的路线与初七请柱子的基本一样，只是在人数上初八显得更多，人们表演得也更加投入和精彩。抬着城隍的轿子和仪仗队伍仍在最后，每到沿街摆放供桌的地方，轿子都会停下来，各家户放鞭炮，烧元宝，跪迎城隍的到来。一时间村庄鼎沸，一堆堆篝火燃起，驱散了黎明前的寒气，鞭炮声震耳欲聋，叫醒了沉睡中的村庄。男女老幼沿街而立，观看着各队伍的表演，也虔敬地等待城隍的到来。不到一公里的巡游距离，整个队伍走了整整4个多小时，到早晨7点多时才到达玉皇庙。

玉皇庙前迎接城隍的人群　　王学文　摄　2012 年

城隍的轿子来到王皇庙前时,这里已经跪满了村民,通过水泄不通的状态来看,应该有上千人之多。在道士的指引下,在众人"南无——无量寿佛"的高呼声中,城隍的神位和土地的神位被请进醮棚,至此,醮棚的众神终于全部就位。

(四) 道士打醮

前文我们提到,康宿迎送城隍活动的实质是一个太平清醮,迎城隍和请众神对于醮会而言都是在进行"打醮"的准备。道教斋醮科仪非常丰富,有着一整套的斋醮程式和规定性,但由于道教信仰传播的广泛性和民间化的影响,加之许多道士本身对斋醮科仪的掌握和理解程度不一,所以同类型醮会在不同地区就有不同的特点,不同道士举行的同一类醮会也有很大的不同。道士打醮是非常职业化的工作,有深厚的信仰色彩,对一般民众而言充满了神秘。作为醮会而言,道士自然是整个打醮科仪的灵魂人物,他们既是所有仪式的发起人,还是所有仪式的主导者。当众神在康宿玉皇庙醮棚中就位后,道士们就开始一系列的科仪,而此时会首和一般民众则以参与者的身份配合着道士完成这一系列的科仪。

道士带会首祝风取水　王学文 摄 2012 年

正月初八清晨城隍和土地请入醮棚，大约8时半左右，道士们分持云锣、镲、笙等乐器和值班的会首出城隍庙到村东北处祝风取水。一行人来到之处是一水井所在地，道士念诵取水文牒，念毕焚化，众随行人员跪拜三呼"南无——无量寿佛"，然后由一会首从井中打出清水，随后众人返回玉皇庙。途中停在一桥处，道士念诵祝风文牒，格式与取水文牒同，内容为"灵宝大法司本司以今除已依科修奉外，须至公文者，右牒请，当季掌管风云雨部龙神，详前事理即便停风止雨敛雾收云使四季而朗清俾，三光而普照庶得，真灵而来格斋直周园以回宫仍祈，神车下迈鉴歆醮醴，谨牒"，下面具着时间和当值会首的名字。念毕焚化，与取水的方式相同，然后众人回到玉皇庙醮棚中。至此，人们各自散去吃早饭，道士和会首们也在大厨房用餐。

> 灵宝大法司本司以今除已依科修奉外
> 
> 须至公文者　右牒请
> 
> **本境井泉龙王地脉有感尊神**
> 
> 详前事理洁井取水泉脉开通洒水净坛荡除氛秽迎
> 
> 上帝而来格迓
> 
> 真圣以不临
> 
> 善功成就幽显沾恩　谨牒
> 
> 中华人民共和国公元二〇一二年正月初八日具牒社首
> 
> 李菊辉　徐凡民
> 
> 郝永乾　赵子臣
> 
> 吴民的　韩学良　等
> 
> 李大安　李春锁

用完早餐后,道士们开始上坛。首先是用取回来的水给城隍梳洗,云厨房的人给众神像献水上香。道士和值班会首来到在玉皇庙以东设立的"旛杆使者"处,开南天门。"旛杆使者"处已经挂上了《旛杆榜》。榜文为黄纸黑字从右至左竖写,内容为:

伏以幡杆者,望也。有杆无幡者不能举也,所以高挂宝幡,圣贤齐临法会张列文榜。灵魂同赴瑶坛,神见幡而神喜,鬼见幡而悦欢。扬挂彩幡,招真集圣今出榜晓谕一切鬼魂等众同赴灵坛受享醮祭。飞来玉屑之真,蹁□瑕珮接引泉局之鬼,缥缈云幡。大神告竟,满散周隆。神祗各归宫宇,孤魂四散立莹,受食和冤承经脱化故榜。

二零一二年正月初八

道士和会首来到后,在科仪音乐的伴奏下,一道士开始唱诵《灵宝清醮扬幡发遣全科》,众值班会首跪拜于地。扬幡发榜意在召集众神和鬼魂同赴灵坛受享醮祭,在齐呼三声"南无——无量寿佛"后,道士和众人重回醮棚。

稍加休息后,道士和值班会首又带全套鸾驾到一会首家中请天师。请天师的程序与其他科仪环节基本一样,要唱诵经书,跪地拜请,最后一会首捧着天师牌位放入轿中,然后起轿回到醮棚。与其他只写着神的名字的牌位不同,天师的牌位是一画有天师像的木版画。天师请到醮棚后,被安置在醮棚中一独立

道士扬幡发榜　王学文 摄 2012 年

的位置。神像被供放在一高高的供桌上,桌上同时还摆放着天师用的五雷符和七星剑。接下来道士仍要诵经,并带领众会首跪拜,至此才算将天师请回接受供奉,道士们也得以短暂休息一下。

午后2时，道士们又开始一系列的科仪。首先是上坛，开始上坛前，醮棚前已经搭起一高高的"迎鸾接驾"的供桌，上面摆放着三清的牌位和香烛供品。上坛时念诵《灵宝清醮启师演道全科》，然后是迎鸾，念诵的是《灵宝清醮迎鸾全科》。其间进《三清表》，目的是向玉皇汇报建醮的情况及有关的科仪安排，类似与"请示"。通报《三清表》黄色黑字，内容和形式如下：

```
三清表

太上三五都功祭酒经箓弟子臣诚惶诚恐稽首顿首端拜
上言臣闻
上极无上巍巍
金阙之尊玄之又玄缈缈
玉境之圣高拱云霄非神莫造臣谨奏为河北省武安市各社甲
道祈福修醮保安信士社首吴民的韩学良郝永乾李大安李春锁李菊辉
人民不同现康宿村居住奉
徐风民赵正臣等
即日同心上叩
天闻黄道大吉良辰虔备金银宝马香灯供品之仪礼请
玄门道士承领道众就在本庙立坛修设黄箓清醮二旦夕内供
神班二十四分位普通供奉先於初八日伸文奏请初九日正醮二
朝本日到晚夜止告终上报诸
神洪恩下祈保合社人口平安事臣领词虔切理难仰止以今
法则义象建立灵坛伏望瑶屏倘有片云之隔投诚丹禁仰希
一盼之光臣诚惶诚恐稽首臣俯拜恭惟
三清三境三宝天尊太上弥罗主浩劫元始天尊总握
万天之权密运
二仪之化恢恢不失荡荡难名偏伏愿雉扇微开
天颜咫尺珠帘半卷瞻
玉相于须臾臣仰渎天颜下情无任激切屏营之至臣
　　　　　　　　　　　　　　　　　　　　谨言
公元二〇一二年正月初八日奉行科事臣诚惶诚恐稽首顿首臣再拜
　　　　　　　　　　　　　　　　　　　　上表

昊天金阙玉皇上帝臣陛下
```

接下来是分灯，分灯是醮会中燃点坛场灯烛的仪式，原本程序中包括了取火、分灯、念诵。取火是从日光中取火，然后一炬分三炬，三炬燃遍全坛之灯的过程，象征性地体现"一生二，二生三，三生万物"的道教思想。但我们看到的分灯仪式，已经没有了日光中取火的环节，而主要是道士立于神像前，右手持七星剑，左手持五雷符，边念诵经文，边按照规定的阵式向东南西北中等方位行走，并舞动剑和符，这期间当值的会首全都手捧燃起的香跪拜在后面。当道士念诵完经文，走完了阵式后，他将放着点燃油灯的托盘交给会首，然后会首托着托盘，将醮棚各处的油灯点燃。

分灯仪式结束后，稍加休息就要组织鸾驾送天师回府，这一环节依然是道士主导，指挥着众会首来完成，天师的神像仍旧被送回到供着天师像的会首家中。

送天师的队伍回来后，道士要在醮棚中巡香。晚饭后 7 时，道士带领众会首开始禁坛。禁坛是斋醮中的一项重要科仪，目的是肃清坛场，扫尽坛场污秽，禁结一切鬼祟，使之成为清净神圣场域。道士们禁坛时唱诵的是《灵宝清醮禁坛全科》，其间的步法、阵式和咒文更为复杂。禁坛结束后，正月初八的醮会才暂告结束。

正月初九是醮会的最后一天，其间涉及的科仪也最为复杂丰富。凌晨 2 时，道士们就起床来到醮棚，开始诵经《灵宝清醮杭州滇道全科》，诵经过程中要供水果三样，饼干二色。至凌晨 4 时 30 分，经书诵读完毕，然后众道士重演初八时的开坛，给玉皇等众神梳洗。早饭后，道士们再请天师，然后回坛巡香，进《玉皇表》。《玉皇表》黄色纸竖写，与初八时的《玉皇表》在形式上一样，内容上略有不同。如果说《三清表》是向神请示的话，《玉皇表》则是给神的醮会科仪情况的总结。《玉皇表》内容整理如下：

太上三五都功祭酒经箓弟子臣诚惶诚恐稽首顿首端拜，上言臣闻唯，天无私广施生生之大德下民事，帝殚翼翼之小心辄控愚忠冒干天听，臣谨奏为河北省武安市各社甲人民不同，现在康宿村居住，奉道祈福修醮侯安。信士社首吴民的、韩学良、郝永乾、李军安、徐凤民、李春锁、李菊辉、赵子辰等即日同心上叩。洪造意者伏为卜告于正月初九日，正逢天开黄道大吉良辰，虔备金银宝马香灯供品之仪礼，请道教法师承领道众就在本庙立坛修黄箓清醮二旦，又内供神班二十上分位普通供养。先于初八日伸文奏请初九日正醮二朝日，到晚夜止告终，上报诸神洪恩下祈合社人口平安事。臣领词虔切不敢抑违冒昧行为通表奏，诚惶诚恐稽首顿首臣俯拜恭惟，昊天金阙玉皇大天尊玄穹高上帝陛下，上极无上现清之法身，玄之又玄显光明之玉柜，无求不应。惟德是从，伏愿上帝垂休辰养俱蒙于化育皇，天眷佑斋功克遂于周隆。五行顺九曜之怨，善感千祥之庆仁，风广扇惠日照临凡居。覆载之中均赖生成之造。臣干冒天威下情无任激切屏营之至。臣谨言。公元二〇一二年正月初九日奉行科事臣诚惶诚恐稽首顿首。臣再拜。上表。

进完"玉皇表"后，就是做午朝，上"十献"。所谓"十献"，就是向玉皇依次献上香、花、灯、水、果、茶、食、宝、珠、衣。在《灵宝清醮午朝演道全科》中就"十献"有详细的记录。即：

香：清静道德香"上献"虚皇瑶瞻法驾降祥光愿祝当今请圣主万寿无疆。
花：仙苑百花香"捧献"高明娇红嫩绿展凡情四时开时采进上百福增崇。

灯：银灯影皎光"上映"穹苍辉煌照耀吐银虹醮主虔诚来点献集福迎祥。

水：酌水献高真"洗液"尘氛百川万海自流津沐浴花池能盥漱福禄齐臻。

果：异果色颜奇"上奉"神祇庄严设供通萍实亘古桃筵陈祭祀锡福延禧。

茶：蕾蕊法新茶"白雪"银芽虚全□自古泛灵苑赵州果老能知味出自仙家。

食：云厨办香斋"妙用"奇哉珍馐百味献瑶台然此□盛涣□供福自天来。

宝：万宝妙庄严"上奉"诸天

会首在道士的指挥下上"十献"　王学文 摄 2012 年

慈民富庶广无边法海灵山光普现赦罪消愆。

珠：珠宝奉神灵"诚格"天庭谋来遂意永前程作善降祥无各异福寿绵宏。

衣：蜀锦共吴绫"邦献"名团花万字绣回文丰稔蚕璞时和顺五福骈臻。

这一科仪环节中，所有的会首都要参加。各会首从醮棚入口处三官大帝柱子前开始，沿醮棚左右的通道一直跪至玉皇庙门前。道士在三官大帝前首先念诵《灵宝清醮午朝演道全科》，念诵的过程中依次将香、花、灯、水、果、茶、食、宝、珠、衣交到跪在地上的会首，然后由各会首手手相递，一直将供品呈献到玉皇神像前的供桌上。上完十献后，道士还要再次礼请三宝天尊，并将玉皇表在玉皇庙前焚化，然后道士和值班会道将天师送回天师府，同时再次请回。

时间已经是中午 12 时，众人到厨房吃午饭，此时，妇女和儿童才允许进入醮棚，于是陆陆续续的有村民拿着香烛元宝到醮棚中祭拜。午饭后，醮会的科仪继续上演。有一道士带领部分会首开始送神，其余道士和会首开始在庙中破狱。所谓破狱，就是打开"丰都鬼城"的四座城门，释放被囚在里面的孤魂野鬼。破狱要送"十王疏"，送十殿阎王奉行科事，一种纸质的袋子，内装"太上老君往生净土神咒"。

这些进行完毕后，实际上醮会也就进入到了尾声。但是，虽然已经进行了送神送鬼的环节，可城隍和土地还没有送走，在晚上还有烧蒿离山和送城隍等环节。

以上只是醮会科仪流程的简单介绍，实际每一仪式中还包含着若干的细节，涉及到道教科仪本身的知识和技能更加复杂。也正因为科仪本身的专业性要求，也就使得道士在醮会中充当了重要的角色。在村民眼中，他们是沟通人神的媒介，是能否实现祛灾祈福愿望的关键。他们在醮会科仪中表现出的投入程度、专业程度和对仪式的解释、把握能力是人们衡量他们工作的主要

道士在进行科仪　王学文 摄 2012 年

方面，同时，他们的科仪安排推动着整个醮会的运行，在这一过程中他们有着极大的权威，众会首都服务于他们。

另外，康宿醮会的时间非常紧张。以请送天师为例，二天的醮会中，三请三送天师。其中一次刚送回去师，马上又请来。道士们给了我们解释，康宿醮会的科仪应该是三天完成，但因为康宿是打二天醮，在科仪内容不能减的情况下，只能紧锣密鼓地来做，所以是三天的醮会两天做。

## （五）迎供

根据我们的观察，道士在醮棚中进行各种科仪的过程中，并没有多少的村民围观，参与其中的更多的是会首。当我们想进一步了解各种科仪的细节时，只有个别会首能说出一二，普通村民知道的就更少。某种程度上说，大部分人在由道士主导的科仪上更多的是一种听从和跟随。但这并不能说村民对此淡漠，而主要是因其专业性和一些禁忌规则所致，如吃荤喝酒的人不能进入醮棚，妇女儿童不能进入醮棚等，这也就使本应是最有可能成为围观者的人群无法进入醮棚，他们也就无法了解醮棚中各科仪的细节了。因为我们一直在醮棚中观察，所以甚至有

妇女向我们了解醮棚中的情况。

**抬着供桌准备上供的队伍　王学文　摄 2012 年**

当然，参与者、围观者和通晓者只是在醮棚科仪环节缺少，在请送城隍的其他环节中，村民就会走到前台，迎供就是全体家庭参与的重要环节。所谓迎供，就是各家庭的男性抬着放有各式供品的供桌依次进入醮棚，向众神象征性敬献供品的行为。迎供是在正月初八道士和值班会首将天师请到醮棚后进行，据村民讲，原来是每个家庭准备一张供桌上供，但现在已经变为以村民小组为单位来上供。各小组上供的顺序是醮会组织者，通过"拿蛋儿"，即抽签的方式确定的。康宿村现有 12 个村民小组，理应要抓 12 个顺序号，但也有两个村民小组合在一起上供的，如 2012 年十一小组和十二小组就合在了一起，所以就会少抓一个号。各村民小组准备多少张供桌，如何组织则由各村民小组自己商议决定。现在二三户准备一张供桌的情况比较多，不完全统计，2012 年的供桌有三四百张之多。

就我们所见，上供的供品非常丰富。主要有三类：一类是香、烛、鞭炮、金银元宝、纸钱，这类供品上供后就交到了玉皇庙上，不再拿回家；一类是馒头、水果，这显然是比较传统的一类供品；还有一类是随着社会发展而增加进来的，如蛋糕、冰糖葫芦、萨琪玛等小食品。后两类供品在上供后再抬出来，然后由上供的家户分享。但无论是哪一类，其意都在给神上供的同时，使这些供品具有某种神圣性，而让最后分享这些供品的家庭获得神的佑护。

正月初八道士和值班会首在请天师期间，参加迎供的家庭已经开始了准备工作。人们把各类供品放到供桌上，并由男性抬着供桌到玉皇庙正对着的一条街上聚齐，按照早已安排好的顺序排好。在鞭炮锣鼓声音中迎供开始，人们抬着一张张供桌从玉皇庙正面东侧门鱼贯而入。在会首的组织安排下，供桌在每一柱子前短暂停一下，一步一停，每神必敬，然后从玉皇庙的西侧门出。本就逼仄的醮棚，在进入数十张供桌后显得非常拥挤，但一切却杂而不乱，十分有序。抬供桌进醮棚的是成年男性，家庭的妇孺老幼则在玉皇庙外忙碌和等待。迎供不是个人的事情，而是与家庭的每一分子都有关系，与家庭的安康和兴旺有关系，所以都是全家出动，各司其职。在自家的供桌没进醮棚前，家里不能进醮棚的妇女和老人一直围绕着在前后，整理供品，孩子则跑前跑后玩耍。供桌进入醮棚后，家人则围在庙前翘首期盼着自家供桌出来，出来后，家人就围上供桌，将供品收入早已准备好的口袋、篮子，然后簇拥着高高兴兴地走上归家的路。回到家中，自是全家围坐桌前欢聚，分享经过众神恩泽的供品。

**家人分享供品　王学文 摄 2012 年**

## (六)烧火雷山

正月初九下午,醮会的科仪接近了尾声,但此时,各家庭却都在忙着准备傍晚时需要用到的"书包"和"鬼票"。"书包"是用蓝色纸粘制而成的单肩纸书包,有的会在书包面上饰以金箔纸剪成的各类图案,书包中装入纸钱、元宝,同时每个书包中还放入一张写有近年过世的亲人名讳、住址及送书包主人的名字。一个家庭制作书包的数量主要根据去世亲人的情况确定,父母双亡的可以只制作一个书包,写上两人的名字,同时,也可以为女方已故父母制作书包。制作"书包"、装入"鬼票"意在为死去的亲人送去钱财,以供其在阴间使用。

制作"书包" 王学文 摄 2012 年

傍晚时分,各家人陆陆续续地走出家门,带着准备好的书包和一捆油菜秸到康宿村东口一沟壑下,用油菜秸堆起一大大的柴堆,然后将书包挂在柴堆上。书包挂的方向,应是已故亲人坟墓所在的方向。这挂满书包的柴堆,村民称为火雷山,烧火雷山是康宿醮会重要的一个环节。

在村民中有一种说法,烧火雷山时小孩子不能去,说是因为小孩子有天眼,可以看见到火雷山取卡包的鬼魂,可能会被吓到或是冲撞了鬼魂。但从我们的观察看,这种禁令的威吓性已经大大降低,当冲天的火焰燃起时,有许多的孩子在远远地围观。

观看烟花的人群　王学文 摄 2012 年

2012 年康宿烧火雷山前还有一个特别的插曲——燃放烟花爆竹。燃放爆竹数量之多、规模之大还有提供烟花爆竹人本身的显赫,也使得这一插曲变得犹为隆重,吸引了十里八村的民众前来观看,成为人们津津乐道的一个话题。烟花爆竹是由康宿村在县里为官的人带来的,据说有十多万元之多。在玉皇庙东侧通往村东火雷山的街道上摆放了满满一地烟花爆竹,负责燃放烟花爆竹的是武安烟花爆竹公司。为了防止火灾保证安全,在下午时整条街道就打扫干净,摆放整齐了烟花。同时县上还派来了警察、消防维持秩序。在开始燃放前,带来烟花爆竹的人还在村委会主要人员的陪同下到玉皇庙里参观祭拜。晚上 7 时整,烟花爆竹开始燃放,一时间爆竹声连成一片,一个个礼花弹腾空而起在天空中绽放,灿烂明亮,照亮了玉皇庙的上空。在门楼上、在屋顶上、在街道里站满了村民,一个个仰望着夜空发出声声惊叹。烟花爆竹燃放了 40 分钟才落下帷幕,整个空气中都充斥着浓烈的硝烟。应该说这是一场特殊的展演,不仅是视觉和听觉的年度盛宴,还是村落荣誉、地位的呈现。更为重要的是,在这场展演中讲述了中国传统社会一直所称道、追求的"衣锦还乡"、"光宗耀祖"的故事,是一场典型的社会权力地位的仪式呈现。带来烟花爆竹的为官之人,与康宿村实际上的连带关系已经非常松弛,但在这样的仪式场合他不能缺席。

烟花爆竹燃放完毕后,街道很快被清理干净。会首在燃放爆竹街道的北头,即靠近玉皇庙的一方摆放了供桌。8时整,道士开始在此举行法师上座仪式,人们将其围得水泄不通。道士边念诵经文,边抛洒谷物,人们纷纷拿出帽子、衣服抢着来接。完毕后,道士和会首一行疾走到火雷山处,边敲着云锣边念诵着经文,围绕着火雷山逆时针转了三圈后,由会首将火雷山点燃。

挂满"书包"的火雷山　王学文　摄 2012 年

燃烧的火雷山　王学文　摄 2012 年

## （七）送城隍

烧完火雷山后，康宿的醮会已接近了尾声，但这个尾声不是草草了事，而是将村落的气氛推上一个新的高潮，其核心就是送城隍。一如迎城隍时的隆重，送城隍的隆重程度有过之而无不及，城隍要沿着迎进村的路线送出村，同样要排道子，要有十好班子表演。沿途各家庭仍要摆放供桌、燃放爆竹。

2012年送城隍在晚上9时开始，因为人员拥挤，队伍较多，还要放大量的鞭炮，各十好班子还会进行各种表演，所以为了保证送城隍的安全顺利，能够按道士确定的时刻将城隍送走，醮会的总指挥在送城隍开始前用扩音器对各项工作进行了要求。而此时玉皇庙前已经聚满了拿着元宝来送城隍的虔敬的妇孺，以及参加表演的各个表演队伍。人们已经开始等待城隍牌位从玉皇庙中请出那一刻的到来，放着香烛供品的供桌已经摆放在玉皇庙门前。在玉皇庙中城隍牌位前，道士和会首们也开始了具有"告别"性质的仪式。

会首们"送城隍" 王学文 摄 2012年

迎城隍时是先请本村的土地，然后抬着土地的牌位到村口迎接城隍。送城隍时也遵循着这样的礼节，道士先到土地牌位前请本村土地，然后再到城隍牌位前请城隍。在村民朴素的认知观念中，土地是本村的"官"，城隍是土地的上级，是"县官"。"县官"到村里来，"村官"肯定是要陪同的，"县官"离开村子，"村官"自然是要送的。"这就像现在上面领导来视察一样，都是要迎来送往的"。①在道士的主持、念诵下，最后土地牌位、城隍牌位和城隍神像被虔敬地请到一托盘上，由一会首手托在怀前，在众人的簇拥下走出玉皇庙。玉皇庙外喧闹的人群霎时静了下来，黑压压跪满一地，或手持线香或双手合十，神情庄严地迎请城隍上轿。城隍被请上轿后，众人三呼"南无——无量寿佛"后方起身，立时鞭炮齐鸣，鼓声震天，浩浩荡荡地送城隍队伍开始起动。

村民跪送城隍　王学文 摄 2012 年

送城隍排道子的顺序基本与迎城隍时相同，因为有些外村的表演队伍没有来，所以有一些微调。队伍最前面是炮手，然后是由抓阄确定顺序的各个表演队伍，最后是全套的銮驾。较之于迎城隍时的表演，送城隍时各队伍的表演更加卖力和

---

① 受访者：韩子德，访谈人：王学文，时间：2012 年 1 月 30 日，地点：康宿村玉皇庙。

疯狂,想在队伍中穿过是非常艰难的事。南少林、北少林等武术班一显争强好胜、竞名逐彩的特点,是你方唱罢我登场,长拳短打、刀枪棍棒一应俱全,叫好声此起彼伏。锣鼓队、秧歌队也使出浑身解数,在正月的寒夜里敲得是热血沸腾,扭得是淋漓尽致。醮会组织者请来的一场现代歌舞也在药王庙前上演,与传统的武术表演、锣鼓秧歌一争高下。整个村落在清冷的月夜沸腾了,以至于一个小时后,城隍的轿子还在玉皇庙前没有挪动。此时考虑到送城隍的时间,醮会的总指挥也不得不要求加快队伍的行进速度。

与队伍前面热闹的表演不同,銮驾始终不慌不忙地默默走在队尾,道士和值班会首庄重地围在左右。城隍銮驾所经的各个家户在送走一个个表演队伍后便虔敬地等待恭送城隍的銮驾,供桌上摆放好牌位、香烛和各种供品,供桌前堆满了献给城隍的金银元宝。当城隍銮驾来到供桌前,所有家人都手拿线香,跪地迎接,在道士的指引下,叩拜并齐诵"南无——无量寿佛"。

送城隍的文艺队　王学文 摄 2012 年

就这样,送城隍的队伍缓慢的行进着。直到凌晨 1 点 1 刻才来到村西南口。表演队伍停止了表演,自觉让出一条通道。城隍的銮驾从最后面来到队伍的最前面，在初八迎城隍上轿的地方停下来。众人全部跪在地上，醮会的总指挥和众会首跪在人群前面。道士们边敲着云锣，边念诵着经文，指点着会首将带来的金银元宝燃起。众人三叩首，并伴着整齐而凝重的三声"南无——无量寿佛"后，震耳的礼炮在路边的地中腾空而起。城隍归去，人们迅速而安静地散去，沸腾的村庄又重回沉寂和清冷。会首和醮会的组织者来到醮会的大厨房，虽然经过了4个多小时的辛苦行进，但在大厨房中人们捧着热气腾腾的汤面，依然在谈论着方才的热闹和期间的种种。

正月初十早晨9时，我们再次来到玉皇庙。会首们已经开始整理柱子和牌位，他们将一幅幅柱子取下卷起放入神柜，将众神的牌位也放入箱子，醮会期间使用的灯碗供碟等一应家什也被小心地擦洗后收起，所有的工作有条不紊地进行着。10时左右，醮棚已经拆卸完毕，一年一度的醮会就这样落下了帷幕。

## 结　语

无论是古代还是现代，也无论是实际的行政运作还是民俗活动中表演，仪仗的阵式和排场规模无疑都凸显着神圣和威严。康宿村醮会迎送城隍的仪仗有着典型的古代官员出巡的特征，这一现象在众多民俗活动，特别是巡游性的活动中犹为普遍。城隍，作为一个道教神明，早已被塑造成为冥界的地方官，所以也就享有着现世地方官出巡的待遇。历经千百年，这一对皇权的模仿仍不失为一种思维和行为模式，这也成为《帝国隐喻》的核心观念来源。

城隍迎来送走，每年一个轮回，城隍与康宿村、与康宿村民之间的关系展现的十分丰富灵动。一迎一送的庄严和喧闹之间，既有对神的崇信尊敬之意，还有着对传统官民等级秩序的接纳，更有着朴素的走亲待客之道。因为调查时间的关系，本文只能算是我们对康宿迎送城隍的初步记录。

附一：玉皇庙醮棚示意图

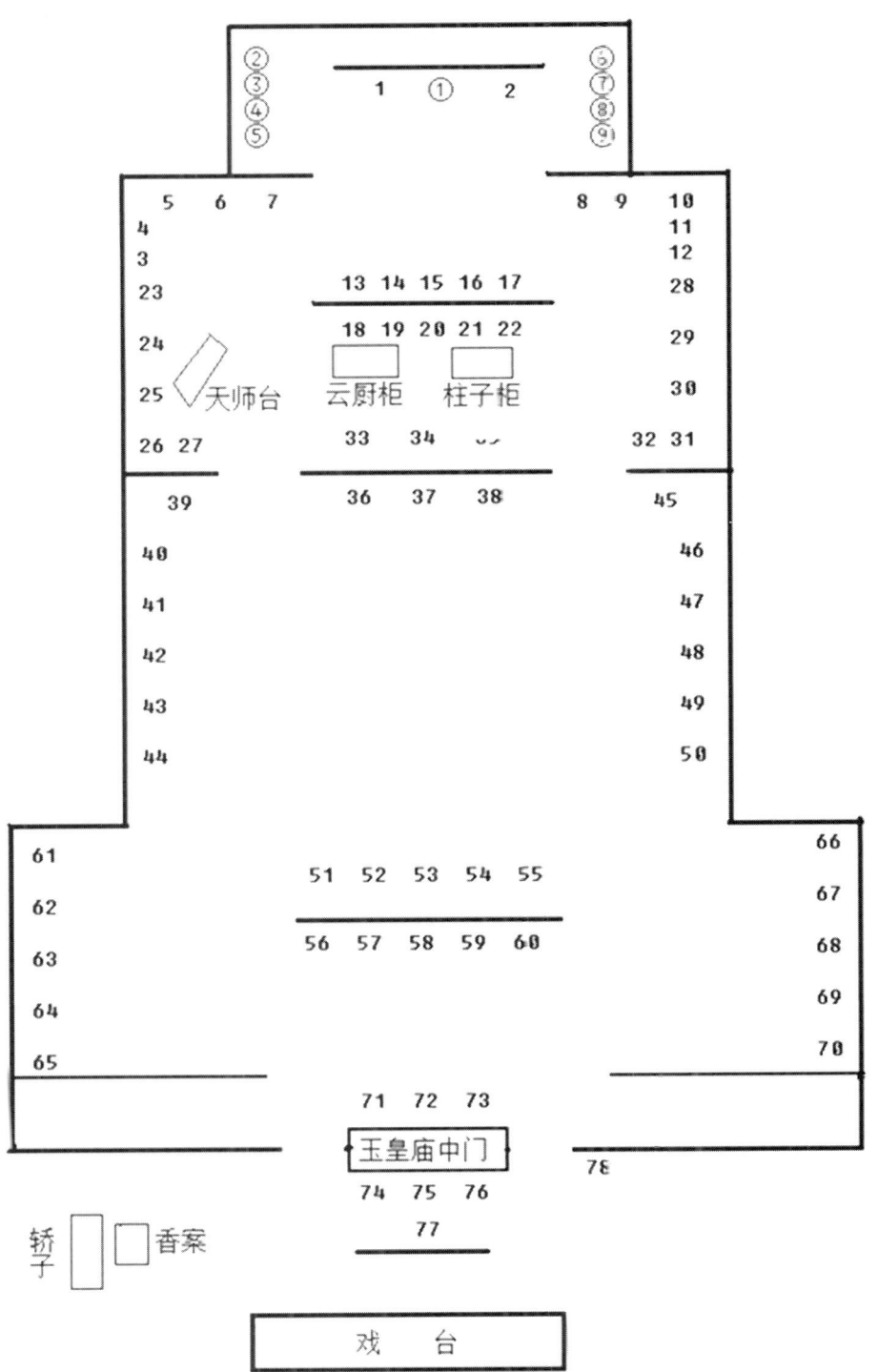

## 玉皇庙醮棚众神名单

| 序号 | 名称 | 序号 | 名称 |
| --- | --- | --- | --- |
| 1 | 南极勾陈天皇大帝之位 | 31 | 左七宿星君之位 |
| 2 | 北极星主紫薇大帝之位 | 32 | 风伯雨师之位 |
| 3 | 下方真皇洞神（衣供） | 33 | 大慈大悲文殊菩萨之位 |
| 4 | 西南方太灵虚皇天尊（宝供） | 34 | 大慈大悲观世音菩萨之位 |
| 5 | 西方无量太华天尊之位（茶供） | 35 | 大慈大悲普贤菩萨之位 |
| 6 | 西方太妙至极天尊之位（水供） | 36 | 至圣先师孔老夫子之位 |
| 7 | 北方玄上玉宸天尊之位（花供） | 37 | 西方释迦古佛之位 |
| 8 | 东方玉宝皇上天尊之位（香供） | 38 | 太上老君道德天尊之位 |
| 9 | 南方玄真万福天尊之位（灯供） | 39 | 九江十二河源众位龙王之位 |
| 10 | 东北方度仙上圣天尊之位（果供） | 40 | 冥府二殿楚江大王之位 |
| 11 | 东南方好生度命天尊之位（食供） | 41 | 冥府四殿午官大王之位 |
| 12 | 上方玉虚明皇天尊之位（珠供） | 42 | 冥府六展卞城大王之位 |
| 13 | 东极宫中太乙救苦天尊之位 | 43 | 冥府八殿平等大王之位 |
| 14 | 中央黄陵十二气天尊之位 | 44 | 冥府十殿转轮大王之位 |
| 15 | 上清真境灵宝天尊之位 | 45 | 五湖四海一切龙神之位 |
| 16 | 玉清圣境元始天尊之位 | 46 | 冥府一殿泰广大王之位 |
| 17 | 太清仙境道德天尊之位 | 47 | 冥府三殿宗地大王之位 |
| 18 | 北方乌灵玄老五炁天尊之位 | 48 | 冥府五殿阎罗大王之位 |
| 19 | 人皇轩辕氏之位 | 49 | 冥府七殿泰山大王之位 |
| 20 | 天皇伏羲氏之位 | 50 | 冥府九殿都市大王之位 |
| 21 | 地皇神农氏之位 | 51 | 西方皓灵白老七炁天尊之位 |
| 22 | 东方青灵始老九炁天尊之位 | 52 | 大慈大悲千手千眼菩萨之位 |
| 23 | 右八天上帝之位 | 53 | 幽冥教主地藏王菩萨之位 |
| 24 | 右八天上帝之位 | 54 | 大慈大悲千手千眼菩萨之位 |
| 25 | 右七宿星君之位 | 55 | 南方真老三炁天尊之位 |
| 26 | 右七宿星君之位 | 56 | 右监坛赵刘大元帅之位 |
| 27 | 山川社稷之神位 | 57 | 下元三品水官大帝之位 |
| 28 | 左八天上帝之位 | 58 | 上元一品天官大帝之位 |
| 29 | 左八天上帝之位 | 59 | 中元二品地官大帝之位 |
| 30 | 左七宿星君之位 | 60 | 左监坛马温大元帅之位 |

(续表)

| 序号 | 名称 | 序号 | 名称 |
|---|---|---|---|
| 61 | 右三祠禄史□等神之位 | 76 | 左班本院男女五类孤魂 |
| 62 | 供奉牛王尊神之位 | 77 | 南方丹灵火帝真君 |
| 63 | 右水草大王之位 | 78 | 勒封山神之位 |
| 64 | 日值时值二值使者之位 | 79 | 九天云厨监斋使者之位（在云厨房） |
| 65 | 本村土地礼让正神之位 | 80 | 万国九洲增福财神（在大厨房） |
| 66 | 左三曹判官典者之位 | 81 | 天师（位于天师府，在当年值班会首家中） |
| 67 | 供奉马明大王之位 | ① | 玉皇帝 |
| 68 | 左五道将军之位 | ② | 右顺风耳将军之位 |
| 69 | 年值月值二值使者之位 | ③ | 右白虎将军之位 |
| 70 | 本县城隍显佑伯尊神之位 | ④ | 右玄武大师之位 |
| 71 | 供奉五瘟尊神之位 | ⑤ | 右天献大师之位 |
| 72 | 护法灵官王元帅 | ⑥ | 左千里眼将军之位 |
| 73 | 供奉蜈蚣虫八蜡神之位 | ⑦ | 左青龙将军之位 |
| 74 | 右班本院男女五类孤魂 | ⑧ | 左真武大师之位 |
| 75 | 丰都鬼王大士之位 | ⑨ | 左天蓬大师之位 |

# 第五章 乡土艺术的"非遗"调适：河南灵宝东西常村"骂社火"

> 我们的骂社火是非遗，还不是国家级的。要是能评上国家级的，社火就好办了，上面会给钱。现在没钱，不好办。今年还是省上来拍片子的人给了些钱才办的，要不也办不起来。
>
> ——西常村骂手

让骂社火成为国家级非遗，是当下豫西的东常村和西常村民众的心声，这被认为是让他们的社火传承发展下去的"救命稻草"。然而资金是否真的是困扰骂社火传衍下去的原因呢？谁也不能否认，这里民众的生活水平已经比过去有了显著的提高。这一产生于生产力低下年代的社火，到今天却遇到了传衍的问题，究其原因显然不能简单归结于资金上。豫西东西常村骂社火的生存发展境遇是当下众多相类的民俗文化生存状态的一个缩影，这类民俗文化，曾是我们民俗生活体系的一部分，曾在区域社会中相对自在自足自然地生长着、变化着，但在经历现代化的洗礼后，它们虽然有了"民间艺术"、"文化遗产"和"产业资源"等各种光鲜的标签，却无法改变发展颓势。因此，当我们将这种乡土社会民俗文化的状态放在当下被认为推动文化发展最好时期的宏大话语中审视时，我们就不得不反思我们在认识层面、理念层面和实践层面的局限，而这也直接显露出我们面对这些现象或问题时解释和把握能力的不足。本章意在以豫西东西常村骂社火个案为引子，分析此类民俗文化在现代化境域中的状态，借以探讨其在未来的传衍之道。

第五章　乡土艺术的"非遗"调适：河南灵宝东西常村"骂社火"

冬日里的豫西乡村　王学文 摄 2014 年

# 一、文化奇葩：骂社火

中国民众在节日中狂欢的方式有很多，但社火无疑是最为引人注目的狂欢方式之一。作为一种传统的仪式性表演艺术，它的产生与中国古代社会祭祀社神的社日以及与驱鬼逐疫的傩仪傩戏有关，还与春节、元宵节期间进行的迎春纳福活动有关。① 社火在中国的分布非常广泛，尤以河南、河北、陕西、山西、甘肃、青海等省区的社火最有代表性。俗语说"过年要快乐，唱戏耍社火"，社火已然成为当地一种标志性的文化存在，成为民众对节日的一种向往。在众多的社火形态中，豫西东西常村的骂社火无疑是极具特色的。

骂社火是河南省灵宝市阳平镇东常村和西常村独特的一种社火形态。东常村和西常村所处的阳平镇，是豫、陕、晋三省交汇之地。古时是通洛阳、达长安、连京都、接帝畿的要地。在境内有"黄帝采首山之铜，铸鼎于荆山下"② 的"荆山"，还有多处与这种久远的历史记忆相契合的景观，如"夸父山"、"黄帝陵"、"蚩尤峪"、"铸鼎原"等。两村比邻而居，以一条小河为界，上架"联亲桥"，民

---

① 王杰文《民间社火》，北京：中国社会出版社 2006 年版。
② 司马迁《史记》卷 28，北京：中华书局 1982 年版，第 1394 页。

风淳朴、关系融洽、文脉昌盛。西常村有贾、苏、樊三大姓，1000多人口，东常村有屈、张、王三大姓，2000多人口，东常村的屈姓家族在历史上曾出过四位进士。种植粮食作物是这里传统的生计方式，后来多种植苹果，近年村民们多转向香菇业。与中国众多的乡村一样，从20世纪80年代始，外出务工的村民越来越多，打工成为家庭收入的重要来源之一，但因为近年香菇业的发展，有外出务工人员回流的现象出现。这方水土称得上是历史深厚悠久、文明开化较早、生活相对小康之地，但就是在这一地方却在正月期间上演一场反常的、在我们看来非常"不文明"的社火——骂社火。

骂社火中的出杆　王学文 摄 2014 年

两村耍社火不是通过双方的协商来达成，而是通过相互的刺激、挑骂来实现的。传统上，每年农历正月初二，一村想要社火的人就会组织在一起，俗称"后场子"，火铳开道，敲锣打鼓到对方村子叫骂，骂对方村里的有名望的社火头子、人缘子、村盖子，① 以激怒对方出社火。被骂的村子不能当场还骂，只能等到第二天也组成后场子，到对方村去骂，这样来来往往一直"挑骂"到正月初十。直到正月初十晚上东常村关帝庙的钟声敲响，表明两个村子要正式耍社火了。从正月十一开始直到正月十六，两村进入到有组织、大规模的叫骂和社火表演的阶段。

---

① 社火头子指组织社火的人员，包括骂家，人缘子指村中有身份、有影响力的人物，村盖子一般指村官。

正月十一下午东常村首先组织队伍到西常村拜请，意在通知西常村到本村看社火。拜请的队伍浩浩荡荡，前有三骑高头大马组成的探马队通报开路，接着是三眼火铳队、横额、彩旗、锣鼓、花车、秧歌等。拜请回来后，东常村开始出杆。① 当天晚上，西常村到东常村夜骂。正月十二下午是西常村到东常村拜请，然后出杆，晚上时东常村到西常村夜骂，如此交替直至正月十五开始进入高潮。

正月十五下午东常村到西常村拜请，但拜请中增加了"祭祖"的内容。这里"祭祖"并非真的祭祖，而是东常村人装扮成西常村贾、苏、樊三姓的后人，通过荒诞的、淫秽的、丑陋的表演来辱骂三姓的祖先，诋毁三姓的后人。笔者观察到2014年的情况，"祭祖"队伍跟在拜请队伍后，首先是扎着白羊肚手巾的鼓手敲着丧鼓，然后是八个打扮成女娃模样的男孩抬着一木制的男性生殖器，他们称为"八抬导弹"。还有一打扮成女娃模样的男孩在后面用一根绳拉着"八抬导弹"，前后耸动，模仿性交状。这之后是装着"供品"的供桌，所谓"供品"，则是夭折的猪、狗、鸡、鸟等，还有一头部被染红的萝卜，象征男性生殖器，最后则是扮成对方孝子模样的披麻带孝的骂手以及一"祖宗牌位"。"祖宗牌位"上钉一张狗皮，白纸上写着"死狗烂娃苏樊贾三姓之神主"，但"神"字缺少一竖，"主"字缺少一点。白纸上还有一幅对联，上书"猪来马年祭三姓，狗遇逢年拜祖先"，上面还画着乌龟、猪、狗。

"祭祖"的表演也极尽夸张、荒诞。"祭祖"的地方在村委会前的戏台上进行。"祭祖"的流程一本正经，依次是：知事者各就其位，孝子贤孙灵前就位，鸣炮、擂鼓、奏乐、进献贡品、乐队祭灵、上香、敬酒、读祭文、烧纸等，每一步都充满了戏谑、讽刺和辱骂。进献的贡品是夭折的猪、狗、鸡、鸟，上香点着的是三根草棍。敬酒时，装扮成的孝子贤孙模仿撒尿状，从夹在裆下的水瓶中将水喷出。所念的祭文，听起来文绉绉，读者语调阴阳怪气，内容也是说三姓祖先淫乱放荡，三姓为畜生所生，还要用男根状的"八抬导弹"猛烈撞击"祖宗牌位"，用三眼火铳将牌位轰碎，最后焚烧。这等阵势让经过法律、制度和道德规训过的观者是心惊肉跳，蠢蠢欲动，有一种紧张刺激的、罪恶的愉悦感。

"祭祖"完毕后，东常村回村出杆，晚上时被"祭祖"侮辱调戏的西常村后场子会到东常村夜骂。十五晚夜骂较之前几日也要隆重，一个重要的内容就是炸

---

① 出杆就是出芯子，这是这一带社火的典型形式，就是用钢筋铁柱焊接出高低不等的框架，巧妙地让幼童立或座在框架上，然后捆绑缚实，装扮成各种角色，现在的杆子都被固定在三轮车上。

荒诞的"祭祖"　　王学文 摄 2014 年

鳖灯。鳖灯用铁丝和纸扎制而成，鳖灯的四角和身上写着东常村社火头、村盖子的名字。在夜骂结束之际，四五根三眼火铳一同点燃引线，在震耳欲聋的爆炸声中鳖灯被炸得支离破碎。正月十六是骂社火的最后一天，这天下午西常村到东常村拜请，同时也要举行"祭祖"，这次是西常村民模仿东常村屈、张、王三姓的子孙来"祭祖"，内容和形式与东常村表演的"祭祖"类似。"祭祖"结束后，西常村队伍回村出杆，在村中巡街。巡街后，东西常村骂社火也就结束了。

当然东西常村骂社火也不是乱骂瞎骂，骂的内容涉及贪污腐败、吃喝嫖赌、忤逆不孝等村庄社会中有违公序良俗的各种现象，骂的对象要是人缘子、村盖子、社火头子等，老实的庄稼汉、六大姓外的其他杂姓还有出嫁的姑娘不能骂。骂的方式和原则是"兴骂不许当场还"，骂虚不骂实，骂假不骂真。骂词也用韵文的形式，七字一句，讲究压韵，伴以锣、鼓，称为"西鼓经"。骂手的装扮也有要求，骂手必须反穿羊皮袄，以示自己不是人，是野兽，被骂的人不能责怪。

通常，在正月期间，社火在相邻村庄走访是一种常见现象，其目的多是送福祝贺，即使在平日里曾经有矛盾纠纷，在这期间也多是互相礼让，消除误解，重建和谐。虽然这种村际之间的表演、走访有时也有炫耀力量、竞技争先、彰显地位、划定势力范围等意味，但多是通过相对平和的象征性表演或是暗中较劲来实现的，尚没见到如东西常村这般通过大张旗鼓、指名道姓的方式羞辱对方祖先、辱骂对方人员的社火形式。本文的重点不在于对东西常村骂社火的历史文化研究和当下展演现场的记录分析，所以对于骂社火的一些细节这里不再赘述。有关这方面的研究已经有一些成果可以参考，王林的《东西常村骂社火研究》对骂社火的程序、杆子的形制等有相对详细的记录，并对骂社火的"狂欢性"和历史文化价值进行了探讨。① 范长风对骂社火进行的艺术人类学研究有相当的深度，认为两个村庄借助"骂社火"的艺术手段，解构祖宗权力，建构村落共同感和敦促村落公益行动，显示出艺术对乡村社区建设的特有价值，同时他还将这种艺术性的戏谑引入公共领域的探讨。② 这些研究中对于骂社火背后的组织运转状态和当下骂社火所遇到的生存境遇关注不多，这恰是本文的关注点。

## 二、"狂欢"背后

反穿皮袄的骂手　王学文 摄 2014 年

骂社火带给参与者精神上的狂欢，但时间毕竟是短暂的，一切终归回到日常。对于东西常村民来说，在过去，回忆这种感觉，品评骂社火的是是非非和期待来年的骂社火，曾经是精神安顿、生产延续、关系调整和共同体认的重要资源，但是现在这种狂欢感已经发生了变化，不再那么持久有力，甚至两村的民众开始忧愁明年是否还能骂社火。而笔者所观察的 2014 年骂社火中的一些现象，也说明骂社火对这一地域社会的整合力和推动力也发生了变化。西常村苍老的社火头组织吃亏，年近 80 的老人不仅要反穿着羊皮袄挂拐上骂阵，还要扮成孝子贤孙在台上"祭祖"戏谑，充当主力，围观人群里除了本村和附近村庄的民众外还有了一大批

---

① 王林《东西常村骂社火研究》，河南大学硕士论文，2008 年。
② 范长风《豫西"骂社火"的艺术人类学研究》，《文化遗产》2013 年第 5 期；范长风《豫西"骂社火"：从艺术性戏谑到公共领域》，《中原文化研究》2013 年第 3 期。

持着照相机、摄像机的外来者。笔者访谈的一位樊姓老人说："来的人是不少，社火的名声也越来越大，但都不走心了，办社火不容易！"戏台前和骂阵四周拥挤的人群，好奇的目光，穿村公路寸步难行的状况，如此的吸引力很难让人想到社火怎么会难办、无以为继呢？

## （一）"导演"的变化

无论是在传统的乡村社会，还是今日"现代奇观"的乡村，这种打破日常生活秩序，公开批评和颠覆权威，赤裸而直接的性展演以及无所顾忌的语言暴力，给身处这一社火情境者以巨大的释放感和脱缰感，满足了感官之欲、窥探之心和暴力美感。但这一切不是偶然发生，任意作为、走向失控，而一直有"导演"在把握和掌控着它的运行。骂社火，可以比作是某一导演拍的一部电影，虽然尺度有点大，但却通过了社会审查，可以为社会所接受。社火难办，最直接的原因是组织者发生了变化。

传统上，这种以村落为单位，民众广泛参与的民俗活动背后都有一个组织。这一组织的产生方式有很多种，或是家族世袭传递，如江西省南丰县石邮村每年春节跳傩的组织管理就是由吴姓家族各房从祖辈传承下来的头人组织来承担，① 或是各家户按照一定的次序轮流值守，如河北省赵县范庄龙牌会就是由会首各家轮流值守。② 河北省武安市东土山村和西土山村的土山诚会由庙委和当值社首组织，③ 或是由村中望族、乡绅、大户组成，或是组织者就是由某一信仰群体或兴趣群体中的骨干组成，如一些醮会、花会等，这些组织承担着资金筹措和使用、人员协调安排、仪式表演、安全保卫、后勤保障等各种职责。他们的权力和责任来自于神灵信仰、社会声誉、个人品格与能力、家族势力、经济实力、群体认同和荣誉等多方面，他们要对本群体成员负责，对神灵信仰负责。成为组织者的一员，办好这些事，关系着他在地域社会中的名声威望，关系着他的家庭或家族在地域社会中的地位和发展，关系着他信仰是否忠诚纯粹，是否能获得神灵祖先荫庇等。这些都是地域社会共认的、核心的价值观念和价值选择，所以，传统上这些民俗活动的"导演"是主动且自愿的，他们的行为是得到民众普遍认同和赞赏的。而

---

① 王学文《主仆与制衡：江西石邮傩的传衍》，《民俗曲艺》第169期，2010年。
② 岳永逸《乡村庙会的多重叙事——对华北范庄龙牌会的民俗学主义研究》，《民俗曲艺》第147期，2005年。
③ 王学文、李向振《土山诚会调查》（未刊稿），2012年。

作为"演员"的一般民众也乐于听从导演安排，出钱出力，参与到"演出"中来。

通过访谈得知，在1949年以前，骂社火的组织者是由两村几个大姓的"头"来组织的。"头"有族长的意思，西常村有贾、苏、樊三大姓，东常村有屈、张、王三大姓六个"头"。从当下看骂社火"祭祖"时只骂东常村、西常村这六大姓的情况来看，也可以看到这种组织体制的遗留，这种体制也符合近现代以前中国乡村治理体制的现实。近现代以前的历朝历代，乡村始终是国家政权的基础，也是统治者财富的主要来源，但其对乡村实行的治理模式却不同于现在，而是采用乡里的制度。国家政权一方面以一定的方式进入乡村，保证国家对乡村社会的统治。另一方面，依托乡村内生的民间权威，通过培植、拉拢，在村庄内部确立一个国家代理人集团，并通过他们实现国家的政治、经济目标，这个代理人集团多由家族的族长、乡绅等构成的。[①] 在这样的有限管治的体制下，村落的民俗活动处于自发自然状态，外界的政治力量干预较少，支持和阻碍就都谈不上了。村庄内部力量虽然作为国家代理人，但并不是离乡离土、高高在上，其对乡土社会的控制力不依赖于国家机器（国家政权也没有给予这些代理人更多的人力、物力或武力上的资源保障），而有相当的部分需要宗族、信仰和道德的力量，因此他们和一般民众的关系不完全是一种敌我、高低的对抗关系，在

准备骂社火　三学文 摄 2014 年

---

① 骆正林《中国古代乡村政治文化的特点——家族势力与国家势力的博弈与合流》，《重庆师范大学学报》2007年第4期。

很多事务上要协商沟通，建立一种合作的关系。社火，这类村落性、群体性的事务，恰是这些代理人与一般民众协商的空间所在，因此这些代理人也就乐于承担更多的责任。当然，这里还有这些代理人与这些民众有着血缘、亲缘关系，有着共同的价值认同等各种因素的影响。

装杆　王学文 摄 2014 年

近现代以来，特别是 1949 年以来，国家政权对乡村的控制能力越来越强，力量渗透到乡村生活的方方面面。土地改革、人民公社化、"四清"运动、"文化大革命"等历次政治运动无不深入到乡村社会的肌理。乡镇党委、乡镇政府，行政村党支部、村委会，村民小组这些政府派出机构或村民自治组织构成了一个严密的乡村治理体系，原来乡村中的国家代理人被大大弱化。原本在民俗活动中担当组织者角色的宗族、信仰群体逐渐失去话语的空间，不断边缘化，甚至趋于解体。政府和村民自治组织担当起了全能的角色，全面介入到乡村的政治、经济和文化之中。但这些新的组织者并没有也无法全面接管这些民俗活动，一是一些民俗活动因其浓重的宗教、俗信色彩，而与现行的法律和政策相悖，受到限制、打压和漠视。二是这些新的组织者权力的获得不是来自于乡土民众的授权，同时与乡土民众的价值观不完全一致，他们在政治体制中的位置和发展路径使其天然地对上负责，而不是对民众负责，不受乡村价值观的约束。三是作为组织者要承担更多责任，包括精力、财力、物力等多个方面，而对这类民俗活动，这些新的组织者还无法从当下的乡村治理体系中获得充足的资源保障。

骂社火的组织者就经历了这样的变化，从西常村村委会看到的一份"2014年元宵节社火表演队负责人安排表"中可以看到，书记、村长和各村民小组组长都在这份名单中，总负责人就是西常村的书记，东常村的情况也与此相同。在工作分组中，分为表演组、骂阵组、安保组、宣传组、化妆组、文化组、后勤组、联系组。传统的社火委员会成员虽在其中，但承担的更多的是表演和骂阵的工作，组织协调、安全保卫、后勤保障等工作已经由村支两委和各村民小组组长承担。在西常村村委会会议室的黑板上的一段话充分体现了变化后的组织机构的特色，使用了典型的政府工作报告式的语言，有鲜明的政治色彩：

2013年，在党的"十八大"精神的鼓舞下，文化部、中国节日影像志摄制组多方筹措，精心策划，在阳平镇党委、政府的大力支持下，定于2014年元宵节举行东西常"骂社火"大型表演活动。村两委高度重视，多次召开社火委员会、各小组组长专题会议，安排部署，目标明确、责任到人，村两委牵头，社火委员会负责，下属7个组：（1）社火表演组；（2）骂阵组；（3）安保组；（4）文化组；（5）宣传组；（6）后勤组；（7）联系组。通过广大干群的努力，社火表演正在顺利进行。我们坚信，此次社火表演，在各级组织的领导下一定会圆满成功；我们坚信，通过这次表演为申报国家级非物质文化遗产奠定坚实的基础；我们坚信，通过这次社火表演，使我村更加和谐，社会更加稳定，经济发展更上一层楼。①

## （二）生活富了，办社火没钱了

与作为"导演"的组织者的变化相伴随的，是举办这些民俗活动所需资金的来源和方式也发生着变化。正如文章开头所说的疑问：骂社火产生于古代，那时生活水平很低，但却能够一直耍社火，到了生活水平已经提高多倍的今天，耍社火却遇到了资金的问题，这种吊诡的现实是当下众多与社火相类的群体性民俗活动遇到的共性问题。2012年春节期间笔者在河北省武安市调查固义捉黄鬼、姚家岭大进驾活动时也发现了这一问题，在岳永逸关于北京花会的调查中也指出这一问题。② 要厘清这一问题，我们还应从传统的资金筹措、信用和监管来分析。

---

① 该段文字摘抄于西常村村委会会议室板报。
② 岳永逸《中国节日志·妙峰山庙会》，光明日报出版社2014年版。

传统上,这类民俗活动的资金来源主要有以下三种渠道:一是乡村士绅、地主、望族的捐献。支持这些民俗活动,是乡村精英,也就是韦伯所说的传统型权威维系其地位、稳定其影响、保持其荣誉的重要方式。通过这种方式,他们得以与普通民众更加紧密地连接在一起,更好地融入到地方社会之中,也更加方便地让他们完成"国家代理人"的职能。二是乡村、宗族、寺庙、会社拥有的社田、公田、义田、庙田的产出和其他资产的经营收入。从北宋肇始,至20世纪50年代实行土地改革之前,中国乡村社会的土地所有制形式中一直有一种特殊的土地所有制类别,就是指定用于扶贫济困、助学应役、救荒赈灾、敬宗祭祀的土地。① 这些土地有的归整个乡村所有,有的归某一家族祠堂所有,有的归某一寺庙所有,有的归某一会

装杆　王学文 摄 2014年

社所有。除了这些土地外,有的宗族、寺庙还有自己的族产、庙产,如房屋,举办大型宴席的桌椅用具等,出租这些房屋和器具获得的收入也多用于举办这类民俗活动,直到今天,这种经营性资产在一些乡村还多有存在。河北省武安市举行迎送城隍活动的康宿村玉皇庙就有自己的庙产,江西省南丰县举行跳傩的石邮村的吴氏两大祠堂都置有用于出租给村民举办大型宴席使用的桌椅用具。三是信众的捐献。通常乡村中此类民俗活动都与这一地域社会的某种民间信仰联系在一起,捐献钱财、物品是信众向神灵表达崇拜、求得保佑、减免罪过和许愿还愿的重要方式,这些钱财和物品也自然成为举行酬神祭祀活动的重要支撑。

但是自从20世纪50年代以来,以上这些资金来源渠道发生了显著的变化。士绅、地主、望族等乡村精英,这些传统型权威被打倒、分化,通过国家政治制度安排在乡村形成的法理型权威,即乡镇党委、政府和村支两委的人员成为新的

---

① 李江、曹国庆《明清时期中国乡村社会中宗族义田的发展》,《农业考古》2004年第3期。

精英。但这些新精英不是由传统乡村精英自然发展而来,与传统乡村精英有不同的价值体认和行为规范,其角色定位也不同,他们对这类民俗活动的态度和对待方式也依循着民族国家层面在政治、经济、宗教等方面的变化而调整、改变。社田、公田、义田、庙田和支持这类民俗活动的一些经营性资产,在国家推动土地制度改革和所有制改革的过程中,已经绝大部分被国家、集体收回,或重新分配给家庭,仍保有田土资产的凤毛麟角,同时这些资产也很难支撑起举办此类民俗活动日益增长的支出。信众的捐献能否支撑这类民俗活动,主要还取决于民众信仰的程度,庙宇香火兴旺与否。当下此类民俗活动的资金来源渠道首先是政府拨款,然后是信众捐助、村民集资等方式。

分析传统的资金来源,我们可以将其笼统称之为造血性的、同质的"内生资金",无论是来自于传统型权威、自有的土地和经营性资产还是信众,这些资金都是基于对这一地域俗信活动共同的、一致的价值认同而汇集到一起的。出资者是站在地域社会的角度,综合对身体与精神、生活与信仰、家族与社会的理解和把握做出的行为选择。而改变后的资金来源,引入了现代民族国家的治理理念、权衡标准和话语方式,来自政府的资金更倾向于是一种输血性的、异质的"外援资金",国家根据其在某一时刻依循的政治理念、法律制度和对时局的考量而对这类民俗活动采取不同的对待方式。20世纪60年代后期在破除旧思想、旧文化、旧风俗、旧习惯的"破四旧"运动和其后的"文化大革命"中,此类民俗活动被打压,一些民俗活动被彻底禁止和坚决取缔,保留下的一些民俗活动也改头换面,进行了改变。作为其"内价值"所在的民间俗信被压抑,或就此禁绝,或转入地下。保留下的、得到支持的多是贴上了"民间文艺"、"民族艺术"的标签,并加以政治改造的一些表演形式,突出的是作为大众娱乐的"外价值"。但这一时期直至80年代初期在中国广大乡村实行的是人民公社制,有强大的人力和物力的动员力量,经过政治改造的一些大众文艺活动由人民公社举办,并没有因资金而停办。20世纪80年代开始,中国开始改革开放,随着政治环境的相对宽松和国家重心转移到发展经济上,这类民俗活动大有复兴之势,特别是久受压抑的民间俗信开始以各种方式苏醒,甚至走上前台。这期间来自国家的还不是资金的支持,主要是有了或明或暗或大或小的生长空间。此间支撑此类活动的主要是农村生产力得到释放,解决了温饱问题且已有盈余、有信仰需求、重获信仰表达空间的民众。但是随着农村发展的放缓、农村人口的外流和由于城市化、现代化影响的日益加深,这类民俗活动的发展境遇又变得非常微妙。

成为非遗的"骂社火"　　王学文 摄 2014 年

20 世纪 90 年代末期到现在，从国家层面持续推动的"非物质文化遗产保护"工作不仅建立了一个集代表作名录、非物质文化遗产传承人、文化生态保护区等方式的行政工作体系，也因其推动者所拥有的权力、政策、资金，而使这一概念快速为全社会所使用，为众多利益相关者所依附。成为省级、国家级非物质文化遗产代表作，成为官方认定的非物质文化遗产传承人，成为文化生态保护区，也就自然成为地方政府、民俗文化持有群体的追求目标，与这种"申遗"热相伴随的是人们把民俗文化作为发展资源认识的形成和确立。布迪厄提出的"文化资本"，有三种状态，即具体的状态，以精神和身体的持久"性情"的形式；客观的状态，以文化商品的形式（图片、书籍、词典、工具、机器等等）；体制的状态。① 我们把民俗文化作为发展资源，虽然也有对这一"资本"具体状态、体制状态的认识，但在很长时间以来的发展观念和发展实践的影响下，更加彰显的是将这一资源变为商品，实现经济价值的目的指向。非物质文化遗产保护和大力发展文化产业的提出和推进，确为众多的民俗文化的传承保护创造了新的机遇。首先就是政府更加深入地介入到这些民俗文化活动的定义、阐释和组织之中，以"导师"、"卫兵"、"保姆"的姿态出现。其次随着这些民俗活动原本组织者力量

---

① ［法］布尔迪厄《文化资本与社会炼金术——布尔迪厄访谈录》，包亚明译，上海人民出版社 1997 年版，第 192—193 页。

第五章 乡土艺术的"非遗"调适：河南灵宝东西常村"骂社火"

和乡村社会自我动员能力的衰弱，乡村社会的民众也自然将这些民俗活动传承的希望寄于政府身上，一同交付的还有"导演"的权力和责任，只保留的"演员"的角色也是可能被替换的。最为重要而直接的是，成为省级、国家级非物质文化遗产代表作，政府就有资金的投入，这也解了这类民俗活动的燃眉之急。这一情境的变化，以及这一变化中所存在的"简单资本化"、"僵硬科层化"、"过度脱域化"、"全民快餐化"四种倾向，[①] 带给这些民俗活动的影响将异常深远，充满变数。

装杆　王学文 摄 2014 年

东西常村骂社火的资金来源就经历了上述的变化，根据访谈，在 1949 年以前，耍社火的资金由东西常村六大姓的"头"，即族长来筹集。六大姓过去都有自己的祠堂，祠堂有自己的公田，其产出就用于耍社火和祭祖等事务，同时村中经济状况好的家庭也会捐钱。人民公社时期，耍社火由公社来组织，所需的资金也由公社来承担。20 世纪 80 年以后的几次社火，资金则是由组织者挨家挨户到各家庭募集的，但一直从事组织的老人讲，这种募集的办法越来越难，也不被村民认可，也因此有多年办不成社火。2009 年骂社火成为河南省非物质文化遗产代表作，政府逐渐成为资金来源的主力。笔者调查的 2014 年耍社火，资金则主要由来此地拍摄骂社火影像的一个科研团队用项目资金解决的。如果没有这笔资金，

---

① 王学文《我国非物质文化遗产保护的"四种倾向"及对策》，《民俗研究》2010 年第 4 期。

2014年的骂社火可能也无法办起来。

阳平镇对东西常村"骂社火"做过三年规划：2008年，培养2000人的"骂社火"传承人；2009年，成立东常村、西常村"骂社火"非物质文化遗产保护中心；2010年，力争把"骂社火"申请为国家非物质文化遗产。"遗憾的是，花儿还没有结出果来。"东常村的梁逢时说，"如今不好耍了，虽然现在的日子比以前好过多了，但是样样都花钱，没有了钱就组织不起来。比如马和骡子都不好找了，就算找来了，一天还得700元租金。别看过去人穷，但是耍起社火来没有人当后坠子。你可以随便找户人家，翻开他家的箱子底儿，咋着都能找到几件祖传的社火服装来。"①

## （三）"耶稣、老爷都是让人向善的"

"导演"的变化和资金来源渠道的变化直接影响了社火这类民俗活动在乡村社会的传衍之道，但是这些影响因素还有社火本身的变化都笼罩在一个更大的，也更为基础性的乡村社会文化心理的变化之中。这种乡村社会文化心理的变化，受这些因素的影响而形成，同时反过来也影响这些因素。它是民族国家的政治理念与制度、经济政策与结构，发展方式与路径以及裹挟着这一切的现代进程下沉至乡村、在乡村实践和乡村做出应对、调适的结果。

近现代以来，中国乡村社会文化心理的变化是剧烈的。众多学者对当下中国乡村社会的特征有着多种的概括和归纳，吴重庆认为中国农村已经从费孝通先生称为的"熟人社会"变为"无主体的熟人社会"。"熟人社会"，血缘与地缘合一，差序的格局，道德舆论压人，"面子"有价，"社会资本"可累积；"无主体的熟人社会"是农村日益空心化，传统权威失落，青壮年长期缺位，传统道德舆论失灵，"面子"贬值，"社会资本"流散。②"无主体的熟人社会"概念的提出，其最大的价值在于它更多地考虑了乡村社会文化心理的变化。传统的乡村社会文化心理，是相对同质而一致的，是这一地域社会所一体遵从的核心价值观念和行为选择依据。如果我们把乡村社会文化心理笼统称为信缘的话，我们可以说在传统

---

① 转引自孟国栋、郭远庆、徐新格《豫西民间文化奇葩："骂社火"》，《三门峡日报》2011年2月15日。
② 吴重庆《从熟人社会到"无主体熟人社会"》，《读书》2011年第1期。

第五章 乡土艺术的"非遗"调适：河南灵宝东西常村"骂社火"

乡村中的基督教堂　王学文 摄 2014 年

乡村社会，地缘、血缘、业缘和信缘是一个有机的、相互契合的整体。但是到了近现代，乡村这种整体性已经变得有些脆弱，开始处于动态的重整期、磨合期，甚至裂变期。

以骂社火的东常村和西常村为对象，具体分析乡村社会文化心理的变化，可以至少从以下三个层面来看。

一是信仰或称俗信层面，即人与神、鬼、祖先的关系。庙宇曾是中国乡土社会中最重要的文化空间，东常村、西常村都曾有众多的庙宇。西常村曾有庙宇十一座，有供奉西王母的圣母庙、供奉关帝（一说是黄帝）的老爷庙等，东常村也曾有老爷庙，同时东西常村六大姓都建有祠堂。骂社火与这些庙宇，特别是老爷庙，还有这六大姓氏的祠堂都有着紧密的关系，如东常村老爷庙的钟声曾是宣布举办社火的号令，两村去对方村拜请的起点和到对方村夜骂的地点也均在这些庙宇前的空地或戏台，同时还要在这些庙燃香祭拜。但今日东西常的村落空间里，这些庙宇大多荡然无存或断壁残垣，只剩遗迹，已经难寻香火，与此形成鲜明对照的是壮观的、顶着十字架的基督教堂。基督教在豫西的乡村非常盛行，李华伟对豫西李村的研究发现，随着社会的分化和专门化进程，宗族的部分功能被市场代替，宗族组织与宗族观念亦随之弱化，基督教随之发展，宗族与基督教这一双向互动慢慢地改变着乡村文化与社会结构。在基督教文化的影响下，村民对"中国神灵"的认识、鬼魂地狱观念、生老病死观念发生了变化，也直接反映在乡村婚礼、葬礼等其他民俗活动中的冲突与调适之中。① 东西常村民信教的非常多，信仰的转移，改变了传统乡村社会的文化形貌，骂社火这根植于传统乡村社会土壤的俗信活动也自然发生了变化。原来骂社火中深蕴的敬神酬神心理已经弱化，相关的仪式行为也被大大简化。基督徒对骂社火也秉着一种不参与或是有限参与的态度，而不再是传统上的全村总动员，人人皆参与。

二是乡村道德层面，即人际关系、邻里关系、家族间关系、村落间关系。在传统乡村社会，春种、夏忙、秋收、冬藏的生计方式，个体的生老病死、婚丧嫁娶，家庭的起房建屋等都离不开来自于乡村这一熟人社会的参与、支持，这种参与支持，是人力、物力、财力和道义上的全方位支持，是基于血缘、地缘、业缘、信缘做出的选择，是近似于"人人为我、我为人人"的互助体系。有时这种道德约束和行为方式会以乡规民约的方式出现，但更多的时候它内化于心，外显于行。为了能在乡村共同体中生存，遵从乡村道德的约束是必须的，否则便可能成为乡村中的异类，而无法在这一地域社会立足。但是近现代以来，这种乡村道德的约束力越来越弱，交通的便利、资讯的发达、交往圈的扩大、生计方式的多样以及相对均衡生活水平的打破，使得封闭的乡村走向开放的同时，也让生活其间的个人、家庭、家族和村落的相互依赖程度降低。再加上国家权力下沉后，传统乡村肌体里自有的互助、防御、监督体系被逐步解体，自我的动员、造血能力逐步退化，共同体的需求和意识也就逐步降低了。社火等作为村落共同体事务的民俗活动自然没有了道德感的压迫，不再关乎切身的利益，也就自然不再热衷。少数的中老年人，特别是老年人艰难地筹办骂社火，近似于怀旧的挽歌。

三是人与地、人与空间的关系。现代社会的典型特征之一就是"脱域"②。在传统社会里，人与地、人与空间是水乳交融的一种状态。人的移动能力有限，获得的资讯相对单一，习得的知识体系相对统一，形成的价值观和做出的行为选择也就有了同质性和一致性。但是现代的乡村已经成了万花筒式的乡村，人员如候鸟般在城市和乡村移动，以电视、手机和互联网为代表的现代传媒充斥于乡村的

---

① 参见李华伟《基督徒的文化认同与乡土文化变迁的模式——从理念与符号的视角来探讨豫西李村基督徒在葬礼上的冲突与调适》，《中国农业大学学报（社会科学版）》2008 年第 1 期；李华伟《华北宗族的弱化与基督教在乡土社会的发展——以豫西李村为中心的考察》，《中国农业大学学报（社会科学版）》2010 年第 3 期。

② "脱域"，在吉登斯的研究中是指社会关系从彼此互动的地域性关联中，从通过对不确定的时间的无限穿越而被重构的关联中脱离出来。参见安东尼·吉登斯《现代性的后果》，田禾译，北京：译林出版社 2000 年版。

村中破败的庙宇　王学文 摄 2014 年

每一个角落,生计的方式和生存发展所需的社会支撑不再完全依赖于乡村,对于个人价值、生活意义、乡村共同体的认识更是呈现出光怪陆离的图景。乡村的民众悬置于乡村,而不再扎根于乡村。人们在一种"脱嵌"的状态下,对社火等民俗活动进行了重新的抽离、淬炼和再造,有了新的姿态:或化好妆重新下场,或卸了妆当了观众,或是退了场,关上了家门。

村里信教的不少,女的更多些,一到周日就去做礼拜,念经唱歌很热闹。他们有的耍社火,大部分不耍。他们也有出杆子的,那个花芯上放着圣诞老人那个就是信教的人家。耶稣和老爷差不多,还不都是让人善的。①

## 三、骂社火的命运

"导演"的变化、资金来源渠道的变化和乡村社会文化心理的变化影响了骂社火背后的组织结构、运行方式和稳定传承的可能,但就我们的观察和访谈来看,当充满着荒诞、讽刺、颠覆内容的骂社火在乡村中再次上演时,观者并没有太在意是谁组织的,是谁出的钱,骂社火背后的变化和忧郁掩盖在乡村民众的狂欢之

---

① 东常村非基督徒村民口述。

下。2015年是否像2014年一样有人提供耍社火的资金？骂社火能如愿成为国家级非物质文化遗产代表作吗？西常村那个年近八十挂着拐棍的老骂手还能走上骂台吗？狂欢终究落幕，来年的狂欢能否再有？在这种种已发生的变化和将有的变数中，骂社火是否还能在岁月轮回中，在现代奇观样貌的乡村里重燃生机？

观看骂社火"祭祖"的人群　王学文 摄 2014年

　　骂社火的命运无外乎三种：衰败、变异或者重生。2014年骂社火只所以还有乡民跑前跑后，耗费精力地组织，是因为在当下影响骂社火的各种因素聚集到一起时尚能达成一种暂时的共谋。资金在耍社火前找到了，政府无论是出于保护文化遗产、提供公共文化服务的目的，还是发展文化产业、乡村经济的目的，总之走到前台，掌控了社火组织的领导权、话语权，并依托其权力体系推动了社火的进程。乡村社会文化心理虽然发生变化，但还没有达到质变，还处于传统与现代、外来宗教与民间俗信碰撞、交流的状态，骂社火的传统组织者、骨干和部分民众还会或主动或被动地参与其中。而骂社火内容本身的反结构特点，决定了即使将它从乡土社会脱离出来，置放于城市的空间，无须贴上"文化遗产"的标签，不必赋予宏大、深刻的价值意义，也会有摩肩接踵、翘首期盼的观者。可以想象，近乎于公开的"色情"展演和语言暴力对于受到"文明"规训、层层包裹但又有窥视欲的人类而言会有怎样的吸引力。谁会错过这可以正大光明观看日常社会"禁剧"的机会呢？无论是传统乡村还是现代社会，都深藏有对这种令人亢奋、骚动和期待的狂欢节的需求。但是，骂社火狂欢背后的忧郁却也真切地存在，虽然骂社火还会带给人狂欢的释放感、愉悦感，但骂社火对于乡土社会的整合意义还有多少？它正在成为舞台化的"演剧"，而不再是社会化"演剧"。可以说，我们当下面对的是正在一点点被"掏空"的骂社火。

骂社火的传承是脆弱的，不同的条件组配，会让骂社火走上不同的命运之路，促成骂社火的某一个条件的缺失都会让这一"演剧"流产。观众不缺，但现在"导演"和资金很不稳定，社会文化心理不可阻止地发生着变化。从当前的情况和以上的分析来看，政府完全不介入，依托传统的组织力量已经很难维持骂社火的传承。政府强势介入，没有传统组织力量的配合或者是在有限配合的情况下，有两种发展可能：一种可能是要不成社火，还有一种可能是呈现出一场"变异"的表演，此社火已经非彼社火，这种"旧瓶新酒"或者"新瓶旧酒"的文化生产已经并不鲜见了。

装好的杆子　王学文 摄 2014 年

能否有一种重生的可能？是否有一种"理想型"的路径让骂社火这类的民俗活动能够稳定的传衍下去？笔者认为这还是取决于组织者、资金和社会文化心理等条件的组配。在当下中国乡村社会的环境下，政府与传统社火组织者、骨干共同组成一个团队是趋势，但团队内部合理分工则至关重要，要做到共融、归位、协作。政府作为公权力的代表和权力资源的持有者，在民俗活动中不一定要做领导者，更应回到服务者的角色，特别是要把服务地方社会民众的社会文化生活作为首要任务，承担起安全保卫、后勤保障等工作。现在的问题是地方政府过于强势，有越俎代庖的问题，传统组织者的功能太过边缘化。固然政府承担着乡村公共事务的筹划、管理职责，但具体到民俗活动这一类公共事务上，政府退居幕后给予支持，可能会有更好的效果。在资金的筹措上，不仅要有"外援资金"，还应有"内生资金"的补充，如果某一民俗活动完全依赖"外援资金"才能承继下去的话，那么这一民俗活动在地方民众生活中的意义和价值就有待商榷了。民俗活动的重要特征之一就是它是民众生活文化的一部分，是民众自觉自愿的行为，即使靠输血使其勉强维持下去的话，留下的也只是形式，民众也不会珍惜，相反成为他们的一种"表演工作"。同时非常重要的一点是资金的筹措和使用一定要公开透明，要接受民众的监督。有庙会调查经验的人一定会对张贴于显著位置的民众捐献名单有深刻的印象，具体到社会文化心理，则是一个更为复杂但又极为重要的问题，这已经超出一个地域社会所能左右的范围。这里只能简言之，一个地域社会成员共享的信念、宇宙观和价值观是决定这一民俗活动能否传衍和如何传衍下去的最根本原因。

2014年东西常村骂社火在狂欢中落幕了，我们期待2015年它仍能上演！即使没有"外援"的资金，即使没有成为国家级非物质文化遗产代表作，它依然能在乡村美丽绽放，不再忧郁。那时，骂社火在这正在转型的乡村社会中将获得重生，不只有社会解构的力量，还会有社会建构的力量；不只会带来短暂的感官愉悦，还会留下持久的生活动力；不只是贴满了艺术、遗产、发展资源等标签，还是民众津津有味、真真切切的日子！

# 第六章 乡村生命的累积圆满：
# 贵州安顺屯堡妇女的"修佛"

## 引 言

贵州屯堡人是一个特殊的汉族族群，主要分布在以安顺为中心，方圆近 40 平方千米的区域，他们是明朝调北征南、调北填南时的汉人移民后裔。在他们的口传记忆和可见的家谱、县志等文献记载中，屯堡人的祖籍地多指向安徽、江西等地。在特殊的军屯、民屯、商屯的移民历史和贵州多民族的社会文化生态下，这些汉族移民逐渐形成为一个独特的群体，就是我们所说的屯堡人。从 20 世纪初日本学者鸟居龙藏将屯堡人界定为苗族一个支系算起，学术界对屯堡人及其文化的研究已经百余年。在这百余年的研究中，国内外学者的研究多集中在族群问题和地戏文化的研究上，关于屯堡人其他文化事象的研究略显

屯堡村寨　李忌晋 摄 2008 年

薄弱。① 屯堡妇女"修佛"生活，这一非常系统的，与每一个屯堡妇女息息相关，与地戏等屯堡文化联系紧密，时至今日仍为屯堡妇女践行着的文化事象，只能散见于关于屯堡文化的概括性描述之中，而没有引起学界的足够重视。目前看到的有：孙兆霞、张建的《家园的守护者与有意义的生活——对九溪妇女"佛事活动"的社会人类学考察》② 一文专门就此进行了讨论；张原在《在文明与乡野之间——贵州屯堡礼俗生活与历史感的人类学考察》一书以专章对此进行了讨论，并以修身以道、过河普度、朝山进香为节，从自我、社区和社会三个层面，考察了"修佛"对于屯堡生活文化的意义。③

笔者于2008年9月、2009年6月，在安顺屯堡地区进行了两次短期的地戏调查，其间与本文的地方受访者一起，开始屯堡文化的研究。随着调查的深入，我们逐步发现在安顺地戏这一标志性文化的背后，屯堡妇女普遍而频繁的"修佛"生活蕴藏着丰富社会文化内涵。调查描述，进而分析阐释屯堡妇女"修佛"生活，有利于我们丰富对以地戏为代表的男性化色彩浓厚的屯堡文化的理解，有助于我们以整体性的生活化的视角认识屯堡文化。

何谓"修佛"？"修佛"是根据屯堡方言音译而来。在屯堡方言中，"福"、"佛"不分，而且有时也发作"夫"音，对于具体对应哪一汉字屯堡人自己也有不同的见解。本文写作"修佛"，一是借鉴了孙兆霞等学者的研究成果。在他们的研究中，将屯堡妇女的这类活动称为"佛事活动"。④ 二是综合考虑了这一事象所包括的朝山拜佛、吃斋坐忏、念佛修行等内容特征。为了更全面、更准确地把握"修佛"在这里的地方性含义，需要特别说明的是，这里的"佛"不单指纯粹的佛教的"佛"。从实践上看，屯堡妇女拜的"佛"，包括了观音菩萨、释迦摩尼、土地、关公等儒道释巫的众神，"修佛"应属于渡边欣雄所称的"中国民俗宗教"

---

① 参见李建军主编《学术视野下的屯堡文化研究》，贵阳：贵州科技出版社2009年版；孙兆霞等著《屯堡乡民社会》，北京：社会科学文献出版社2005年版。

② 参见李建军主编《学术视野下的屯堡文化研究》，贵阳：贵州科技出版社2009年版，第187—192页。

③ 张原《在文明与乡野之间——贵州屯堡礼俗生活与历史感的人类学考察》，北京：民族出版社2008年版。

④ 张原《在文明与乡野之间——贵州屯堡礼俗生活与历史感的人类学考察》，北京：民族出版社2008年版。

# 第六章 乡村生命的累积圆满：贵州安顺屯堡妇女的"修佛"

屯堡村寨詹屯三国地戏队正在表演《马跳潭溪》　李思晋 摄 2008 年

的范畴。①

  我们调查的大山村，是一个隶属于贵州省安顺市西秀区刘官乡周官村的自然村，是周官村七组。周官村下辖三个自然村，另外两个自然村是周官和水屯。大山村与周官自然村相隔一里，但村民通常将大山村与周官自然村的一部分称为上街，而将周官自然村的另一部分和水屯称为下街。上下街以周官自然村中面北朝南的庙宇为界，庙东侧为上街，西侧为下街。周官村共有 436 户，人口 1890 多人，其中大山村有 24 户口，121 人。从最初划分生产小组到现在，大山村的人口只增加了 15 人，大山村女性人口占到二分之一强。各姓氏来周官村的顺序，有一民间说法是"洪胡周项本金，秦杨二姓随后跟"。大山村的主要姓氏有周、秦、

---

① 根据渡边欣雄对"民俗宗教"的定义，民俗宗教"乃是沿着人们的生活脉络来编成，并被利用于生活之中的宗教，它服务于生活总体的目的。这种宗教的构成要素，比如，国家的制度保障、文字的利用，祭祀对象物的由来等，即使发源于正规的宗教，也是被摄取到了人们的生活体系之中。所谓的民俗宗教的构成了人们的惯例行为和生活信条，而不是基于教祖的教导，也没有教理、教典和教义的规定。其组织不是具有单一的宗教目的的团体，而是以家庭、宗族、亲族和地域社会等既存的生活组织为母体才形成的；其信条根据生活禁忌、传说、神话等上述共同体所共有的规范、观念而形成并得到维寻。民俗宗教乃是通过上述组织而得以传承和创造的极具地方性和乡土性的宗教"。（日）渡边欣雄著，周星译《汉族的民俗宗教——社会人类学的研究》，天津：天津人民出版社 1982 年版，第 3 页。

胡、杨、鲍等。周官村是著名的地戏面具雕刻之乡，面具雕刻可追溯历史大约始于清道光年间，可以追溯到六代以前的祖师胡朝佐。在20世纪90年代周官村的雕刻业曾得到飞速的发展，周官村以及在其带动下其他一些屯堡村落有数百人进入雕刻行业。虽其后有所萎缩，但时至今日，村中仍有近百人从事雕刻，有秦发忠、胡科伟二个较大规模的雕刻厂。除雕刻业外，周官村与众多屯堡村寨的生计方式一样，人均一亩田，以种植水稻、玉米、油菜为主。

屯堡老人与孩子　李思晋　摄 2008 年

## 一、"修佛"者与"佛头"

"修佛"是屯堡妇女一生必修的课程。一般而言，每一个屯堡妇女都有资格进入"修佛"者的行列。当屯堡妇女到一定年龄后，多在三十七八岁，没有了哺育孩子的负担后，就可以开始"修佛"。通过对修佛妇女的访谈，我们可知是否"修佛"通常要受到以下四方面因素的影响：一是妇女的年龄通常要在三十七八岁后。二是家里的孩子已经长大，至少不用哺乳。三是家境尚可，有能力支持妇女出外朝山拜会口。四是村民对该妇女和家庭为人处事有很好的评价，其他妇女愿意邀她一起"修佛"。受上述某一方面的影响，屯堡妇女有可能不"修佛"，或推迟"修佛"的时间。

屯堡妇女达到上述"修佛"的条件后，并不能马上就"修佛"，必须要在龙年正月初九，即"上九"时才可以入门，开始"修佛"。如果错过了龙年，只有等到12年后才能入门。这一入门"修佛"的时间规定，无形中在村子中形成了几个不同龙年入门"修佛"群体。同一龙年入门"修佛"的妇女通常会一起朝山拜佛，生活中的联系比其他不是一起"修佛"的人要紧密些。正如一屯堡妇女所说："我们是一起'修佛'的，有时就会你叫我，我叫你，相互约着，提前做些商量准备,一起朝山。"①

据统计,大山村现有 25 位妇女在"修佛",至少分属于 4 个龙年。大山村"修佛"妇女占到"适龄"妇女的比例应在 80% 以上,这一比例虽略低于安顺九溪村"修佛"妇女占"适龄"妇女 91% 的比例,但足以说明"修佛"在屯堡妇女的普遍性和重要性。②

周官大山村"修佛"妇女统计表(2009 年)

| 龙年 | 人数 | 名单 |
|---|---|---|
| 不详 | 6 人 | 凌冯氏、秦氏、秦田氏、秦赵氏、秦饭氏、秦凌氏、秦叶氏 |
| 1976 年龙年 | 3 人 | 凌杜氏、秦谢氏、 |
| 1988 年龙年 | 1 人 | 凌胡氏 |
| 2000 年龙年 | 15 人 | 凌杨氏、张秦氏、秦方氏、秦何氏、张陈氏、凌胡氏、张杨氏、秦赵氏、秦杜氏、秦田氏、秦何氏、凌王氏、凌陈氏、凌张氏、凌何氏 |

周官回龙寺  王学文 摄 2010 年

---

① 受访者:秦朝凤,访谈人:王学文、秦发忠,时间:2009 年 6 月 25 日下午,地点:周官大山村秦何氏家。
② 张原《在文明与乡野之间——贵州屯堡礼俗生活与历史感的人类学考察》,北京:民族出版社 2008 年版,第 187 页。

刚开始"修佛"的妇女，需要向村中德高望重的已经"修佛"的老人请教"修佛"的知识，在他们的帮助下开始长达数年的"修佛"历程。频繁和复杂的"修佛"生活中，需要有"佛头"的组织和引领。"佛头"，是"修佛"者的代表，通常承担着本村庙宇的日常维护、各类"修佛"活动的组织，以及为本村各家户婚丧嫁娶、起房架屋等"念佛"的任务。在各类佛事活动中，她们通常站在队伍的前列，带领"修佛"的妇女念佛行礼。"佛头"不是一个人，而是一个群体，周官村称其为"十三太保"，其中最重要的是敲木鱼的、敲叮当的、捻佛珠的等三四人。"佛头"多为世袭，且通常只服务其所在庙宇和村落。胡科秀是周官的一个"佛头"，她讲"我婆婆就是'佛头'，几辈人都是，我继承下来的"。① 周官虽只有一大庙，但却有两个佛事组织，一个负责上街，一个负责下街。这些"佛头"，热心"修佛"，熟知各类仪式规则，虽然多不识字，但却能唱诵出大段大段的"佛歌"。我们在对胡科秀进行访谈时，她随口便唱诵出一段妇女做"发船"仪式时必念的佛经。

## 二、烧"千张"与求"会票"

"修佛"开始后，"修佛"的妇女便会在佛祖寿诞、观音寿诞等特定的日子里，三五结队地到周围的寺庙朝山拜会。无论去哪个寺庙，赶哪个会口，都要事先准备好用于祭祀神灵的纸钱，她们称为"千张"，有时她们也将朝山拜会称为"烧'千张'"。

所谓"千张"，是用草纸包的一沓纸钱。纸包的一面上用笔竖写上某某奉上，格式内容大致如下图所示，纸包的另一面要写上"封"字。

"千张"通常要准备二幅，"一幅'千张'是自己的，另一幅'千张'是给丈夫带的。他们不'修

奉修因作佛前储备　　清静佛
吉祥保安　信士□□
□月□日位前上奉　信善女□□氏法名□□
祈保一家清吉　老幼平安
大运□□□□年□月□日化

---

① 受访者：胡科秀，访谈人：王学文，时间：2009 年 6 月 26 日下午，地点：周官村胡科秀家。

福'，我们'修'时就给他们带了。老人孩子不用单独准备'千张'"。① 两幅"千张"上书写的内容一样，有时上面只写"修佛"妇女的名字，而不写其丈夫的名字。她们解释说，因为她们的名字写作了"□□氏"，即丈夫的姓加她们自己的姓，所以在"千张"上不写丈夫的名字，也代表有丈夫的份儿了。妇女带着"千张"朝山拜会，在神仙菩萨坐前的银库中将"千张"焚化。烧"千张"，实质上是一种通过焚化纸钱这种行为，与神灵沟通，建立一种契约，祈求以这种类似于世俗世界中的交换行为来获取神灵的保佑。

屯堡妇女"修佛"是一个十分漫长的过程，每年她们都要到周边各庙宇去烧"千张"祭拜，衡量她们修行程度的重要标志就是她们在年复一年的朝山拜会的过程中所积累"会票"的多少。所谓"会票"，是各寺庙、会口给祭拜者的一种凭证，通常会盖有该寺庙、会口的标识或主持的法号。对于"修佛"的屯堡妇女来说，拥有"会票"越多，会被认为是修炼越高，功德越高，是她们引以为豪的资本。"会票"不是寺庙、会口免费发放的，而是要祭拜者用货币购买，价格从一元到数元不等。

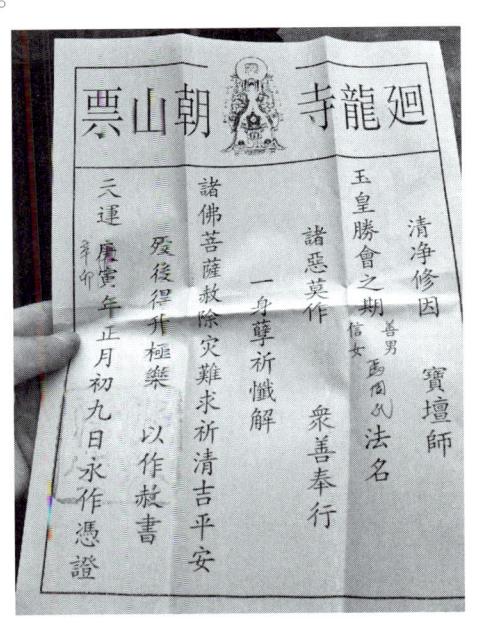

回龙寺的山票　王学文 摄 2010 年

屯堡妇女称"会票"为"票"、"山门票"，其中因为寺庙、会口的不同，还有"朝山票"、"过河票"、"佛票"之分。"会票"格式为从右至左竖写，无句读，以下是抄录大山村秦方氏朝山拜会的三张"会票"：

一张是乙酉年二月十九日（2005 年），大佛寺观音胜会：

觉皇宝坛为佛修因庆祝信女秦方氏法名□□于大佛寺修建观音胜会答天谢地赦罪消衍善女原命生于癸年九月十九日系安顺县永滕镇喜滕村在生长人诚心拜佛

---

① 受访者：凌杨氏，访谈人：王学文、秦发忠，时间：2009 年 6 月 25 日下午，地点：周官大山村秦何氏家。

供仪诸圣赦免一世之衍殃后永作赦书随身佩照。

一张是庚辰年二月十九日（2000 年），西屯河会"过河票"：

觉皇宝坛出给河票事今据大中国贵州省安顺县刘官乡周官居住大山奉佛修因呈供炳烛焚香诵经礼□建会保安会上是日上午洪造下冗寸忱言念信女资秉坤□铺免过衍请示宝殿延士讽诵华严诸品大圣经典拜宣梁皇血湖诸大法□燃点目连乐师金灯悬礼金桥一座血湖宝塔同秉过渡异日氏身入庙闫浮从判放生方以伏前劫谨填给会信善女秦方氏权执

一张是辛巳年三月三日（2001 年），灵山寺"佛票"：

清净佛修因设坛建会恭逢蟠桃胜会之期诸佛齐赴会筵并广发慈悲之念普济善士祈免往日之冤却引迷途之路特发票证一张随身佩带延至天年善果俱全凡过关律途径验票发行。

通过上面抄录的三张"会票"来看，不同的"票"上书写的内容也有所不同，但通常包含以下几项内容，一是"修佛"人的信息，包括姓氏、居住地等；二是"会口"的信息，包括主祀神的名称、会的日期等；三是保佑"修佛人"的内容，如保佑信众家宅平安，赦免其罪孽，死后能上天成仙或顺利进入阴间等；四是关印，就是该寺庙的标识。"票"在这里成为屯堡妇女死后过关的凭证，可见其意义之重大。从我们看到的几位屯堡妇女的"会票"来看，这些会票油印的居多，质量不高，且多有错字，甚至有不写或写错"修佛"人名字的情况。但屯堡妇女并不在乎"票"上文字是什么，她们在乎的是有"票"还是无"票"，"票"多还是"票"少。经过长途跋涉后，挤过拥挤不堪的人群，求得一张"会票"是她们朝山拜佛最重要的目的。

屯堡妇女对求得的"会票"总是十分细心得保存。这些"会票"在她们"修佛"圆满，举行"发船"仪式时将会烧掉一部分，但灰烬不能扔，要用一个布袋小心翼翼收起来，等其过世后，再烧掉所剩余的"票"，将灰烬同样放入布袋，然后放在过世人的枕头下面，"到时放在头下，上面也有佛祖给我取的法名，谁都偷不去"。① 在她们的"修佛"过程中将积累下数量可观的"票"。周官大山村秦方氏 2000 年开始"修佛",到我们 2009 年 6 月调查时为止,她已经有"会票"81 张。秦发忠母亲秦氏除了在 2000 年"发船"时烧掉一部分外,在我们调查时还有求得的 107 张"会票"。

这里要指出的是,在孙兆霞、张建的文章中,也提到了"千张",他们写为"签张",但他们认为"签张"就是"指印有当地寺庙标识或禅语的纸单"。② 根据笔者的了解,这与事实不符,应该是错误的,他们混淆了"会票"和"千张"的概念。"千张"是祭祀神灵的纸钱,是送给或者说敬给神灵的,而"会票"则是神灵给"修佛"者的一种凭证,一个护身符,一种回馈。

## 三、朝山与走会口

"朝山"和"走会口"实质上是屯堡妇女"修佛"的主要行为表现,是屯堡妇女"修佛"的重要内容。屯堡妇女从入门"修佛"开始,便开始持续数年的朝山走会口的生活。这里的山和会口,核心都是某一庙宇里的菩萨,朝山实际上就是朝山上的庙宇。会口,就是庙会,在某一神灵的祭供日期,在供有这一神灵的庙宇进行祭拜。

"无庙不成村",每个屯堡村落中至少有一庙宇,这一庙宇是本村妇女"修佛"的重要场所。"修佛"的入门、"坐忏"等通常都要在本村的庙上,"佛头"负责着庙宇的日常管理。周官村民习惯称本村的庙宇为"大庙上",根据周官村耆老周承德抄录的二通庙里和尚墓碑的内容来判断,大庙的历史应该在清雍正癸卯年(1723 年)之前。③ 大庙曾由和尚主持,周官 40 岁左右的人仍记得最后一位主持和尚,被人称为"和尚二公"。村里曾经还有一块田,且庙里和尚所有。周官小孩不小心被蕁麻(可能是荨麻)刺到后,大人还会让孩子马上说"蕁麻蕁我,和尚二公保我"。

---

① 受访者:秦氏,访谈人:王学文、秦发忠,时间:2009 年 6 月 24 日下午,地点:周官大山村秦氏家。
② 张原《在文明与乡野之间——贵州屯堡礼俗生活与历史感的人类学考察》,北京:民族出版社 2008 年版,188 页。
③ 耆老是屯堡人对村中德高望重的老人的称呼,有时也称"协老"。耆老深受村民尊敬,村中大事、邻里纠纷都离需要听取耆老的意见。周官村现在有三位耆老,周承德是其中之一,他组织修了《周官屯支周氏族谱》,并参与了《刘官乡志》(未刊)的编撰,因此辑有丰富的乡土的资料。

周官大庙已经年久失修，但基本形制还在，有三间房。庙前有一烧"千张"的银库，它旁边现在是周官一所私立的小学。庙里的设施非常简陋，从供桌上的香烛和庙里的情景来看，平日里似乎没有什么香火。周官大庙原来供有玉皇大帝、观音菩萨、四大天王等，但原来的塑像在四清时被毁了，现在庙里供的玉皇大帝、观音菩萨、关公，是周官的胡永奇在20世纪80年代中期刻的。在庙里还立有一块"过河建庙修菩萨后裔功德永垂不朽"的碑，通过立碑的时间可知在1993年周官村民曾对庙进行过一次修缮。

屯堡妇女朝山走会的庙宇　王学文 摄 2010 年

屯堡妇女"修佛"时，除了在本村庙宇祭祀外，还要到周边地区有寺庙和菩萨的村寨朝山走会口。根据对大山秦方氏"会票"的整理以及与几位周官"修佛"妇女的访谈，我们看到她们朝山走会的半径约在30公里左右，周官"修佛"妇女常去的山有九溪的老青山、晓礼山，平坝的金银山，双堡的海子山，旧州的水桥、城隍庙等。

去朝哪座山，走哪个会口不是随意的，而是有一定的时间规定，朝山走会口的时间通常是在该寺庙主神的圣诞日。根据周官村周承德的记录，一年十二月，每个月都有相应的会口。但据我们的访谈和对大山村"修佛"妇女秦方氏及秦氏所存"会票"的整理来看，周官"修佛"妇女常走的会口没有周承德记录的那样多，八月至腊月基本不去朝山走会，只有正月初九（上九）、二月十九、三月三、五月二十八、六月十九、六月二十四、七月十五的各会口。

## 农历各月烧千张会口①

| 月份 | 会期 | 会名 | 会口位置 |
|---|---|---|---|
| 正月 | 正月初九* | 玉皇大帝圣诞 | 本村大庙 |
|  | 正月十五 | 上元天官圣诞 | —— |
| 二月 | 二月十九* | 观音菩萨圣诞 | 双堡海子山、云台山等 |
| 三月 | 三月初三* | 王母蟠桃会 | 北斗山、大石桥镇狮子山、九溪晓礼山、九溪老青山、平坝玉丹山等 |
|  | 三月初三 | 真武玄天上帝圣诞 | —— |
|  | 三月二十八 | 东岳大帝圣诞 | —— |
| 四月 | 四月初一 | 肖公圣诞 | —— |
|  | 四月初四 | 文殊菩萨圣诞 | —— |
| 五月 | 五月十三 | 关圣帝君降神 | —— |
|  | 五月二十八* | 城隍菩萨圣诞 | 旧州城隍庙 |
| 六月 | 六月初六 | 崔府君圣诞 | —— |
|  | 六月十九* | 观音菩萨得道 | 高峰山、九龙口、跪井山、平坝金银山等 |
|  | 六月二十三 | 关圣帝君圣诞 | —— |
|  | 六月二十四* | 雷祖圣诞 | 本村土地菩萨处 |
| 七月 | 七月十五* | 中元帝官圣诞 | 旧州镇水桥 |
| 八月 | 八月十五 | 太阴□元帝君 | —— |
| 九月 | 九月初九 | 斗母元君圣诞 | —— |
|  | 九月初九 | 重阳帝君圣诞 | —— |
|  | 九月二十八 | 五显灵官圣诞 | —— |
| 十月 | 十月初一 | 东皇大帝圣诞 | —— |
|  | 十月十五 | 下元水官圣诞 | —— |
| 十一月 | 冬月初四 | 至圣先师孔子圣诞 | —— |
| 腊月 | 腊月二十三 | 鲁班先师圣诞 | —— |
|  | 腊月二十四 | 供灶君 | —— |

---

① 此表根据周承德的笔记、大山村秦方氏和秦氏的"会票"及"修佛"妇女的访谈整理而成。"□"指无法识别的字,标"*"的日期为在周官"修佛"妇女常走的会口。为什么周承德记述如此多的会口,原因不详。

## 四、"修佛"历程

屯堡妇女"修佛"是一个漫长的过程，笼统而言，从其入门开始，直至过世都处在"修佛"的过程中。但从一系列的仪式环节的角度来看，也可以认为从入门到取法名、完成"发船"，"修佛"就告一段落了。但即使我们采取后者的视角来计算的话，一个屯堡妇女"修佛"完成至少需要十二年。因为入门的时间要求在龙年，取法名的时间要求是在龙年，"发船"的时间也要求在龙凤（鸡）年，以下是屯堡妇女"修佛"的一个基本历程。

### 上九入门

可以开始"修佛"的妇女必须经过入门才算正式进入"修佛"的行列。有关"修佛"者的资格上面已经谈到，这里不再赘述。入门的时间只能是龙年的正月初九，即上九，民间认为正月初九是玉皇圣诞日。逢龙年的上九日，准备"修佛"的妇女要带着"千张"和香烛到所在村的庙里。在"佛头"或已经"修佛"多年的老年妇女①带领下，念佛祭拜，正式开始"修佛"。周官村大庙的主祀神是玉皇大帝，大山村妇女都是在这里开始"修佛"。

### 走会口

入门后，"修佛"妇女便开始长达数年的朝山走会口的修行生活。朝山走会口前都要准备好"千张"和香烛，会期当天要吃素食。无论走哪个会口，出门前要打素坛。所谓打素坛，就是在神堂前放一碗清水，然后从火炉里取一块燃烧的炭放进水里，待蒸汽散尽后，喝下此水。打素坛有清除污秽之意，有时也称为"净坛"。打素坛后，"修佛"人要敬家神，神堂上九炷香，神堂下方的家神土地一炷香，门口天一炷香。接下来敬寨门土地，三炷香。燃香敬家神和土地时，还要烧纸钱，烧的张数一般为三张或者九张。之后，"修佛"人才出门朝山走会口。会期当天，这些妇女都要着屯堡人传统的装束，身上穿长领宽袖的衣服，脚上是尖头绣花鞋，头发梳在脑后挽成发髻，罩上马尾编织的发网，插简单的管簪，并包上

---

① 引领"修佛"的人通常都戴有佛珠。佛珠是家里老人一代一代传下来的，当老人还在的时候，即使有佛珠，新"修佛"人也不会佩戴。能够佩戴佛珠的妇女，通常年龄较大，且修行多年，甚至有了法名。因此，通过是否佩戴佛珠可以判定"修佛"人的修行程度。

青色的帕子。①

通常"修佛"人朝山走会口时会结伴而行。会期的前一天,她们便会相约在一起,准备"千张"。路途远的,她们还会各自准备一些食品,如粽子、大米、水果等。过去交通不便时,无论去哪朝山走会口都是步行,现在常会坐一段汽车。每逢会口,该会的庙上都会人潮汹涌。"修佛"人到庙里后,要上香磕头,烧"千张",最重要的是要求得一张凭证,即"会票"。求得的"会票"要插放在头帕里,到家后再取下存起来。某一会口,"修佛"人可以去多次。每次去都会求一张"会票",因此,我们在大山村秦方氏和秦氏保存的会票中,可以看到某一会口不同年的"会票"。

走会口烧"千张"　王学文 摄 2010 年

在"修佛"过程中,"修佛"人会走很多的会口。大山村"修佛"的妇女每年的正月初九(上九)、二月十九、三月三、四月八、五月二十八、六月十九、七月十五、七月三十都会到各处朝山拜会,据秦方氏、张秦氏等四位"修佛"妇女

---

① 平日妇女多用白色帕子包头,但在朝山走会时需换成青色,包白色帕子有孝敬老人的意思。

讲，周官妇女朝山拜会，有几座山要按一定的次序于二月十九去朝，即先朝海子山（又称饭篓山），再朝小米山，再朝北斗山，再朝金银山。她们解释说，要先求得饭篓，再求做饭的大米，再求五谷丰登，再求金银珠宝。

## "坐忏"

"修佛"刚开始时主要是到各地朝山走会口。当朝山走会口积累一定程度，特别是修行人年老力衰后，她们便不再频繁地到外面朝山走会口，而主要在本村的庙里修行，"坐忏"是在庙里修行的主要方式。可以"坐忏"的妇女，多为儿孙满堂，而且不再从事劳动。"坐忏"的时间是每年的正月初九到正月十四，"坐忏"的妇女要从家中带米，在这一时间全在庙上生活，"坐忏"期间同样要吃素食。"坐忏"时，庙里会摆放几排凳子，为了舒适，有的会在凳子上绑上垫子。"坐忏"由"佛头"等带着佛珠的老人带领，她们站在前面，引领大家念佛、上香、磕头。

每年庙上都有"坐忏"的，但以龙年"坐忏"为重。逢龙年时，50多岁以上的，且修佛到一定程度的妇女，在这时要请道士起法名。在"修佛"的多年时间里，"修佛"人没有法名，在"会票"上也只写"某某氏"。当有了法名后，也意味着"修佛"上升到新的境界。"坐忏"，起了法名的妇女，正月十五这天要由自己的儿子或孙子从庙里背回家。佛头要到"修佛"者的家里，进行念福、安慰。

## 圆　满

这里的圆满，并不是"修佛"的结束，而是指"修佛"者一年朝山拜会修行的圆满，是对每年"修佛"的一个年度总结。圆满的时间是七月三十，在本村的庙上进行，与其他"修佛"仪式不同的是，圆满这天可以吃荤的。

七月三十，"修佛"人会聚到周官大庙。大家一起做饭，谈论各自从正月上九以来朝山拜会的"修佛"经历。圆满，为"修佛"人提供了交流和放松的空间。

## "过河"

"过河"，是屯堡妇女佛事活动中的重要一环。以前的文献中对于"过河"多有记载，可以说，"过河"是众多会口之一。但这一会口并不是固定于某一庙，而是由各屯堡村寨在龙、蛇、鸡或马年的二月十九举行，尤以龙年的"过河"最隆重。

屯堡妇女在"修佛"过程中,必须要过一次"河",只有过了"河"才算功德圆满。据传说,"过河"源于目连救母的故事。以上"修佛"的各环节,女性始终是组织者和参与者。但在"过河会"里,却多由村中男性来组织,女性这里更多地是作为参与者出现。"过河会"前要进行长达一个月的筹备,参加"过河"的妇女要先到举办"过河"的地点"挂名字",然后在二月十三时先进行"坐忏",然后在二月十九之天"穿佛"、"过昌盛桥"、"过柱死城"、"拜十二殿阎君"等。①

因组织"过河会"非常复杂,考虑到财力和安全等因素,周官已经多年没有搞过"过河会"。周官"修佛"的妇女多到周边屯堡村寨去"过河",从大山村秦方氏保存的"会票"来看,其中有多张"过河票",均为西屯等外村的"过河票"。

**"发船"**

"发船"是继朝山走会口、"坐忏"、"起法名"、"过河"等佛事活动之后的一个环节,某种程度来说是"修佛"最后的一个仪式。虽然"发船"后,屯堡妇女还会去走会口、吃斋拜佛,但"发船"意味着持续数年的"修佛"生活从仪式上已经完成,功德圆满,可以安心地走向人生的尽头。

"发船"通常在龙、马、凤(鸡)年进行,具体时间由道士来定,有时就在龙年上九"坐忏"后举行。"发船"非常隆重,每逢龙、马、凤年时,一个村中会有多个老人同时举行"发船"。此时就会出现互相攀比的情况,比放鞭炮,俗称"拼发船"。女儿要为老人准备好过世时要穿的衣服,亲戚都要来参加,来时要送鞭炮、蜡烛、钱纸、香烛,现在也送红包。

所谓"船"是用纸扎制而成,用竹子编成一只船的模样,然后用不同颜色的纸粘糊起来,再在纸上画一些云彩或者钱币图样。屯堡人认为老人将会坐着这条船,穿过阴河,到达西方极乐世界。"发船"时,'修佛'人多年修佛求得的"会票"将烧掉保存起来,在老人过世后再给老人带走。

"佛头"在"发船"过程中承担着重要的角色,将要为"发船"的老人念"发船佛"。以下是周官"佛头"胡科秀念的一段"发船佛"。

---

① 孙兆霞等著《屯堡乡民社会》,北京:社会科学文献出版社2005年版,第208—209页。

| | | | |
|---|---|---|---|
| 一年三百六十天 | 其中只有一天闲 | 请问老祖归何处 | 观音老祖送花船 |
| 问我发船几多大 | 四方四院最方圆 | 上顶三十三边单 | 下抵黄河水漫山 |
| 东抵东洋归大海 | 西抵红日落西山 | 南抵南杨柳叶树 | 柳叶树上戏貂蝉 |
| 船头船尾沉香木 | 眼睛彩画石栏杆 | 珍珠玛瑙配船底 | 太白星君你发船 |
| 拖船师傅来拖船 | 拖船师傅拨滑竿 | 拖走善人门前过 | 喊声善人来上船 |
| 有的又说儿女小 | 有的又说到来年 | 自从近日发船过 | 眼泪汪汪哭发船 |
| 哪日哭的发船整 | 还有二万七千年 | | |

| | | | |
|---|---|---|---|
| 南海南来南海南 | 南海岸上坐发船 | 打盆海水来凳起 | 一封千张来装船 |
| 一盏金灯水上倒 | 十二个包袱做船底 | 太白星君来撑船 | 金珠斑竹做毫杆 |
| 金童玉女站两边 | 金童玉女两边站 | 带起善人上西天 | 小小船儿圆又圆 |
| 左装金子右装钱 | 守库师傅好好守 | 不要打湿她银钱 | |
| 哪日弟子归阴府 | 失落银钱要他换 | 小小船儿有九层 | 层层都是装金银 |
| 同把钥匙交送你 | 弟子来到你客门 | 小小船儿圆又圆 | 又装金子又装钱 |
| 毫杆背上起红号 | 不做左一年 | | |
| 有缘送她西天去 | 无缘丢她在凡间 | 月亮弯弯做只船 | 一只阳间催人老 |
| 一只阴间转少年 | 银钱不是经手过 | 儿女不是眼前欢 | 红帐背上是弟兄 |
| 阴阳地下有人翻 | …… | | |

举行"发船"的多是60岁以上的老人，因为"发船"对年份有要求，所以会有老人过世前没能举行"发船"的情况，这时，就要给老人发"阴船"。

## 结　语

我们以周官大山村妇女"修佛"为例，对屯堡妇女的佛事活动进行了系统的梳理。由于调查时间有限，一些仪式细节还未及深化。但通过上面的描述，我们可以初步理清一个屯堡妇女"修佛"的历程。

屯堡妇女步入中年，进入"修佛"者的行列，然后直至终老。在这一长达几乎数十年的历程中，她们在自我、家庭、社区和屯堡社会中达致"圆满"。这种圆满，不仅是信仰上的"功德圆满"，更是社会、文化意义上的"圆满"。

就自我而言，她们向神灵忏悔，获得心灵上的救赎，同时获取现世赦免的凭

# 第六章 乡村生命的累积圆满：贵州安顺屯堡妇女的"修佛"

证——会票，这就是"护身符"，是她们顺利进入天庭或阴间的通关文牒。"过河"、"发船"等仪式，更是将她们无法把握，又分外担忧的死后归路进行了"现世的演绎"。过了奈河桥（"过河"），见过十殿阎王（"过河"），有了西去的坐船（"发船"），其后真正的死亡也就不足畏惧了。就家庭而言，"修佛"者虽是妇女个人，但其承载的是替全家求得安康的重任。从每次去朝山走会口准备的两幅"千张"，到"会票"上保佑"合家老幼个个清吉，人人平安"，再到磕头默祷的佛经，都体现出"修佛"者不仅仅是为自己在修，也是在为丈夫、儿女在修，这也是男人和家庭支持妇女每年拿出时间朝山走会口"修佛"的原因之一。就社区而言，"修佛"者在与神灵建立契约关系的同时，也在社区中建立了血缘、地缘之外的一种社会关系。同一龙年"修佛"者之间，不同龙年"修佛"者之间，"修佛"者与"佛头"之间，本村"修佛"者与外村"修佛"者之间，在频繁的朝山走会口的活动中，构筑起复杂而丰富的关系网络，这一网络势必在"修佛"之外的生产生活中发挥出一定的作用。就屯堡社会而言，"修佛"为屯堡妇女提供了一个社会交往的平台，因为"修佛"，她们走到一起，走出村寨。如果说地戏是展现屯堡男性尚武精神和权威力量的话，那么"修佛"为我们呈现出女性在屯堡社会文化构建中的意义和重要位置。当然这是一种相对的性别区分，但正是这样的文化上的设置共同塑造和维系了今日我们所见所感的屯堡社会。

如何达致这一"圆满"？在我们调查中，"积德行善"、"积累功德"、"求张票"在"修佛"者的话语中屡次出现，"积累"就是"修"的具体化，对于"修佛"者意义重大。我们可以从四个方面来理解：一是心灵上的累积。"修佛"是要人向善，行善道，"修佛"时的祷告、"坐忏"都充满虔诚之心。二是社会文化上的累积。神灵只有在信仰它的地方才有神圣意义，在屯堡社会文化中，有着坚韧和

屯堡地戏的"脸子"　李思晋 摄 2008年

普遍的民俗宗教信仰，这成为"修佛"基本的支撑，屯堡的社会文化已经规定了屯堡妇女"修佛"的历程和"圆满"的标准。三是时间上的累积。"修佛"入门、"发船"等环节对时间的要求，客观上拉长了"修佛"的时间历程。这么长时间的一种设置，无形中使屯堡妇女后半生的生活与"修佛"紧密联系起来，达到一定时间，才可能"圆满"，而这一时间最短也要 12 年。四是"会票"的累积，也可以说行为的累积，当我们看到大山村"修佛"的秦氏小心拿出保存的一沓"会票"的表情就足以体会"修佛"者对"圆满"的追求。这些"会票"的背后是一次次全身心的远足，一次次的虔敬之旅。没有那记不清的朝山走会口的行为，也就不可能实现"圆满"。

以上是对屯堡"修佛"的简单分析。从这一民俗事象的复杂性、参与人群的性别特征和持续时间的漫长来看，"修佛"对于屯堡人性格的塑造和社会文化的形成产生着重要的影响，有着重要的研究价值。因为本文的重点在于描述这一民俗事象，所以不再进一步展开。关于"修佛"与地戏的关系，"佛头"在屯堡社会文化中的角色，有关"修佛"各仪式的内涵及结构等问题将另文论述。

# 参考文献

## 论 文

1. 艾伦·普瑞德. 结构化历程和地方——地方感和结构的形成过程 [A]. 许坤荣译, 空间的文化形式与社会理论读本 [M]. 台北: 诏文书局, 1988.

2. 陈诗启. 明代官手工业及其演变 [J]. 历史教学 (10), 1962.

3. 陈雄、梁印浩. 泰宁城关的庙会、节庆及打醮旧俗 [J]. 闽西北的民俗宗教与社会 [M]. 国际客家学会、海外华人资料研究中心、法国远东学院、岭南大学族群与海外华人经济研究部, 2000: 28—58.

4. 刁统菊. 女性与龙牌: 汉族父系社会文化在民俗宗教上的一种实践 [J]. 民族艺术, 2003 (04): 104—108.

5. 杜学德. 邯郸县东扶仁等五村的玉皇圣醮仪式 [J]. 邯郸地区民俗辑录 [M]. 天津: 天津古籍出版社, 2006: 103—115.

6. 范长风. 豫西"骂社火": 从艺术性戏谑到公共领域 [J]. 中原文化研究, 2013, 03: 116—123.

7. 范长风. 豫西"骂社火"的艺术人类学研究 [J]. 文化遗产, 2013, 06: 114—122.

8. 方文. 叠合认同: "多元一体"的生命逻辑——读杨凤岗《皈信、同化和叠合身份认同: 北美华人基督徒研究》[J]. 社会学研究, 2008, 06: 214—223.

9. 封越健. 清代前期商人的社会构成分析 [J]. 中国经济史研究, 2000, 02: 40—56.

10. 高丙中. 民间的仪式与国家的在场 [J]. 北京大学学报 (哲学社会科学版), 2001, 01: 42—50.

11. 高丙中. 一座博物馆—庙宇建筑的民族志——论成为政治艺术的双名制 [J]. 社会学研究, 2006, 01: 154—168.

12. 郭卫民. "华北乡村史研究"学术讨论会综述[J]. 近代史研究, 2002, 02: 290—303.

13. 兰林友. 村落研究: 解说模式与社会事实[J]. 社会学研究, 2004, 01: 64—74.

14. 劳格文. 福建客家人的道教信仰[A]. 仲红卫 译, 赣南地区的庙会与宗族[M]. 国际客家学会、海外华人研究社、法国远东学院, 1997: 229—258.

15. ［日］河野真. "Folklorism 和民俗的去向"[A]. 周星 译, 中国民俗学会成立 20 周年学术研讨会论文集[M], 2003: 80—81.

16. 黎熙元. 浸潭镇斗村陈爷庙的太平醮[J]. 民俗曲艺, 2001, 134: 215—231.

17. 李丰楙. 由常入非常: 中国节日庆典中的狂文化[J]. 中外文学, 22 (3): 116—150.

18. 李丰楙. 台湾庆戌醮与民间庙会文化: 一个非常观狂文化的休闲论[A]. 寺庙与民间文化研讨会论文集[M], 台北: 天恩出版社, 1993: 41—64.

19. 李丰楙. 严肃与游戏: 从蜡祭到迎王祭的非常观察[J]. 台湾民族学研究所集刊, 1999, 88: 135—172.

20. 李华伟. 基督徒的文化认同与乡土文化变迁的模式——从理念与符号的视角来探讨豫西李村基督徒在葬礼上的冲突与调适[J]. 中国农业大学学报（社会科学版）, 2008, 01: 136—145.

21. 李怀印. 晚清及民国时期华北村庄中的乡地制——以河北获鹿县为例[J]. 历史研究, 2001, 06: 75—88.

22. 李江, 曹国庆. 明清时期中国乡村社会中宗族义田的发展[J]. 农业考古, 2004, 03: 198—211.

23. 李培林. 巨变: 村落的终结——都市里的村庄研究[J]. 中国社会科学, 2002, 01: 168—179.

24. 李乔. 清代北京内外城社会生活习俗之异[J]. 清史研究通讯, 1997 (3).

25. 李祥林. 新时期二十年傩文化研究一瞥[J]. 上海艺术家, 2000, 03: 34—35.

26. 刘铁梁. 标志性文化与昆仑神话[A]. 青海省艺术研究所, 格尔木市委市政府编. 昆仑文化新谈[M]. 西安: 陕西旅游出版社, 2004.

27. 刘铁梁. 村落集体仪式性文艺表演活动与村民的社会组织观念［J］. 北京师范大学学报（社会科学版），1995（06）.

28. 刘铁梁. 村落——民俗传承的生活空间［J］. 北京师范大学学报（社会科学版），1996（06）.

29. 刘铁梁. 村落生活与文化体系中的乡民艺术［J］. 民族艺术，2006，01：38—42.

30. 刘铁梁. 民俗志研究方式与问题意识［J］. 北京师范大学学报（社会科学版），1998，06：44—48.

31. 刘铁梁. 作为公共生活的乡村庙会［J］. 民间文化，2001（1）.

32. 刘铁梁. 村落庙会的传统及调整——范庄"龙牌会"与其他几个村落庙会的比较［A］. 郭于华主编，仪式与社会变迁［M］. 北京：社会科学文献出版社，2000：254—309.

33. 骆正林. 中国古代乡村政治文化的特点——家族势力与国家势力的博弈与合流［J］. 重庆师范大学学报（哲学社会科学版），2007，04：11—16.

34. 曼纽·卡斯提尔. 都市中心性［A］. 高树仁译，夏铸九编译. 空间的文化形式与社会理论读本［M］. 台北：昭文书局，1988.

35. 潘朝阳. "中心–四方"空间形式及其宇宙论结构［J］. 师大地理研究报告（台湾），1995（23）.

36. 陶诚. 30年代前后的中国农村调查［J］. 中国社会经济史研究，1990（03）.

37. 陶立璠. 民俗意识的回归——河北省赵县范庄村"龙牌会"仪式考察［J］. 民俗研究，1996，04：34—43.

38. 陶冶. 走进"龙牌会"［J］. 民俗研究，1999，01：46—57.

39. 王明珂. 历史事实、历史记忆与历史心性［J］. 历史研究，2001，05：136—147.

40. 王明珂. 族群历史之文本与情境——兼论历史心性、文类与模式化情节［J］. 西北民族论丛，2007，00：25—59.

41. 王铭铭，刘铁梁. 村落研究二人谈［J］. 民俗研究，2003，01：24—37.

42. 王铭铭. 象征的秩序［J］. 读书，1998，02：60—68.

43. 王庆成. 晚清华北村落［J］. 近代史研究，2002，03：1—40.

44. 王斯福，赵旭东，孙美娟. 什么是村落？［J］. 中国农业大学学报（社会科学版),2007,01:15—32.

45. 王斯福. 农民或公民?——中国社会人类学研究中的一个问题[A]. 王铭铭、王斯福主编,乡土社会的秩序、公正与权威[M],北京:中国政法大学出版社,1997:1—19.

46. 王先明. 中国近代乡村史研究及展望[J]. 近代史研究,2002,02:259—289.

47. 王霄冰. 民俗主义论与德国民俗学[J]. 民间文化论坛,2006,03:100—105.

48. 王学文,李向振.《土山诚会调查》(未刊稿).

49. 王学文. 我国非物质文化遗产保护的"四种倾向"及对策分析[J]. 民俗研究,2010,04:30—43.

50. 王学文. 主仆与制衡:江西石邮傩的传衍[J]. 民俗曲艺,2010(169)。

51. 吴重庆. 从熟人社会到"无主体熟人社会"[J]. 读书,2011(01).

52. 西村真志叶,岳永逸. 民俗学主义的兴起、普及以及影响[J]. 民间文化论坛,2004,06:70—75.

53. 西村真志叶. 民俗学主义:日本民俗学的理论探索与实践——以《日本民俗学》"民俗学主义专号"为例[J]. 民间文化论坛,2007,01:58—66.

54. 岳永逸. 传统的动力学:娃娃亲的现代化生存[J]. 北京师范大学学报(社会科学版),2005,06:71—80.

55. 岳永逸. 传统民间文化与新农村建设以华北梨区庙会为例[J]. 社会,2008,06:176—193.

56. 岳永逸. 对生活空间的规束与重整:常信水祠娘娘庙会[J],民俗曲艺,2004(143):213-269.

57. 岳永逸. 范庄二月二龙牌会中的龙神与人[J]. 中国民间文化研究所通讯(北师大),1999(6—7):11—24.

58. 岳永逸. 家中过会:中国民众信仰的生活化特质[J]. 开放时代,2008,01:101—121.

59. 岳永逸. 乡村庙会的多重叙事——对华北范庄龙牌会的民俗学主义研究[J]. 民俗曲艺(台湾),2005(03):115.

60. 岳永逸. 乡村庙会的政治学:对华北范庄龙牌会的研究及对'民俗'认知的反思[J]. 黄宗智主编,中国乡村研究(第五辑). 福州:福建教育出版社,2007:203—241.

61. 赵世瑜. 传说·历史·历史记忆——从20世纪的新史学到后现代史学

[J]．中国社会科学，2003，02：175—188．

62．赵世瑜．京畿文化："大北京"建设的历史文化基础［J］．北京师范大学学报（社会科学版），2004，01：112—118．

63．赵旭东．中心的消解：一个华北乡村庙会中的平权与等级［J］．社会科学，2006，06：31—42．

64．郑起东．近代华北的农业发展和农民生活［J］．中国经济史研究，2000，01：55—72．

65．周大鸣，高崇．城乡结合部社区的研究——广州南景村50年的变迁［J］．社会学研究，2001，04：99—108．

66．周虹．"龙牌会"初探［J］．民俗研究，1996，04：44—49．

67．庄孔韶．中国乡村人类学的研究进程［J］．广西民族学院学报（哲学社会科学版），2004，01：2—16．

# 专　著

68．［美］埃弗里特·M·罗吉斯，拉伯尔·J·伯德格．乡村社会变迁［M］．王晓毅，王地宁译．杭州：浙江人民出版社，1988．

69．［英］埃文思－普里查德．努尔人——对尼罗河畔一个人群的生活方式和政治制度的描述［M］．褚建芳，阎书昌，赵旭东译．北京：华夏出版社，2002．

70．［俄］巴赫金·陀斯妥耶夫斯基的诗学问题［M］．白春仁、顾亚玲译．北京：三联书店出版社，1988．

71．［法］布尔迪厄．文化资本与社会炼金术——布尔迪厄访谈录［M］．包亚明译．上海：上海人民出版社，1997：192—193．

72．［法］布罗代尔．15至18世纪的物质文明、经济和资本主义［M］．顾良等译．北京：生活·读书·新知三联书店，1993

73．［美］保罗·康纳顿．社会如何记忆［M］．纳日碧力戈译．上海：上海人民出版社，2000．

74．［美］弗里德曼．中国东南的宗族与社会［M］．上海：上海人民出版社，2000［1958］．

75．［日］渡边欣雄．汉族的民俗宗教——社会人类学的研究［M］．周星译．天津：天津人民出版社，1982：3．

76. ［美］杜赞奇. 文化、权力与国家［M］. 王福明译. 南京：江苏人民出版社，1995.

77. ［日］广田律子. "鬼"之来路：中国的假面与祭仪［M］. 王汝澜，安小铁译. 北京：中华书局，1996.

78. ［英］安东尼·吉登斯. 现代性的后果［M］. 田禾译. 北京：译林出版社，2000.

79. ［英］埃德蒙·R·利奇. 上缅甸诸政治体制——克钦社会结构之研究［M］. 张恭启，黄道林译. 台湾：唐山出版社，1999.

80. 曹焕旭. 中国古代工匠［M］. 台湾：商务印书馆，1999.

81. 蔡志祥. 打醮：香港的节日和地域社会［M］. 香港：三联书店有限公司，2000.

82. 陈芳惠. 村落地理学［M］. 台北：五南图书出版公司，1984.

83. 费孝通. 江村经济：中国农民生活［M］. 南京：江苏人民出版社，1986［1939］.

84. 费正清. 伟大的中国革命（1800—1985）［M］. 刘尊棋译. 北京：世界知识出版社，2000.

85. 高丙中. 民俗文化与民俗生活［M］. 北京：中国社会科学出版社，1994.

86. 高连生. 北京乡镇［M］. 北京：科学技术出版社，1993.

87. 黄宗智. 华北的小农经济与社会变迁［M］. 北京：中华书局，2000.

88. 黄宗智. 长江三角洲小农家庭与乡村发展［M］. 北京：中华书局，1992.

89. 李建军. 学术视野下的屯堡文化研究［M］. 贵州：贵州出版集团贵州科技出版社，2009.

90. 李景汉. 北平郊外之乡村家庭［M］. 上海：上海商务印书馆，1929.

91. 李景汉. 北京郊区乡村家庭生活调查札记［M］. 北京：三联书店，1981.

92. 李乔. 行业神崇拜：中国民众造神运动研究［M］. 北京：中国文联出版社，2000.

93. 李正华. 乡村集市与近代社会——20世纪前半期华北乡村集市研究［M］. 北京：当代中国出版社，1998.

94. 梁思成. 中国雕塑史 [M]. 天津：百花文艺出版社，1997.

95. 梁思成. 中国建筑史 [M]. 天津：百花文艺出版社，1998.

96. 廖泰初. 一个城郊的村落社区（不详）1941.

97. 林耀华. 义序的宗族研究 [M]. 北京：三联书店，2000 [1936].

98. 柳宗悦. 工艺文化论 [M]. 徐艺乙译. 北京：中国轻工业出版社，1991.

99. 吕胜中. 再见传统（1、2）[M]. 北京：三联书店，2003.

100. 吕顺安. 传统技艺匠师采访录 [M]. 台湾：台湾省文献委员会编印，1996.

101. 马若孟. 中国农民经济 [M]. 江苏：江苏人民出版社，1999（1970）.

102. 孟德拉斯. 农民的终结 [M]. 李培林译. 北京：中国社会科学出版社，1991.

103. 明恩溥. 中国乡村生活 [M]. 午晴、唐军译. 北京：时事出版社，1998.

104. 莫里斯·哈布瓦赫. 论集体记忆 [M]. 毕然、郭金华译. 上海：上海人民出版社，2002.

105. 潘鲁生. 民艺学论纲 [M]. 北京：北京工艺美术出版社，1998.

106. 乔志强. 近代华北农村社会变迁 [M]. 北京：人民出版社，1998.

107. 施坚雅. 中国封建社会晚期城市研究 [M]. 吉林：吉林教育出版社，1991.

108. 孙兆霞等. 屯堡乡民社会 [M]. 北京：社会科学文献出版社，2005：208—209.

109. 王沪宁. 当代中国村落家族文化 [M]. 上海：上海人民出版社，1991.

110. 王杰文. 民间社火 [M]. 北京：中国社会出版社，2006.

111. 王铭铭. 村落视野中的文化与权力——闽台三村五论 [M]. 北京：三联书店，1997.

112. 王铭铭. 社区的历程：溪村汉人家族的个案研究 [M]. 天津：天津人民出版社，1997.

113. 王铭铭. 走在乡土上——历史人类学札记 [M]. 北京：中国人民大学出版社，2003.

114. 郗志群. 北京史百年论著资料索引（1900—1999）[M]. 北京：燕山出

版社，2000.

115. 徐华铛，杨古诚. 中国狮子艺术［M］. 北京：轻工业出版社，1991.

116. 杨凤岗. 皈依、同化和迭合认同——北美华人基督徒研究［M］. 默言译. 北京：民族出版社，2008.

117. 杨景行. 平郊村一个手工业家庭的研究［M］. 北京：燕京大学抄本，1947.

118. 杨懋春. 一个中国村庄——山东台头［M］. 张雄、沈炜、秦美珠译. 江苏：江苏人民出版社，2001.

119. 杨念群. 空间·记忆·社会转型——"新社会史"研究论文精选集［M］. 上海：上海人民出版社，2001.

120. 叶明生、刘远. 福建龙岩市苏邦村上元建幡大醮与龙岩师公戏［M］. 台北：财团法人施合郑民俗文化基金会，1997.

121. 尹钧科. 北京郊区村落发展史［M］. 北京：北京大学出版社，2001.

122. 岳永逸. 中国节日志·妙峰山庙会［M］. 北京：光明日报出版社，2014 年.

123. 曾志巩. 江西南丰傩文化［M］. 北京：中国戏剧出版社，2005.

124. 张玉泉. 精美的石头会唱歌［M］. 北京：中国人事出版社，2002.

125. 张原. 在文明与乡野之间——贵州屯堡礼俗生活与历史感的人类学考察［M］. 北京：民族出版社，2008.

126. 章元善，许仕廉. 乡村建设实验［M］. 北京：中华书局，1935.

127. 赵世瑜. 狂欢与日常——明清以来的庙会与民间社会［M］. 北京：三联书店，2002.

128. 郑大华. 民国乡村建设运动［M］. 北京：社会科学文献出版社，2000.

129. 中国农村惯行调查刊行会. 中国农村惯行调查报告（六卷）［M］. 东京：岩波书店，1985.

130. 钟敬文. 钟敬文学术论著自选集［M］. 北京：首都师范大学出版社，1994.

131. 钟敬文. 民俗学概论［M］. 上海：上海文艺出版社，1998.

132. 周大鸣. 中国乡村都市化［M］. 广州：广东人民出版社，1996.

133. 蔡志祥. 打醮：香港的节日和地域社会［M］. 香港：三联书店，2000.

134. 中国民间故事集成·江西卷编辑委员会. 中国民间故事集成·江西卷

[M]. 北京：中国 ISBN 中心，2002：425—426，427—428，277—278.

135. 余大喜，刘之凡. 江西省南丰县三溪乡石邮村的跳傩 [M]. 台北：财团法人施合郑民俗文化基金会，1995.

136. Robert Redfield. *The Little Community and Peasant Society and Culture* [M]. The University of Chicago Press，1986.

137. Kulp，D. H. *Phoenix Village, Country Life in South China: The Sociology of Familism* [M]. New York，1925.

138. C. K. Yang, *A Chinese Village in Early Communist Transition* [M]. The MIT Press，1959.

## 学位论文

139. 华智亚. 族谱与村民的记忆——塘村的个案 [D]. 北京师范大学，2004.

140. 孟凡玉. 假面真情：安徽贵池荡里跳傩仪式音乐的人类学研究 [D]. 中国艺术研究院，2007.

141. 陆焱. 村落社区的傩仪与象征 [D]. 中央民族大学，2005.

142. 孙庆忠. 都市村庄——广州南景村的人类学追踪研究 [D]. 中山大学，2001.

143. 王真彦. 傩：对一种仪式戏剧的田野调查及其他 [D]. 南京师范大学，2004.

144. 王林. 灵宝东西常骂社火研究 [D]. 河南大学，2008.

145. 岳永逸. 庙会的生产——当代河北赵县梨区庙会的田野考察 [D]. 北京师范大学博士论文，2004.

146. 周大鸣. 凤凰村的变迁：广州潮州凤凰村追踪研究 [D]. 中山大学. 1998.

147. 庄耀棋. 在台惠安峰前村蒋氏打石匠师群之研究 [D]. 台湾"国立"艺术学院. 2001.

148. 郑昭民. 澎湖西溪村打石师傅群之研究 [D] 台湾中原大学，1999.

# 后　记

　　本书收录了我近十年关于乡村仪式、演剧和乡民社会的一些记录和思考，这些近乎白描的田野书写，可以看作是我对作为"客体"的乡土、民众的观察、呈现和自以为是的解读，同时也以看作是作为乡土里、民众中一员的"我"的一种自我审视和剖白。

　　我看过太多的乡愁表达，看过太多的乡村正在经历的阵痛，更亲历了自己出生的那个北方小山村如何一点点变得孱弱、衰老和没了生机，也曾无法排解那种心无安处的彷徨。然而，我们总要收拾行装前行，生活终要继续，历史仍会书写。我们无论愤怒、忧愁，还是激动、漠视，都无非是在创作种种的音声。在愤怒的号角与忧愁的挽歌混杂的音声中，我选择了平静的诉说。所以，在书中看到的是一种淡淡的、不加修饰的记录，和近乎呆板的分析。

　　我要感谢这一路走来给我支持的师友，要感谢让我有勇气把这些文章结集成书的所有人。这些文章里有民俗学家刘铁梁教授多年的教诲，有张士闪、岳永逸等师友的帮助，还有我工作的单位－－文化部民族民间文艺发展中心李松主任、张刚副主任、王静副主任的支持和各位同事的包容与友爱。豆腐庄皇醮会、灵宝骂社火还有屯堡修佛的调查分别得益于与岳永逸、赵文、秦发忠等师友的合作。在我看来，这本书最精彩的就是岳永逸师兄的序言。读完序言，你就会明白我的所思所想，你也就可以把书合上了。孙正国兄在自身有繁重研究工作的情况下仍仗义出手，为我修改导言。还要特别感谢让这本书如期出版的学苑出版社的周鼎编辑和帮我校稿的师妹黄莺，何德何能堪受如此深重情谊呀！如果这本书有些许价值，那都是仰赖以上诸位，关于这些文字的正误和各种的批评应我一人承受。

　　我有一个幸福美满的家庭，我的爱人是从事数学研究的，虽然她更喜欢简单、严谨，不理解我们这些搞文化研究的绕来绕去地在说些什么，但她却给了我最坚定也最无私的支持。这本书出版时，她还正带着孩子在美国访问学习，为我们的家庭和她的学术努力着。感谢她，还有我们的父母和姐弟。

近些年我的父母一直随着我们三个儿女在远离乡村的城市居住。曾有人向我的母亲打听我们乡村里的房子多少钱可以卖？母亲说，房子卖不卖听我的。我告诉母亲，家里的房子不卖，要留着，等哪天我还要回去重新让那个乡村院落变得生机勃勃。

我期待着。

王学文

2015年8月于长阳半岛